Gretchen McNeil

GET EVEN 2
VERGELTUNG IST KEIN LEICHTES SPIEL

Roman

Aus dem Englischen von
Silke Jellinghaus

WJB

Die Originalausgabe erschien 2015 unter dem Titel «Get Dirty» bei Balzer + Bray,
Imprint von HarperCollins Publishers, New York.

Deutsche Erstausgabe
Veröffentlicht im Rowohlt Verlag, Hamburg, Oktober 2020
Copyright © 2020 by Rowohlt Verlag GmbH, Hamburg
«Get Dirty» Copyright © 2015 by Gretchen McNeil
Redaktion Lea Daume
Covergestaltung ZERO Werbeagentur, München,
nach dem Original von HarperCollins Publishers
Coverabbildung Shutterstock, iStock
Satz aus der DTL Dorian bei Pinkuin Satz und Datentechnik, Berlin
Druck und Bindung CPI books GmbH, Leck, Germany
ISBN 978-3-8052-0070-7

Die Rowohlt Verlage haben sich zu einer nachhaltigen Buchproduktion
verpflichtet. Gemeinsam mit unseren Partnern und Lieferanten setzen
wir uns für eine klimaneutrale Buchproduktion ein, die den Erwerb von
Klimazertifikaten zur Kompensation des CO_2-Ausstoßes einschließt.
www.klimaneutralerverlag.de

*Für Laurel Hoctor James, die beste kollegiale Kritikerin,
die sich eine Autorin wünschen kann*

Mag kommen, was da kommt! Nur Rache will ich.

Shakespeare, Hamlet, 4. Aufzug

EINS

Ed stand in der Tür des Krankenhauszimmers im fünften Stock und blickte Margot an.

Sie sah aus, als schliefe sie. Abgesehen von dem künstlichen Zugang in ihrem linken Arm war sie nicht an Maschinen angeschlossen. Da gab es nur einen Herzfrequenzmonitor, dessen regelmäßige Töne die Stille im Zimmer durchbrachen.

Ed schloss die Augen und stellte sich ihr Lächeln vor. Er hatte es nur wenige Male gesehen: Einmal bei der Schülervollversammlung, als Coach Creed vor der gesamten Schule von DGM bloßgestellt worden war, einmal im Computerraum, als sie und Bree ihn indirekt in ihre Verbindung zu DGM eingeweiht und ihn um Hilfe gebeten hatten, und einmal im Flur der Bishop DuMaine Highschool, als sie mit Logan Blaine geredet hatte.

Eds Brustkorb wurde eng. Es war nicht Logans Schuld, dass sich Margot in ihn verliebt hatte. Verdammt noch mal, wenn Ed selbst auf Jungen stünde, wäre Logan vermutlich einer der ersten, die er anschmachten würde – groß, athletisch, blond, charmant.

In seiner Tasche berührte Ed das zerknitterte Stück Papier, das er immer bei sich trug. Er sah Margot an. Groß und blond? Nein, das war überhaupt nicht sein Typ.

Er rückte einen Metallstuhl an Margots Bett und achtete darauf, kein Geräusch zu machen. Warum? Er hatte keine

Ahnung. Es war ja nicht so, dass sie bloß schlief. Wenn er wollte, könnte er die Blaskapelle von Bishop DuMaine in einer Acht durchs Zimmer führen, und sie würde nicht einmal zucken.

Versuch positiv zu denken, Edward.

Er holte tief Luft und atmete dann langsam durch den Mund aus. Der Raum roch nach einer Mischung aus Raumerfrischer und Putzmitteln, es war derselbe Geruch, der als eigentümlicher Dunst über jedem Krankenhauszimmer lag, das er je besucht hatte. Riesige Blumensträuße bedeckten den Bürgersteig, die Fensterbank und den kleinen Tisch im Zimmer, ein Zoo aus Plüschtieren hatte sich dazwischen versammelt. Seit seinem gestrigen Besuch war die Plüschpopulation auf alle Fälle gewachsen, und als er seinen Blick darüberschweifen ließ, überschlug Ed automatisch die Nettokosten dieses Quatschkrams: Neu hinzugekommen waren eine traurig dreinblickende Puppe, die ein «Gute Besserung»-Schild in den Händen hielt (14,99 Dollar), ein T-Rex, der den Arm in einer Schlinge trug *(etwas kitschig, also vermutlich teurer)*, nicht weniger als drei rosa Teddybären mit Plastikherzen in den Tatzen, auf denen «Wir vermissen dich» stand *(eindeutig im Sonderangebot)*, und ein einzelner silberner Gasballon, der mit Hilfe einer Spielzeugfigur auf dem Boden festgehalten wurde. Er rotierte im Luftzug der Krankenhaus-Belüftungsanlage und warf Ed alle paar Sekunden sein eigenes Spiegelbild zu.

Er fragte sich, welches der Geschenke von Logan stammte, falls überhaupt eines von ihm stammte. Vielleicht der T-Rex? Ganz lustig, ein wenig sentimental, kostspielig, ohne lächerlich zu sein: Das passte zu Logans

Style. Oder vielleicht war er von einem anderen DGM-Mitglied? Ed biss wütend die Zähne zusammen. Sie taten gut daran, etwas zu schicken. Kitty, Olivia und Bree waren für Margots Koma ebenso verantwortlich wie die Person, die sie niedergeschlagen hatte.

Sanft legte er seine Hand auf die von Margot. Er würde herausfinden, warum das hier passiert war, und wenn es ihn das Leben kostete.

Eine Frauenstimme klang vom Flur in Margots Zimmer herein, begleitet vom leisen Quietschen, das Gummisohlen auf gefliestem Boden erzeugten. «Ihr Zimmer liegt am Ende des Ganges.»

Ed sprang auf die Füße. Die Schicht von Vicky, der Nachtschwester, war vor zehn Minuten zu Ende gewesen, das wusste er genau. Was zum Teufel machte sie noch hier?

«Sind Sie sicher, dass Sie keinen Ärger bekommen, wenn Sie mir erlauben, sie zu besuchen?», fragte jemand.

Ed drehte sich der Magen um. Er kannte diese Stimme. Es war Logans.

«Das geht schon in Ordnung.» Vicky seufzte verträumt. «Wie du sie ansiehst! Jedes Mädchen im Koma sollte jemanden haben, der mit so viel Liebe über sie wacht.»

Ed stand da wie erstarrt, als sich die Schritte der Tür näherten. Es blieb keine Zeit, auf dieselbe Art zu verschwinden, wie er gekommen war. Das würde peinlich werden.

«Du hast ungefähr zehn Minuten», fuhr Vicky fort, «bevor ...»

Als sie Ed an Margots Bett sah, blieb sie abrupt stehen. Das strahlende Lächeln auf ihrem Gesicht verwandelte sich in einen argwöhnischen, stechenden Ausdruck. «Wer bist du? Und was machst du hier?»

«Äh …»

«Hey!», sagte Logan. «Wir kennen uns doch.» Er legte den Kopf zur Seite, als würde er schräg besser funktionieren. «Oder?»

Ernsthaft? Dieses Kleinhirn hat Margot sich ausgesucht?

«Wie bist du hier reingekommen?», wollte Vicky wissen. «Die Intensivstation ist ein gesicherter Bereich.»

Der Wäscheraum ist alles andere als gesichert, glauben Sie mir. Doch er wollte sein Geheimnis auf keinen Fall preisgeben. Stattdessen blickte er in gespielter Überraschung zwischen Vicky und Margots bewusstlosem Körper hin und her. «Moment mal.» Ed schnappte nach Luft und ließ übertrieben verblüfft den Mund offen stehen. «Das ist ja gar nicht Tante Helens Zimmer. Ich muss im falschen Stock sein.»

Vicky hob die Augenbrauen. «Im falschen Stock?»

«Ja, tut mir leid.» Zeit für den Rückzug. «Wissen Sie was? Ich glaube, ich habe heute Morgen aus Versehen zwei Ritalin genommen statt einer Ritalin und einer Wellbutrin, deswegen bin ich ein bisschen …», er pfiff durch die Zähne und zeigte auf seine Schläfe, während er in Richtung Tür vorrückte, «… ballaballa.» Er begann heftig zu zucken und ruckte mit seiner Schulter auf und ab, dann bewegte er den Kopf abgehackt vor und zurück.

«Genau!» Logans Kopf rastete in seiner ursprünglichen Position wieder ein. «Wir gehen in dieselbe Schule!»

Wow. Nicht gerade ein Geniestreich, Logan.

«Geht's dir gut, Junge?», fragte Vicky besorgt.

«Yeah, yeah. Klar.» Ed lachte laut. «Mir geht's total

gut. Muss nur schnell nach Hause und was in den Magen kriegen und …», er blickte auf seine Uhr, «ach je, schaut bloß, wie spät es schon ist!» Er drängte sich an Vicky und dem immer noch verwirrt blickenden Logan vorbei, ging auf dem Flur noch ein Stück rückwärts und richtete zwei Zweifingerpistolen auf die beiden. «Ich bin dann mal weg!»

Als er aus dem Intensivtrakt heraus war, machte sich Ed hastig auf den Weg zu seinem Wagen. Die Sonne war inzwischen über die weit entfernten Berge gestiegen und begann den dichten Nebel aufzulösen, der sich über Menlo Park gesenkt hatte, doch er hatte keine Zeit, die Wärme zu genießen. Stattdessen ließ er sich in den Fahrersitz fallen, zog die Tür hinter sich zu und aktivierte die automatische Verriegelung.

Vermutlich hätte er auf Logan warten und mit ihm über Margot sprechen sollen. Sie war ihnen beiden wichtig, und Logan hatte Ed bisher keinen Grund gegeben, ihm zu misstrauen. Trotzdem zögerte Ed. Er war nicht bereit dafür. Er versuchte immer noch, sich darüber klarzuwerden, was am Premierenabend geschehen war, und bevor ihm das nicht gelungen war, sollte er sich bedeckt halten.

Immerhin läuft hier noch ein Mörder frei herum.

ZWEI

Olivias Atem stieg in kleinen, friedlichen Wolken von ihrem Mund auf, als sie um die Ecke auf den DuMaine Drive einbog. Die Glocken der nahegelegenen Kirche durchbrachen die frühmorgendliche Stille. War es wirklich schon sieben Uhr? *Ups, schon wieder zu spät.* Kitty würde ihr eine Standpauke halten.

Doch anstatt ihr Tempo zu verdoppeln, schlenderte Olivia weiter ohne Eile in Richtung Schulgelände. Sie brach weder in Panik aus, noch sah sie ständig über die Schulter, als würde sie verfolgt. Zum ersten Mal seit Wochen fühlte sie sich sicher.

Es war drei Tage her, dass Bree sich der Polizei gestellt hatte, so wie es Christopher Beemans Bedingung gewesen war. Und getreu seinem Versprechen hatte er sich zurückgezogen. Keine braunen Umschläge mehr, keine geheimnisvollen Botschaften und, noch wichtiger, keine Morde. Er schien damit einverstanden, dass sich Bree hinter Schloss und Riegel befand und Margot im Krankenhaus. Er war zufrieden mit sich. Und diese Selbstgefälligkeit würde ihm zum Verhängnis werden.

Denn nun waren sie an der Reihe. DGM würde einen Mörder fangen.

Beflügelt von dem Gefühl, die Sache endlich selbst in die Hand zu nehmen, trabte Olivia die Stufen zum Eingang hinauf und zog schwungvoll die Tür auf.

«Olivia!», rief eine bekannte Stimme, als sie das Gebäude betrat. Mitten im Flur stand Tyler Brodsky, schüttelte sich das braune Haar aus den Augen und strahlte sie an. Er hatte sich wie klobige Armreifen drei Rollen Packband auf den Arm geschoben und das Ende eines beschriebenen Lakens über die Schulter geworfen. Hinter ihm in der Eingangshalle stand Kyle Tanner auf einer zweieinhalb Meter hohen Leiter und befestigte das andere Ende an der Decke. Es war offensichtlich ein Banner.

Kyle und Tyler trugen dieselben langärmeligen Henley-Shirts – Tyler in Schiefergrau, Kyle in Marineblau – zu denselben verblichenen, schmal geschnittenen Jeans, und Olivia fragte sich, ob sie einander wohl morgens anriefen, um ihre Outfits abzustimmen. Wenn Kyle mit seiner dunklen Haut und seinem kurzgeschorenen Haar nicht völlig anders aussähe als Tyler, hätte man sie kaum unterscheiden können.

«Was machst du denn so früh hier?», fragte Tyler.

Kyle blickte über seine Schulter. «Kommst du, um mitzuhelfen?»

«Äh …», machte Olivia. Sie und Kitty hatten sich nur deshalb zu dieser unchristlichen Zeit hier verabredet, weil sie geglaubt hatten, dass so früh noch niemand in der Schule sein würde. Und jetzt war sie ausgerechnet zwei Mitgliedern der Maine Men in die Arme gelaufen, was so ziemlich das Letzte war, das sie gewollt hatte.

Tyler und Kyle starrten sie an und warteten offenbar auf eine Antwort. *Spiel einfach mit.* «Ja, klar, ich helfe euch gerne!»

«Super.» Tyler nahm das Transparent von seiner Schulter. «Halt das hier fest. Ich hole noch eine Leiter.»

Olivia nahm ihm den Baumwollstoff ab, und Tyler trabte den Flur hinunter. Was wollten sie bloß so früh hier in der Schule? Es gab nur einen Weg, das herauszufinden. «Also», setzte sie an und strahlte zu Kyle hinauf, «was geht so?»

«Hast du's noch gar nicht gehört?», sagte Kyle. «Pater Uberti hat den heutigen Tag zum V-D-Day erklärt.»

Olivia blinzelte. «V-was-Day?»

Kyle hob eine Braue. «V-D-Day. Du weißt doch, wie im Zweiten Weltkrieg. Victory über DGM Day!»

Olivia trat ein paar Schritte von ihm weg und breitete das Transparent in voller Länge aus. «Feiert V-D!», las sie laut. «Der Sieg ist unser!»

Kyle kletterte die Leiter herab. «Ist das nicht cool? War Rex' Idee.»

Natürlich.

«Wir hängen sie überall auf dem Schulgelände auf.» Kyle trug die Leiter zur anderen Seite der Halle hinüber und nahm Olivia dann das Transparent ab. «Rex ist im Leadership-Raum und bereitet zusätzlich Flyer vor. Ich glaube, er ist …», Kyle räusperte sich, «allein.»

O nein. «Ich gehe mal hin und sehe nach, ob er Hilfe gebrauchen kann», sagte Olivia schnell. Das war zwar nicht ideal, aber sie stürzte sich auf alles, was ihr einen Vorwand zur Flucht gab. Natürlich würde sie sich auf gar keinen Fall allein in einem Zimmer mit Rex Cavanaugh aufhalten, schon gar nicht, seit er und Amber sich getrennt hatten. Das wäre einer Einladung zur sexuellen Belästigung gleichgekommen. Aber wenigstens hatte sie nun einen Grund, sich aus dem Staub zu machen.

Lässig schlenderte Olivia den Flur hinunter in Richtung

Leadership-Raum, aber sobald sie außerhalb von Kyles Sichtweite war, begann sie zu laufen. Wenn Rex und seine Maine Men die gesamte Schule mit ihren V-D-Day-Bannern dekorierten, war es nur eine Frage der Zeit, bis sie auch im Flur vor dem Computerraum ankommen würden, wo Kitty wartete. Sie mussten so schnell wie möglich erledigen, was sie geplant hatten, und wieder verschwinden.

Olivia rannte an ihrem Schließfach vorbei und die Treppe hinauf, oben steigerte sie ihr Tempo sogar noch, sie flitzte durch die Flure wie eine Spitzensportlerin im Sprinttraining. Als sie an der nächsten Treppe ankam, hielt sie mitten im Schritt inne, ihre Sinne waren hellwach. Sie hatte etwas gehört, da war sie sich sicher. Schritte dicht hinter ihr. Sie fuhr herum und blickte den Flur hinunter. Niemand war da.

Ohne sich zu rühren, zählte sie bis zehn. Noch immer tauchte weder im Treppenhaus vor ihr noch im Flur hinter ihr jemand auf. *Das ist doch albern.* Die alte Paranoia beeinträchtigte ihr Urteilsvermögen. Niemand folgte ihr, und niemand wusste, was sie vorhatten. Mit einem Kopfschütteln wandte sich Olivia wieder um und eilte die letzte Treppe hinunter zum Computerraum.

Kitty ging nervös auf dem rutschigen Fliesenboden auf und ab. Es war nichts Neues, dass Olivia zu spät kam, aber sie standen kurz davor, bei der Jagd auf Christopher Beeman einen riesigen Schritt voranzukommen, und dieses Warten machte sie wahnsinnig.

Sie blickte auf den leuchtenden Monitor hinab. Auf dem Bildschirm war ein anonymer E-Mail-Account geöffnet.

Kitty hatte ihren USB-Stick bereits eingesteckt und die gesamte DGM-Akte über Christopher Beeman an den eingeblendeten E-Mail-Entwurf angehängt: den Mailwechsel zwischen Christopher und dem verstorbenen Ronny DeStefano, die Verbindung zwischen Christopher und dem ebenfalls verstorbenen Coach Creed. Mit einem Mausklick würden sie die Dateien gleich hinaus in den Cyberspace und direkt zu Sergeant Callahan im Menlo Park Police Department sausen lassen.

Der Mörder ließ ihnen offenbar eine Atempause, seit Bree sich gestellt hatte, und sie mussten diesen Moment nutzen, um sein Terrorregime ein für alle Mal zu beenden. Mit diesem Material würde Sergeant Callahan begreifen, dass Christopher Beeman der Mörder war, und die gesamten Ressourcen der Polizei aufwenden, um ihn zu schnappen. Bree wäre damit entlastet und Christophers Blutrausch bald vorbei.

Das hoffte Kitty jedenfalls.

Sie vernahm in einiger Entfernung das hastige Klick-Klack wenig zweckmäßigen Schuhwerks, das auf dem Flur näher kam, kurz darauf erklang ein leises Klopfen an der Tür. Einmal, Pause, dann dreimal kurz. Kitty riss die Tür auf, und eine atemlose Olivia stürzte mit hochrotem Gesicht herein.

«Entschuldigung», keuchte sie. «Bin unten von Kyle und Tyler abgefangen worden.» Sie stützte sich an der Wand ab. «Hast du gesehen, was da los ist?»

«Ja, leider. Pater Uberti hat gestern Abend nach dem Schulausschuss die Schülervertretung kontaktiert. Angeblich will er den Sieg über das Böse feiern, jetzt, da Bree verhaftet worden ist.» Kitty schüttelte den Kopf.

«Sehr pietätvoll, wenn man bedenkt, dass zwei Menschen tot sind», sagte Olivia trocken.

Kitty holte tief Luft und setzte sich vor den Computerbildschirm. «Hier, guck mal. Es ist alles fertig zum Abschicken.»

Olivia beugte sich über ihre Schulter und las die vorbereitete Mail laut vor. «Guten Tag. Angehängt finden Sie Informationen, die in Bezug auf die Todesfälle an der Bishop DuMaine Highschool möglicherweise erhellend für Sie sein werden. Christopher Beeman, ein ehemaliger Schüler der Archway Military Academy in Arizona, hatte nicht nur Verbindungen zu beiden Opfern, sondern auch ein Motiv, sowohl Ronny DeStefano als auch Coach Richard Creed zu töten. Mit freundlichen Grüßen, ein Freund.»

Olivia richtete sich auf. «Das ist perfekt. Es wird wunderbar funktionieren.»

«Bereit?», fragte Kitty und sah zu ihr hoch.

Olivia biss sich auf die Unterlippe und kratzte dabei einen Großteil ihres schimmernden Gloss ab, dann nickte sie entschlossen. «Bereit.»

Kitty drückte auf die Maus, und ein Fenster mit den Worten «Ihre E-Mail wurde versendet» poppte auf dem Bildschirm auf. Sie lehnte sich in ihrem Stuhl zurück und stieß einen langen Seufzer aus. «Da geht es hin. Christopher Beeman wird bald hinter Schloss und Riegel sein.»

Eine vertraute Stimme erklang. «Seid ihr euch sicher?»

Olivia fuhr herum und sah Eds grinsendes Gesicht im Türrahmen. Ihr Hochgefühl verwandelte sich blitzschnell in glühende Wut. «Wo hast du gesteckt?»

«Auf dem Mond, Baby», raunte er und ließ seine Augenbrauen auf und ab hüpfen.

Kitty war aufgesprungen. «Ich habe dich seit Donnerstagabend ungefähr siebenhundert Mal auf dem Handy angerufen und hatte jedes Mal die Mailbox dran. Möchtest du das vielleicht erklären?»

Ed the Head zuckte mit den Schultern. «Ich hab es kaputt gemacht und ins Klo geworfen. Die Bestandteile des Wegwerfhandys, das einmal Ed the Head gehört hat, treiben jetzt vermutlich irgendwo draußen in der San Francisco Bay.»

«Wieso hast du dein Telefon ins Klo geworfen?», fragte Olivia verwirrt.

«Tja, soweit ich informiert bin, war ich es, der, wenige Stunden bevor Margot angegriffen wurde, noch Nachrichten mit ihr ausgetauscht hat. Vermutlich ist gerade jeder Polizist in der Stadt dabei, dieses Telefon zu suchen.»

Kitty legte die Stirn in Falten. «Das klingt wie ein Schuldeingeständnis.»

Ed zog sich gelassen einen Stuhl heran und setzte sich. «Entspannt euch, Ladys. Wenn ich Margot angegriffen hätte, glaubt ihr, dann säße ich jetzt hier, um mit euch zu quatschen?»

Olivia wechselte einen Blick mit Kitty. Da hatte er nicht ganz unrecht.

«Und weswegen bist du jetzt doch aufgetaucht?», fragte Kitty knapp.

Ed the Head zog ein Stück Papier aus der Seitentasche seines Rucksacks. «Ich wollte euch das hier zeigen.»

Kitty riss ihm den Fetzen aus der Hand und warf einen

kurzen Blick darauf. «Das ist ein Strafzettel für zu schnelles Fahren.»

«Highway 101 North», las Olivia. «Ausfahrt dreihundertsiebenundsechzig, Morgan Hill.»

Ed the Head nickte. «Jetzt schaut doch bitte noch auf das Datum und die Uhrzeit.»

Olivias Augen huschten zur Kopfzeile des Formulars. «Siebter Oktober, halb zehn Uhr abends.»

«Genau», sagte Ed. «Margot wurde dem Polizeibericht zufolge ungefähr um zehn vor zehn angegriffen. Es ist ausgeschlossen, dass ich in fünfzehn Minuten fünfundsechzig Kilometer weit gefahren bin. Ich war es nicht.»

«Und warum hast du drei Tage gebraucht, um uns das mitzuteilen?», fragte Kitty.

Eds geschmeidige Fassade bröckelte, sein Gesicht wirkte plötzlich hart. «Weil ihr die Einzigen seid, die wussten, dass ich an dem Abend mit Margot verabredet war.»

Olivia musterte ihn argwöhnisch. «Was willst du damit sagen?»

«Vielleicht ist mir durch den Kopf geschossen, dass ihr mich möglicherweise in eine Falle laufen lassen könntet.»

«Du denkst, wir hätten versucht, Margot umzubringen?», fragte Olivia entsetzt. «Sie ist unsere Freundin, du Arschloch. Wenn du auch nur eine Sekunde …»

«Ach, sie ist eure Freundin?» Ed hob in gespielter Überraschung die Brauen. «Ich erinnere mich da an ein paar ziemlich schlimme Fotos von Margot aus euren gemeinsamen Tagen auf der Junior High.» Er zeigte anklagend mit dem Finger auf Olivia. «Fotos, die du gemacht hast.»

Olivias Hände begannen zu zittern, als die Scham für das, was sie Margot angetan hatte, erneut über sie hereinbrach. «Ach ja?» Sie ballte die Fäuste und schaltete auf Angriff. «Und woher wissen wir, dass nicht *du* Christopher Beeman bist?» Sie wusste, dass das eigentlich keinen Sinn ergab, aber irgendjemand musste Christopher sein, und eigentlich war keiner ihrer Kandidaten wirklich überzeugend.

Anstatt es abzustreiten, brach Ed the Head in Gelächter aus.

«Warum ist das witzig?», fragte Kitty.

«Wenn ich Christopher Beeman bin», kicherte Ed, «dann habe ich ein weit größeres Problem als eine Mordanklage.»

Ein ungutes Gefühl kroch Olivias Wirbelsäule empor, als hätte sie gerade einen Schritt rückwärts in ein Spinnennetz gemacht. Irgendetwas an Eds Tonfall machte ihr Angst.

«Das ist es, was ich in Arizona herausgefunden habe», sagte er und sah sie beide an. «Christopher Beeman ist tot.»

DREI

Der Aufenthaltsraum im Mädchengefängnis von Santa Clara County war der mit Abstand deprimierendste Ort, an dem Bree je gewesen war.

Gedacht als eine Art Freibeschäftigungszimmer, war der Raum eigentlich nichts weiter als eine in bunten Farben gestrichene fensterlose Zelle, eingerichtet mit langweiligen Möbeln aus einem Katalog für billige Büroausstattung. Sofern sie die Freigabe dazu hatten, gestattete man den Insassen, hier fernzusehen, Brettspiele zu spielen oder ihre Hausaufgaben zu machen.

Die triste Einrichtung spiegelte die Laune der Mädchen, die um Bree herumsaßen. Alle sahen erschöpft und fertig aus, und sie fühlte sich wie in einem Raum voller Psychiatrie-Patientinnen, die gerade ihre volle Dröhnung Beruhigungsmittel bekommen hatten. Sie schlappten vom Tisch zur Tür zum Bücherregal zum Tisch, ihre Augen ziellos nach etwas Neuem und Aufregendem suchend, das die Monotonie ihres Alltags unterbrechen könnte. Während Bree auf die Fernsehwerbung starrte, die die heiteren Lokalnachrichten am Morgen unterbrach, fragte sie sich, wie lange es wohl dauern würde, bis sie genauso niedergeschlagen vor sich hin vegetieren würde wie die anderen Mädchen in ihrem Gefängnisflügel.

Bereits jetzt spürte sie, wie die Hoffnungslosigkeit sie lähmte. Sie dachte an Freitag zurück. Die Schulversammlung schien eine Ewigkeit her zu sein. Nach ihrem DGM-Geständnis und ihrer Verhaftung hatte sie schier endlose Polizeiverhöre zu den Morden an Ronny DeStefano und Coach Creed über sich ergehen lassen müssen. Bree hatte erbarmungslos gemauert, und Sergeant Callahans wachsender Ärger über ihre Weigerung, irgendeine seiner Fragen zu beantworten, hatte ihr großes Vergnügen bereitet. Seitdem stand täglich eine Therapiesitzung bei Dr. Walters auf dem Plan, die fest entschlossen schien, Brees *aufmerksamkeitsheischendes Verhalten* auf ihre Eltern zurückzuführen. Aber auch der Ärztin verschaffte sie wenig Befriedigung. Nicht einmal im Gefängnis konnte Bree es sich verkneifen, gegen Autoritäten zu rebellieren.

Das ganze Wochenende hatte zwischen ihr und allen, die ihr wichtig waren, völlige Funkstille geherrscht. Bree hatte keine Ahnung, wie es Margot ging, und ebenso wenig wusste sie, ob Christopher Wort gehalten und den Rest von DGM in Ruhe gelassen hatte, nachdem sie freiwillig ins Gefängnis gegangen war.

Sie erwartete auch jetzt nicht, von Olivia oder Kitty zu hören. Die beiden hatten genug zu tun. Falls der Mörder Wort hielt, war er auf Brees Geständnis hin von der Bildfläche verschwunden. In dem Fall war es jetzt Aufgabe der zwei verbliebenen DGM-Mitglieder, diesen Waffenstillstand zu nutzen, um Christopher zu finden und dafür zu sorgen, dass Bree hier möglichst schnell die Fliege machen konnte. Olivia und Kitty waren ihre einzige Chance, freizukommen.

Denn der gute alte Dad, das war Bree klar, würde diesmal nicht zu ihrer Rettung eilen. Das hatte er vor zwei Wochen mehr als deutlich gemacht, als er sie in letzter

Sekunde vor einem Schulverweis bewahrt hatte, nachdem sie Rex Cavanaugh einen hübschen Faustschlag ins Gesicht verpasst hatte.

Beim nächsten Mal bist du auf dich allein gestellt.

Und dann war da noch ihre Mom. Bree blinzelte und starrte an die Wand. Hellgelb und bonbonrosa gestrichene Betonplatten. Hatte es ihr jemand gesagt? Würde es sie überhaupt kümmern?

Bree schluckte und kämpfte gegen die Gefühle an, die sie wie eine Welle zu überschwemmen drohten. Hinter ihrer eigensinnigen Fassade war sie verängstigt wie ein Kind. Sie fühlte sich allein, im Stich gelassen von ihren Freunden, ihrer Familie, sogar von John.

Ich weiß, dass du sie nicht umgebracht hast.

Nein, nicht von John. Er würde sie niemals im Stich lassen. Oder?

Bree biss so fest die Zähne zusammen, dass es in ihrem Kiefer knackte. Sie war jetzt eine Strafgefangene, die wegen Mordverdachts einsaß. Empfand er trotzdem noch dasselbe für sie? Oder würde er sie vergessen, wenn sie die nächsten zwanzig Jahre hinter Gittern verbrachte? War sie dazu verdammt, genauso vergessen zu werden wie die anderen Mädchen hier?

«Bree Deringer?»

Beim Klang ihres Namens fuhr Bree in ihrem Stuhl zusammen. Dr. Walters stand in der Tür. «Komm bitte mit.»

Alle Augen im Raum wandten sich Bree zu. Manche Mädchen sahen kampfeslustig aus, als machte es sie wütend, dass die Neue ausgesondert wurde. Andere blickten ihr wehmütig nach und wünschten vielleicht, sie würden ebenfalls aus unbekannten Gründen mitgenommen werden, nur für eine halbe Stunde, die die Eintönigkeit ihrer Tage im Gefängnis durchbrechen könnte.

Dr. Walters war die Freundlichkeit in Person und führte Bree zu ihrem Büro. «Ein herrlicher Tag, nicht wahr?», sagte sie.

Anscheinend war ihr entgangen, dass sie Bree gerade aus einem fensterlosen Raum abgeholt hatte. «Äh, ja.»

Dr. Walters schloss die Bürotür hinter sich. «Tja, und für dich wird er gleich sogar noch schöner.»

Bree hatte keine Ahnung, wovon sie sprach, nahm aber Platz. Dr. Walters kramte in den Papieren auf ihrem Schreibtisch.

«Hier ist der Gruppentherapieplan für ambulante Patienten», sagte sie und reichte Bree einen Ausdruck. «Der Ablauf folgt denselben Strukturen und Regeln wie hier. Alles, was wir besprechen, ist natürlich vollkommen vertraulich, und alle Mädchen sind ehemalige Häftlinge des Mädchengefängnisses von Santa Clara County.»

Bree nahm Dr. Walters den Plan aus der Hand, ihre Gedanken kreisten um die Bezeichnung «ambulante Patienten».

«Entschuldigen Sie», sagte sie und gestattete sich kaum zu glauben, es könnte wahr sein. «Werden wir zur Gruppentherapie denn anderswohin gefahren?»

Dr. Walters legte den Kopf schräg. «Nein, Bree. Du wirst heute entlassen.»

«Was?»

«Am Abwicklungsschalter bekommst du eine Fußfessel, und dann wirst du unter Hausarrest wieder der Vormundschaft deiner Eltern unterstellt.» Dr. Walters strahlte. «Ist das nicht aufregend?»

Oh, Mist. Ihr Dad würde sie in Stücke reißen, sobald er sie aus dem Knast nach Hause gefahren hatte. Vielleicht war in dieser Klosterschule an der Ostküste, mit der er ihr immer drohte, bereits eine Zelle für sie reserviert? Bree schluckte, ihre Zunge war plötzlich viel zu groß für ihren Mund. «Wann holt mein Dad mich ab?», fragte sie heiser.

«Gar nicht», sagte Dr. Walters. «Wir entlassen dich in die Obhut deiner Mutter.»

VIER

Kitty starrte Ed verblüfft an. «Was meinst du damit, Christopher Beeman ist tot?»

Olivia schüttelte entgeistert den Kopf. «Das ist unmöglich.»

Ed hatte gewusst, dass sie ihm nicht glauben würden, und war vorbereitet. «Meint ihr, ich denke mir so was aus?» Er zog eine Mappe aus seinem Rucksack und reichte sie ihnen. «Seht's euch an.»

Olivia beugte sich ungläubig vor, als Kitty die Kopie von Christopher Beemans Sterbeurkunde herausnahm und auf den Tisch legte. Ed konnte an ihren Gesichtern ablesen, wie eine unschöne Erkenntnis langsam in ihr Bewusstsein drang: Sie hatten die letzten Wochen einen Geist gejagt.

«Wie kann es sein, dass wir das nicht wussten?», fragte Kitty.

«Im Internet war alles gelöscht, was in Verbindung mit dem geheimnisvollen Mr. Beemann stand – wie übrigens auch überall sonst», sagte Ed. «Offensichtlich wollte ihn jemand ausradieren.»

Olivia warf ihm einen Seitenblick zu. «Und wie hast du es dann herausgefunden?»

Ed richtete sich beleidigt auf. «Ich bin ein Profi.»

«Was heißt das?», fragte Olivia.

Ed zuckte mit den Schultern. «Das heißt, dass ich den

Hausmeister geschmiert habe, damit er mir alles sagt, was er über Christopher Beeman weiß.»

«Tod durch Strangulierung, polizeilich aufgenommen als Selbsttötung.» Kitty musterte die Sterbeurkunde, als könnte sie nicht ganz glauben, was sie da las. «Das ist letztes Jahr ungefähr zu der Zeit passiert, als dieser Artikel über Christopher in der Lokalzeitung erschienen ist – darüber, dass er aus Archway verschwunden ist.»

«Wie ist er …» Olivia schluckte, ihr Gesicht war blass. «Ich meine, wie wurde die Leiche …»

«Er hat sich im Heizungsraum unter der Archway-Sporthalle an einem Deckenrohr aufgehängt.» Ed sprach es nüchtern aus. Er versuchte sich nicht vorzustellen, was für einen elenden Tod Christopher gestorben war. Kalt, dunkel, allein.

«Oh mein Gott!», Olivia stürzte an einen der Computer. «Wir müssen diese E-Mail zurückholen!»

«E-Mail?», fragte Ed.

«Scheiße.» Kitty fuhr sich frustriert mit den Fingern durchs Haar. «Wir haben eine anonyme Mail mit all unseren Hinweisen auf Christopher Beeman an Sergeant Callahan geschickt.»

Ed stieß einen leisen Pfiff aus. «Tja, die werden sie in ungefähr zehn Sekunden löschen.»

«Ich verstehe das nicht.» Olivia nahm die Sterbeurkunde und sah sie sich noch einmal an. «Alle Hinweise, die fehlenden Jahrbuchfotos, die Morde – alles deutet doch auf Christopher Beeman hin.»

«Weil jemand euch glauben lassen wollte, ihr hättet es mit Christopher zu tun», sagte Ed schlicht. «Ziemlich episches Täuschungsmanöver, wenn ihr mich fragt.»

«Was sollen wir denn jetzt machen?», fragte Olivia.

«Ruhig bleiben», entgegnete Kitty, die ganz und gar nicht so klang. «Der Mörder weiß doch nicht, dass wir herausgefunden haben, wer er nicht ist.»

Olivia biss sich auf die Lippe. «Okay …»

«Also gehen wir jetzt einen Schritt zurück und sehen uns noch einmal all unsere Verdächtigen an, solange er sich in Sicherheit wähnt.»

«Genau», schnaubte Ed, «kauen wir doch noch mal auf dem alten Käse herum.»

Kittys Augen verengten sich. «Hast du eine bessere Idee?»

«Genau genommen, ja.» Ed faltete die Hände und legte sie auf seinem Knie ab. «Sind euch die augenfälligsten Verdächtigen nicht vielleicht entgangen?»

Olivia neigte ihren hübschen Kopf. «Kapier ich nicht.»

«Ich weiß.» Ed lächelte sie an.

«Spuck's aus, Ed!», schnauzte Kitty.

Ed stöhnte. Diese Mädchen hatten keinerlei Vorstellungskraft. «Habt ihr mal darüber nachgedacht, ob euch vielleicht gerade eure DGM-Heldentaten um die Ohren fliegen?»

«Du glaubst, dass eins unserer DGM-Opfer dahintersteckt?» Kitty hatte es begriffen.

«Richtig! Sie haben ja einen ziemlich guten Grund, euch zu hassen», sagte Ed. «Wie viele andere, denen DGMs Aktionen nicht passen, übrigens auch.»

«Aber wieso sollte einer von denen Ronny töten?», überlegte Kitty. «Oder Coach Creed?»

«Ja, Christopher hat wenigstens ein Motiv», stimmte Olivia ihr zu.

Ed schnippte vor Olivias Gesicht mit den Fingern. «Hallo! Wach auf! Falls euer Christopher kein rachedurstiges Gespenst ist, das seine Peiniger heimsucht, ist er nicht mehr in der Lage, jemanden zu töten.»

Olivias Mine bewölkte sich. «Nein, vermutlich nicht.»

Vermutlich nicht?

«Aber was, wenn euch stattdessen jemand in die Pfanne hauen will, indem er aktuelle DGM-Zielpersonen attackiert und den Verdacht auf euch lenkt?» Ed lehnte sich zurück. «Creed und Ronny waren schließlich eure letzten Opfer.»

Kitty seufzte. «Ich denke, es lohnt sich, dem nachzugehen.» Sie zeigte auf den Computer hinter ihm. «Ed, ich brauche deine Skills auf Google.»

Ed drehte sich schwungvoll herum und legte seine Finger auf die Tastatur. «Bereit.»

«Okay, mal sehen, wer noch in Reichweite ist», sagte Kitty. «Lasst uns doch mit der allerersten Zielperson von DGM beginnen. Wendy Marshall.»

Ed landete sofort einen Treffer. «Mittlerweile Zwölftklässlerin auf der St. Francis. Hat erst heute Morgen ihren Twitter Feed aktualisiert.»

«Das liegt ja praktisch am anderen Ende der Straße», sagte Olivia.

Kitty zog ein Blatt Papier aus dem Drucker und kritzelte Wendys Namen darauf. «Super. Jetzt such nach Christina Huang.»

Wieder hatte Ed innerhalb von Sekunden ein Ergebnis. «Siehst so aus, als hätten ihre Eltern sie in Richtung Osten nach Choate verfrachtet.»

«Aber noch am Leben?», fragte Olivia.

Ed zuckte mit den Schultern. «Wenn du ein Dasein auf der Choate Rosemary Hall ‹Leben› nennen willst …»

«Okay», sagte Kitty. «Sie wohnt ungefähr viertausend Kilometer weit weg, vermutlich ist sie also nicht unsere Mörderin.»

«Versuch es mit Xavier Hathaway», schlug Olivia vor.

«Dieses Arschloch, das in der Neunten meinen Kopf in eine Kloschüssel gedrückt und gespült hat?», fragte Ed.

Olivia nickte. «Man hat ihn nicht umsonst den Strudelkönig genannt.»

Xavier hatte keine Facebook-Seite, deshalb brauchte Ed etwas länger, um einen Treffer zu landen. Das Ergebnis war jedoch unerwartet befriedigend. «Sieht so aus, als würde er bei der städtischen Kläranlage in Hayward arbeiten.» Ed blickte mit einem breiten Grinsen vom Bildschirm auf. «Das ist das Beste, was ich je gehört habe.»

«Und er könnte der Killer sein», fügte Kitty hinzu. Dass in Xaviers beschissenem Job eine gewisse Ironie lag, amüsierte sie scheinbar nicht besonders.

«Coach Creed und Ronny sind tot, bleiben also noch drei», sagte Olivia und zählte sie an ihren Fingern ab. «Die Gertler-Zwillinge, Melissa Barndorfer und Tammi Barnes.»

Ed zog eine Augenbraue hoch. «Das sind vier.»

«Schau einfach nach», fuhr Kitty ihn an.

«Ist ja gut.» Ed suchte zügig nach Spuren der DGM-Angriffspersonen drei bis sechs im Netz. «Die Gertlers arbeiten in einem Surfer-Laden in Mountain View, und Melissa ist ihrer Facebook-Seite zufolge mit irgendeinem Eurotrash-Lover in Prag.»

«Und Tammi?», fragte Olivia.

«Bin dran.» Ed tippte mit rasender Geschwindigkeit, ging all seine bevorzugten Stalkerseiten im Internet durch. Eine nach der anderen spuckte kein Ergebnis aus. Er fiel in seinen Stuhl zurück. «Ich kann keine aktuellen Infos über sie finden.»

«Nichts?», fragte Kitty.

«Das habe ich eben gesagt.»

«Okay. Dann forschen wir später weiter.» Kitty hielt ihre Liste mit Verdächtigen hoch. «Wir haben Wendy, Xavier, Maxwell und Maven Gertler und Tammi Barnes. Plus unbekannte Person oder Personen, die mit Christopher Beeman in Verbindung stehen. Das sind unsere Verdächtigen.»

Olivia breitete verzweifelt die Arme aus, Tränen standen in ihren Augen. «Wir werden das niemals lösen können. Bree wird im Knast verrotten. Sie wird sich die Haare abrasieren, einer Gefängnis-Gang beitreten und sich irgendeinen frauenverachtenden Knastnamen geben.»

Ed hob eine Braue. «Klingt nach einem großartigen Porno.»

«Hör mal», sagte Kitty, trat Olivia gegenüber und packte sie bei den Schultern. «Wir dürfen jetzt keine Panik bekommen, und wir dürfen nicht aufgeben. Wir müssen weiterkämpfen, für Margot und für Bree.»

«Aber wie?»

«Wir fangen mit dieser Liste an. Lasst uns Kontakt aufnehmen und sehen, was wir herausfinden», sagte Kitty.

Olivia schniefte. «Okay.»

«Und vergiss nicht Amber und Rex», fügte Kitty hinzu. «Wir wissen immer noch nicht, was Amber in der Nacht, als Ronny gestorben ist, bei ihm gemacht hat und was Ronny und Rex für ein Geheimnis hatten.»

Olivia nickte mit zusammengepressten Lippen, als sammelte sie Kraft für diese unangenehme Aufgabe. «Ich gebe mir Mühe.»

«Und ich», sagte Ed mit einer überschwänglichen Armbewegung, «nehme Christophers Familie und Freunde unter die Lupe.» Er würde diese wichtige Aufgabe auf keinen Fall diesen beiden Stalkinganfängerinnen überlassen.

Kitty sah ihn argwöhnisch an. «Wir brauchen deine Hilfe nicht, Ed.»

Sein Lachen war schallend und echt. «Im Ernst? Ihr braucht sie jetzt mehr denn je!»

Olivia legte Kitty die Hand auf den Arm. «Vielleicht sollten wir ihn helfen lassen? Margot …» Sie hielt inne, ihre Unterlippe zitterte. «Margot vertraut Ed. Und sie vertraut eigentlich niemandem.»

«Na gut.» Kitty hielt ihm die Hand hin und zog ihn auf die Füße. «Aber es gibt da etwas, das zu zuerst tun musst.»

«Blutpakt?», fragte er und riss in gespielter Aufregung die Augen auf. «Initiationsritual? Kriege ich eine DGM-Nadel oder einen geheimen Entschlüsselungsring?»

Kitty atmete tief durch, dann streckte sie die Hand aus.

«Ich, *Kitty Wei, schwöre hiermit feierlich, dass kein Geheimnis jemals diesen Kreis verlassen soll.*»

Ed sah aufmerksam zu, wie Olivia nach Kittys Handgelenk griff.

«Ich, *Olivia Hayes, schwöre hiermit feierlich, dass kein Geheimnis jemals diesen Kreis verlassen soll.*»

Zusammen wandten sie sich zu ihm um. «Kapiert, kapiert», sagte er. «Geheimer Schwur. Bin dabei.»

Er griff nach Olivias Handgelenk und hielt seinen Arm so, dass Kitty sich mit ihm verbinden konnte.

«Ich, Ed the Head ...»

«Hast du keinen Nachnamen?», fragte Kitty.

Ed seufzte. «Also gut.» Er räusperte sich theatralisch.

«Ich, Edward Headley, schwöre feierlich ...»

Olivia kicherte. «Headley? Ist das dein Ernst?»

«Soll ich zu Ende sprechen oder nicht?», meckerte Ed.

«Entschuldigung.» Olivia grinste breit.

«Ich, Edward Headley, schwöre hiermit feierlich, dass kein Geheimnis jemals diesen Kreis verlassen soll.»

«Gut.» Kitty nickte ihm zu.

«Hei, hurra!» Ed jubelte mit übertriebener Begeisterung, bevor er wieder ernst wurde. «Und jetzt sollten wir hier besser verschwinden, bevor die Schwachköpfe von den Maine Men diesen Flur mit ihrem V-D-Scheiß schmücken.»

Kitty antwortete nicht, aber ihre Augen verhärteten sich, als sie Ed und Olivia ansah. «Wir treffen uns heute Abend in der Lagerhalle zur Nachbesprechung, verstanden?»

Olivia nickte, Ed hingegen zwinkerte bloß.

«Ich nehme das als Zustimmung», sagte sie. «Also Leute, neue Verdächtige, neues Glück.»

FÜNF

Der schwarze Riemen der Fußfessel schmiegte sich kurz über dem Knöchel um Brees Unterschenkel, das darin eingespannte GPS-Ortungsgerät, das aussah wie ein altes Klapphandy, ragte sperrig hervor.

«Das Band ist leitfähig», erläuterte der Wachmann, als er es festzog. «Wenn du irgendwie daran herumpfuschst, werden automatisch die Behörden alarmiert.»

«Kein Sonnenlicht, kein Wasser und nicht nach Mitternacht füttern?», witzelte Bree.

Der Wachmann blickte ohne jede Belustigung auf. «Das Ortungsgerät ist wasserfest.»

«Okay.» Eindeutig kein Fan der Gremlins. Oder von Humor.

«Das GPS ist auf das Haus deiner Eltern kalibriert», fuhr er fort. «Wenn du den festgelegten Radius von hundert Metern verlässt, werden ebenfalls sofort die Behörden alarmiert.»

Großartig. Sie würde eine Gefangene in ihrem eigenen Zuhause sein. Aber immer noch besser, als auch nur einen weiteren Tag im Jugendknast zu sitzen.

Als der Wachmann die Fußfessel sicher angebracht hatte, führte er Bree in einen Wartebereich, wo eine große, sehr teuer gekleidete Frau in ein Gespräch mit einem anderen Beamten vertieft war.

Zuerst erkannte Bree ihre Mom nicht. Die sonnengebleichten Haare und die tiefgebräunte Haut wirkten fremd, und dieser konservative Hosenanzug ließ sie aussehen wie die Rechtsexpertin eines Nachrichtensenders, aber sicher nicht wie eine kalifornische Hausfrau, die an die französische Riviera durchgebrannt war.

Ihre Persönlichkeit schien sich hingegen kein bisschen verändert zu haben. Die perlende Stimme, die Ungezwungenheit – Brees Mom besaß die einzigartige Gabe, den Menschen so gegenüberzutreten, dass sich in ihrer Gegenwart jeder auf Anhieb wohl fühlte, sei es ein CEO oder ein Bettler. Der Trick lag, das hatte Bree beobachtet, im Flirten. Männlich oder weiblich, schwul, hetero oder was auch immer, alle waren Freiwild für ihre schamlos kokettierende Mutter. Und die Flirterei verschaffte ihr fast immer, was sie haben wollte.

«Muss sie die Fußfessel wirklich Tag und Nacht tragen?», fragte ihre Mom mit vor Erstaunen geweiteten Augen und bittender Stimme.

«Ja, Ma'am», antwortete der junge Beamte.

«Kann ich nicht mal mit ihr essen gehen?», versicherte sich ihre Mom bedauernd. «Oder ins Kino?»

Der Beamte schüttelte den Kopf. «Leider nein.»

Sie seufzte resigniert, dann wandte sie sich um und blickte ihre Tochter direkt an.

Bree suchte in ihrem Gesicht nach irgendeinem Anzeichen des Erkennens, aber nach wenigen Sekunden warf ihre Mutter einen Blick auf ihre Armbanduhr. «Haben Sie eine Ahnung, wann meine Tochter fertig sein wird?»

Der Beamte blickte zu Bree hinüber. «Ähm ...»

«Hey, Mom», sagte sie und hoffte, dass ihre Stimme genauso wenig begeistert klang, wie sie sich fühlte.

Ihre Mom zuckte zusammen, und langsam kehrte ihr Blick zu Bree zurück. Sie starrte sie ganze zehn Sekunden lang an, bevor sich ihre Miene erhellte.

«Schätzchen!» Ihre Mutter tippelte auf sie zu, umarmte ihre Tochter und hüllte sie in ihren Duft, eine aromatische Mischung aus Jean Patou und Gin. «Ich habe mir solche Sorgen gemacht.»

Solche Sorgen, dass du drei Tage gebraucht hast, um aus Europa einzufliegen?

«Lass mich dich ansehen.» Ihre Mom löste sich von ihr und umfasste ihr Gesicht. «Wann hast du dir die Haare abgeschnitten? Hat das mit dem Gefängnis zu tun?»

Bree verengte die Augen zu Schlitzen. «Vor sechs Monaten.»

«Oh.» Ihre Mutter spitzte die Lippen. «Tja, da ist es ja nicht verwunderlich, dass ich dich nicht erkannt habe.»

Nein, weil du seit Weihnachten nicht mehr zu Hause warst.

«Mrs. Deringer», sagte der Vollzugsbeamte. «Es gibt da nur noch ein paar Formulare, die Sie unterschreiben müssen, damit Sie Ihre Tochter in Gewahrsam nehmen können.»

Als wäre es ein übermenschliches Opfer, ihren Namen unter ein paar Blatt Papier zu setzen, seufzte Brees Mom theatralisch. Sie erledigte schnell den Papierkram, dann wurden sie und Bree aus dem Gebäude eskortiert.

Keine von ihnen sprach ein Wort, während sie dem Wachmann über den Hof folgten. Bree würde es ihrer Mom sicher nicht leicht machen, indem sie ein Gespräch begann. Aber Mrs. Deringer schien mit dem Schweigen ohnehin ganz zufrieden.

Ein riesiger schwarzer Cadillac Escalade mit getönten

Scheiben parkte vor dem Zaun. Er sah aus wie ein Auto, das von Drogendealern gefahren wird. Oder der CIA. Als das Eingangstor sich langsam öffnete, wurde die Beifahrertür aufgerissen, und ein extrem riesiger und extrem blonder Mann stieg aus.

Er sah aus wie eine nordische Gottheit: bronzefarbene Haut, wallendes Haar und Muskeln, die den straffen Stoff seiner schwarzen Jacke beinahe sprengten. Die dünne Krawatte um seinen Hals erinnerte an ein Stück Zahnseide, das einen Heißluftballon am Boden halten soll. Als er um den Wagen herumging, war sich Bree ziemlich sicher, dass der Boden bei jedem seiner mächtigen Schritte unter ihr erzitterte.

Ohne ein Wort öffnete er die hintere Wagentür und bot Brees Mom eine Hand, die sie mit solch gezierter Koketterie nahm, dass sich Bree der Magen umdrehte.

«Danke, Olaf.»

Olaf?

Er nickte, und ohne Bree auch nur eines Blickes zu würdigen, schlug er die Tür vor ihrer Nase zu.

«Genau», murmelte sie und stapfte um den Wagen herum zur anderen Seite. «Danke, Olaf.»

Sobald Olaf den SUV vom Straßenrand auf die Straße gelenkt hatte, verschwand die vornehme Fassade ihrer Mom. Sie wandte sich Bree zu. «Möchtest du mir vielleicht erklären», begann sie, «inwiefern du es für eine gute Idee gehalten hast, einen Mord zu gestehen?»

«Zwei Morde», korrigierte Bree sie mit einem süßen Lächeln und zog den Anschnallgurt heraus. «Und ich habe sie nicht gestanden.»

Ihre Mom verdrehte die Augen. «Wie auch immer.»

Sie drückte auf einen Knopf an ihrer Tür, und zwischen den Sitzen fuhr eine Minibar heraus. Kristallkaraffen klirrten, klare und dunkelbraune Flüssigkeiten schwappten mit jeder Bewegung des Wagens herum, doch Brees Mom schenkte sich, ohne einen Tropfen zu vergießen, aus einem Shaker einen Cocktail in ein Martiniglas. «Ein armseliger Ort, dieses Gefängnis», sagte sie und ließ zwei Oliven in das Glas fallen. «Ich werde diesen Hosenanzug verbrennen müssen, sobald wir zu Hause sind.»

Bree steckte den Anschnaller in das Gurtschloss. Es weigerte sich, einzurasten, bei jedem Versuch glitt der Gurt wieder heraus. «Tut mir leid, dass ich solche Umstände mache», sagte sie kühl. «Du darfst gern nach Nizza oder Cannes zurückkehren oder wo auch immer du gesteckt hast.»

«Villefranche-sur-Mer», seufzte ihre Mutter sehnsüchtig. «Hast du meine Postkarten denn nicht gelesen?»

Bin nicht dazu gekommen, bevor ich sie in den Müll geworfen habe. «Fahr ruhig wieder hin», wiederholte Bree durch zusammengebissene Zähne. Sie warf, frustriert von ihren vergeblichen Anschnallversuchen, den Sitzgurt von sich. «Ich brauche dich nicht.»

Ihre Mom lachte. «Natürlich *brauchst* du mich nicht. Ich habe dich so erzogen, dass du niemanden brauchst.»

Das Wort «erzogen» schien Bree etwas übertrieben, wenn man die sehr spärliche Anwesenheit ihrer Mutter in Betracht zog, insbesondere seitdem Henry Jr. auf dem College war.

«Aber im Augenblick», fuhr ihre Mom fort, «muss nun mal jemand hier sein, um dich im Auge zu behalten. Elterliche Inobhutnahme heißt anscheinend, dass während deines Hausarrests entweder dein Vater oder ich dich überwachen müssen. Und da der Senator in Sacramento eine ach so wichtige politische Strategie umsetzt, fällt diese glorreiche Aufgabe wohl mir zu.»

«Ich spüre die Liebe, Mom.»

Ihre Mutter sah sie an und zog eine fachkundig gezupfte Braue hoch. «Ach, und du freust dich also unbändig darauf, die nächsten Wochen mit Olaf und mir zusammen in diesem Haus eingesperrt zu sein?»

Bree blinzelte. «Mit Olaf?»

«Natürlich!», rief ihre Mutter, als sei sie überrascht vom mangelhaften Vorstellungsvermögen ihrer Tochter. «Ich kann doch nicht ohne meinen Olaf sein. Wer soll den Wagen fahren? Die Presse in Schach halten? Mir jeden Tag meine Mas...»

Bevor ihre Mutter weitersprechen konnte, schlug der Escalade heftig nach links ein. Der hintere Teil des Wagens wurde zur Seite geworfen, und Bree knallte hart mit dem Kopf gegen das Fenster. Olaf ließ den Motor aufheulen, die Reifen quietschten protestierend, und auf der Rückbank breitete sich der beißende Gestank verbrannten Gummis aus. Bree schrie und klammerte sich panisch an den Türgriff, als ihr von keinem Gurt geschützter Körper durch die Wucht des Manövers aus dem Sitz geschleudert wurde. Während der Wagen schlingerte, sah sie die Fahrerkabine eines leuchtend gelben Umzugswagens an sich vorüberziehen, so nah, dass sie den Fahrer genau erkennen konnte – Baseballkappe, dunkle Pilotenbrille, jedes Detail.

Der Lastwagen rutschte weiter, aus allen Richtungen ertönten wütende Hupen, und der SUV ruckelte heftig, als Olaf über die Verkehrsinsel in der Mitte der Straße bretterte. Brees Kopf prallte gegen die Decke, ihre Mom stieß einen erstickten Schrei aus, und dann plötzlich normalisierte sich das Motorengeräusch wieder, und das plötzliche Chaos war vorüber.

Neben Bree schnappte ihre Mutter nach Luft. «Oh mein Gott.»

Bree betastete die schmerzenden Stellen an ihrem Kopf. «Alles okay», keuchte sie und versuchte wieder zu Atem zu kommen. «Ich bin nicht verletzt.»

«Guck mal!» Ihre Mom streckte Bree das Martiniglas entgegen. «Ich habe keinen Tropfen verschüttet.» Sie lächelte zufrieden, setze das Glas an und leerte es in einem Zug.

Ich bin so froh, dass du deine Prioritäten klar geordnet hast.

«Was zum Teufel war das?»

«Laster ist über rote Ampel gefahren.» Olafs Vokale klangen offen und rund und deuteten auf einen skandinavischen Akzent.

«Sollten wir nicht zurück?», fragte Bree. «Die Polizei rufen? Einen Zeugenbericht abgeben? Der Typ könnte gefährlich sein.»

Der Typ könnte ein Killer sein.

Bree wusste, sie war paranoid, aber nach allem, was Christopher Beeman ihr und den anderen Mädchen in den letzten Wochen zugemutet hatte, war sie wohl zu einem gewissen Argwohn berechtigt. Sie blickte auf das kaputte Sitzschloss hinab. War es bloß ein Zufall, dass sich ihr Gurt nicht hatte schließen lassen und sie daraufhin beinahe mit einem Umzugslaster kollidiert waren? Das wäre doch die perfekte Art, jemanden zu töten und es wie einen Unfall aussehen zu lassen.

Sie kauerte sich in ihren Sitz und untersuchte das Gurt-schloss. Selbst jetzt, im fahrenden Wagen, konnte sie eindeutig Kratzer rund um die rote Entriegelungstaste erkennen, als hätte jemand versucht, sie mit einem Messer oder einem Schraubenzieher aufzuhebeln.

Bree stockte der Atem. Jemand hatte ihren Sitzgurt manipuliert.

«Niemand verletzt.» Olaf klang völlig unbeeindruckt von dieser Nahtoderfahrung. «Wegen Olafs Ausweichmanöver.»

«Olaf war in der französischen Fremdenlegion», erklärte ihre Mom stolz und nahm den Cocktail-Shaker aus der Mittelkonsole.

Bree beäugte den Koloss im Fahrersitz und senkte die Stimme. «Sind das nicht so was wie Söldner?»

Ihre Mom zuckte mit den Schultern und hob das Martiniglas an die Lippen. «Ich würde ihm auch jederzeit Geld dafür bezahlen, dass er in meiner Armee kämpft!»

Nicht zum ersten Mal heute musste Bree den Drang bekämpfen, sich in ihren Schoß zu übergeben.

SECHS

Christopher Beeman ist tot. Olivia konnte diesen Gedanken noch nicht ganz begreifen, als sie durch die Flure zurück in Richtung Eingangshalle eilte, und sie spürte, wie ein vertrautes Unbehagen in ihr wuchs.

Sie schüttelte den Kopf und zwang sich, die Paranoia zu verdrängen. Der Killer war offenbar ins Dunkel zurückgewichen, was bedeutete, dass jetzt der perfekte Zeitpunkt war, seine – oder ihre – Identität aufzudecken.

Und sie konnte gleich damit beginnen, indem sie herausfand, in welcher Verbindung Amber und Rex zu Ronny DeStefano standen.

Sie atmete tief durch und steuerte ihre Schritte in Richtung Leadership-Raum.

Rex war allein, wie Kyle und Tyler gesagt hatten. Er stand gegen ein Pult gelehnt und tippte wie besessen auf dem Touchscreen seines Handys herum.

«Klopf, klopf», schnurrte Olivia und versuchte, verführerisch zu klingen.

Rex' Kopf schoss hoch, sein Ausdruck stechend und aggressiv, doch als er Olivia sah, schmolz sein Gesicht zu einer Miene, die an die eklige Lüsternheit eines alten Mannes erinnerte. «Sieh an, sieh an, sieh an. Scheint, als wären meine Gebete erhört worden.»

Olivia zwang sich zu einem Lächeln. «Kyle und Tyler sagten, du bräuchtest vielleicht Hilfe.»

Rex schlenderte auf sie zu und drängte sie rückwärts gegen die Wand. «Deine helfende Hand kann ich immer gebrauchen, Liv. Wenn du weißt, was ich meine.»

Super. Von null auf sexuelle Belästigung in zwei Komma fünf Sekunden. Das musste ein neuer Rekord sein, selbst für Rex. Sie legte beide Hände auf seine Brust und schob ihn auf Armeslänge von sich. «Und was ist mit Amber?»

«Wir haben Schluss gemacht.»

Nicht dass sie das nicht längst gewusst hätte. Aber es war genau die Gesprächseröffnung, die sie brauchte. «Nein, du machst Witze!» Sie schnappte gespielt erschrocken nach Luft. «Ihr beide wart so ein perfektes Paar!»

Rex zuckte mit den Schultern und legte dann seine Hände um ihre Handgelenke. «Vielleicht habe ich immer ein Auge auf etwas viel Besseres geworfen ...»

Olivias Ellenbogen gaben nach, und Rex' Körper presste sich gegen ihren. Sie wandte das Gesicht gerade noch rechtzeitig ab, um seinen Lippen auszuweichen, dafür landete ein feuchter Kuss auf ihrem Hals.

«Du schmeckst so gut», knurrte er und sah sie gierig an.

Olivia bekämpfte den Impuls, ihm ins Gesicht zu spucken. «Das überrascht mich wirklich.» Während sie gegen Rex' Hände ankämpfte, die sich zu ihrem Po hinuntertasteten, versuchte sie auf Kurs zu bleiben. «Amber hat vor zwei Wochen noch damit angegeben, dass du niemals mit ihr Schluss machen würdest. Wegen irgendetwas, das sie über dich wüsste und das geheim ist.»

«Was?» Rex stolperte einen Schritt zurück. «Was hat sie gesagt?» Seine Stimme klang scharf.

«Ich weiß nicht», sagte Olivia wahrheitsgetreu. «Irgendwas mit Ronny DeStef...»

Ohne Vorwarnung packte Rex ihre Schultern und rammte sie gegen die Wand. Olivia blieb die Luft weg. «Was hat die Schlampe dir erzählt, verdammt noch mal?» Olivia hatte Rex noch nie so gewalttätig erlebt. Er blähte die Nasenflügel, seine Finger gruben sich in ihre Schultern, sein Gesicht lief sekündlich dunkler an. Olivia spürte eine Aggression, die in Sekundenschnelle aufgeflammt war. Sie sah eine Wut, die zum Morden befähigte.

Sie versuchte sich aus Rex' Griff zu befreien, wand sich in seinen Pranken, um ihm zu entkommen. «Ich ...»

«Mr. Cavanaugh.» Pater Ubertis Stimme drang aus dem Flur herein. «Ich wollte mit Ihnen über ...» An der Schwelle zum Klassenzimmer blieb er abrupt stehen. «Störe ich?»

Olivia war in ihrem ganzen Leben noch nie so froh gewesen, den alten Uberti zu sehen. «Nein, überhaupt nicht, Pater», krächzte sie. Rex löste seinen Griff, und sie schob sich ein Stück an der Wand entlang in Richtung Tür.

«Sie ist ohnmächtig geworden oder so was», murmelte Rex und vermied es, Pater Uberti anzusehen.

«Ach so.» Pater Uberti nickte, damit war er vollauf zufrieden.

Olivia schluckte. «Ich muss los, ich habe Französisch», brachte sie heraus, dann griff sie sich ihre Tasche vom Boden und rannte aus dem Zimmer.

Als sie sich vom Leadership-Raum entfernte, zitterten ihre Hände unkontrolliert. Sie hatte immer gewusst, dass Rex ein erstklassiges Arschloch war, aber plötzlich war es mehr als das. Rex war gefährlich. Da war so ein mör-

46

derisches Funkeln in seinen Augen gewesen, als er sie gegen die Wand gestoßen hatte, und es brauchte nicht viel Phantasie, sich vorzustellen, wie er Ronny mit einem Baseballschläger den Kopf zertrümmerte.

In Zukunft würde sie vorsichtiger sein müssen. Sie durfte Ronny nicht mehr so direkt zur Sprache bringen. Rex würde wachsam sein. Als Olivia ihr Schließfach öffnete, formte sich in ihrem Kopf ein Plan.

Es gab mehr als einen Weg, Rex auszuspionieren.

Ed hatte durch den Türspalt der Herrentoilette beobachtet, wie zuerst Olivia und dann Kitty den Computerraum verließen. Als die Luft rein war, hatte er sich über den Flur zurückgeschlichen und war still und leise wieder hineingeschlüpft.

Nun saß er wieder vor dem Bildschirm, bereit, alles auszugraben, was in den geheimnisvollen Tiefen des Internets schlummern mochte.

Christopher Beeman. Ed war sich sicher, dass weder die furchtlose DGM-Anführerin Kitty noch die in Computerdingen schwer ahnungslose Olivia das Zeug dazu haben würden, die Verbindung zwischen Christopher und dem Killer auszugraben. Außerdem hatte er ernste Zweifel, ob er eine so wichtige Aufgabe überhaupt einer von ihnen überlassen wollte. Er musste sich immer wieder in Erinnerung rufen, dass sie immerhin zumindest teilweise für Margots Zustand verantwortlich waren.

Falls also noch etwas zu finden war, würde es Ed sein, der als Erster darauf stieß.

Er begann mit einer oberflächlichen Google-Suche nach Christopher Beeman und kombinierte seinen Namen mit verschiedenen relevanten Schlagwörtern. Aber abgesehen von dem einen Artikel, der berichtete, dass Christopher aus der Archway Military Academy ausgebüxt war, schienen alle Hinweise auf seine Existenz aus dem Internet gelöscht worden zu sein. Der Artikel war der einzige Hinweis, den man unversehrt gelassen hatte.

Ed ließ sich in seinen Stuhl zurücksinken und starrte den Artikel an. Wieso? Die Antwort lag auf der Hand: Damit Christopher die Rolle des frei herumlaufenden Killers einnehmen konnte. Aber Christopher lief nicht frei herum. Er war tot und begraben und …

Es gongte zum zweiten Mal, aber Ed ignorierte das. Schule war im Augenblick seine letzte Priorität.

Begraben.

Christopher war zusammen mit Bree Deringer auf der St. Alban's gewesen, was bedeuten könnte, dass seine Familie katholisch war. Sollte das der Fall sein, musste es anlässlich seiner Beerdigung eine Art Messe gegeben haben, eine Familienzusammenkunft, ein Rosenkranzbeten, eine Totenwache. Selbst wenn der Name Christopher Beeman aus dem World Wide Web gelöscht worden war, gab es also möglicherweise immer noch Hinweise auf seine Trauerfeier und folglich auch auf seine Familie.

Warum ist dir das nicht schon früher eingefallen?

Blitzschnell stellte Ed seine Suche auf Kirchengemeinden vor Ort um. Katholiken waren doch Experten darin, für Tote zu beten. Er klickte sich durch verschiedene Kirchenblättchen, beginnend mit dem Tag, an dem Christophers Leiche im Heizungsraum von Archway gefunden worden war. Und er musste nicht lange suchen. Die Widmung der Elf-Uhr-Messe an einem Sonntag im Frühjahr lautete «Für Brant und Wanda, in Erinnerung an ihren geliebten Christopher».

Eds Puls beschleunigte sich. Der Mörder hatte den Hinweis auf Christophers Eltern offenbar übersehen. Sein erster Fehler.

Neue Suchwörter: «Brant and Wanda Beeman».

Er landete sofort etliche Treffer. Christophers Eltern waren bekannte Gesichter des öffentlichen Lebens im Großraum Menlo Park. Wanda bekleidete ein wichtiges Amt bei der Frauenorganisation Junior League, und sie und ihr Ehemann standen auf den Gästelisten zahlreicher Charity-Events, einer Handvoll prominenter Cocktailpartys und …

Ed erstarrte, als er auf eine Lokalzeitungsnachricht über eine Absolventenfeier stieß. Nicht irgendwelche Absolventen: Absolventen der Polizeischule. Seine Augen flogen über den kurzen Absatz, lasen einmal, zweimal, dann noch ein drittes Mal.

Die Beemans kannten jemanden bei der Polizei. Einen Verwandten? Einen Freund der Familie? Gab es im Menlo Park Police Department jemanden mit einer persönlichen Verbindung zu Christopher, der sich geschworen hatte, seinen Tod zu rächen? Das würde im Hinblick auf die schleppenden Mordermittlungen so einiges erklären.

Eds rechte Hand wanderte in seine Jackentasche und umfasste das Stück Papier, das er immer bei sich trug. All die Hoffnung und Aufregung, die er noch einen Moment zuvor verspürt hatte, war auf einen Schlag verpufft.

Hatte das hier schon jemand vor ihm gesehen?

Langsam legte er seine Finger wieder auf die Tastatur. Mit wenigen geschickten Klicks hackte er sich in die

Datenbank der Zeitung und löschte Brants und Wandas Namen aus dem Artikel.

Bree stand auf der Eingangstreppe und schaute an der säulengeschmückten Fassade der Deringer-Villa hinauf. Das Unbehagen, das sie verspürt hatte, seitdem der Laster den Wagen ihrer Mutter beinahe in einen Haufen Altmetall verwandelt hatte, wurde augenblicklich von Furcht verdrängt.

Ihre Mom trat neben sie. «Ja, es ist ein Gefängnis», sagte sie. «Für uns beide.»

Wenigstens bin ich hier, weil ich etwas Selbstloses getan habe, dachte Bree bei sich. Selbstlosigkeit war ein Konzept, das eine Mrs. Deringer nicht begreifen würde.

«Ach, na ja. Machen wir einfach das Beste daraus.» Ihre Mom seufzte zufrieden auf. «Olaf? Ich möchte eine Massage auf meinem Zimmer, und dann werde ich bis zum Abendessen ein Schläfchen machen.»

Bree warf ihr einen Seitenblick zu. «Es ist neun Uhr morgens.»

Brees Mom lachte vergnügt. «Und das bedeutet, in Frankreich ist jetzt Happy Hour!» Damit schwebte sie ins Haus, ohne auch nur den Versuch zu unternehmen, ihre schwachsinnige Zeitzonen-Mathematik näher zu erläutern.

Olaf trampelte hinter seiner Meisterin her, unter dem Arm einen Plastikbehälter, auf dem ein Schild mit der Aufschrift «Deringer, Bree» angebracht war. Ihre Habseligkeiten. Alles, was sie bei sich gehabt hatte, als sie festgenommen worden war, befand sich in diesem Behälter. Einschließlich ihres Handys.

Sie folgte Olaf ins Haus und musterte den ehemaligen Soldaten mit Sicherheitsabstand. Ihn nach der Kiste zu fragen war keine Option. Sie war sich nicht sicher, ob ihr Telefon für sie verboten war oder nicht, aber so oder so war es bestimmt besser, es heimlich zu nehmen. Im Eingangsbereich zog sie sich die Schuhe aus und sah zu, wie Olaf die Kiste ins Arbeitszimmer ihres Vaters brachte und dann die Treppe zum Zimmer ihrer Mutter hinaufstieg.

Bree schüttelte die widerliche Vorstellung von den Körperlichkeiten ab, die gerade direkt über ihrem Kopf zwischen ihrer Mutter und diesem Thor passierten, und schlich auf Zehenspitzen ins Arbeitszimmer ihres Vaters. Sie gab acht, die Tür nicht zu berühren, für den Fall, dass der Hausmeister die Scharniere nicht geölt hatte. Kein noch so kleines Risiko. Sie brauchte dieses Telefon.

Es war immer noch vorne in ihrer Army-Tasche, genau da, wo sie es vor drei Tagen verstaut hatte. Und zum Glück hatte sie trotz der Aufregung die Geistesgegenwart besessen, es auszuschalten, nachdem sie die letzte Nachricht an Olivia und Kitty geschickt hatte. Mit etwas Glück hatte es noch genügend Akku, sodass sie schnell eine Nachricht an John schicken konnte. Er saß gerade in der ersten Stunde, würde aber hoffentlich beim Mittagessen seine Nachrichten checken und dann nach der Schule vorbeikommen. Oder noch besser, vielleicht würde er Sport schwänzen ... Brees Magen kribbelte nervös, als sie den Einschaltknopf lange drückte.

Der Bildschirm erwachte zum Leben, und das verräterische Klingeling einer Smartphone-Einschaltmelodie durchbrach die Stille im Haus. Sie drückte das Handy an ihre Brust und hoffte, dass es niemand gehört hatte. Ungeduldig wartete sie, bis sie sich mit ihrer PIN einloggen konnte und ein Signal empfing.

Das Handy piepte, um anzuzeigen, dass sein Batteriestand gefährlich niedrig war. Mit zitternden Fingern schrieb Bree eilig eine Nachricht an John.

Bin raus. Unter Hausarrest.
Wie geht's Margot? Ist sie okay?
Telefon hat keinen Akku mehr, aber ich will dich so gern sehen.

«Kein Telefon!»

Bree fuhr herum und ließ ihr Handy auf den flauschigen Teppich fallen. Das Herz sprang ihr beinahe aus der Brust. Olaf stand im Türrahmen, die Beine schulterbreit gespreizt, und stemmte die Hände in die Hüften. Er sah aus wie ein Ausbilder beim Militär, abgesehen von der Tatsache, dass er beinahe nackt war. Seine unbehaarte Brust glänzte, entweder von Schweiß oder von Babyöl, und seine muskulösen Oberschenkel wölbten sich unter winzigen goldenen Boxershorts.

Kein Hirnbleichmittel würde dieses Bild jemals aus ihrem Gedächtnis ätzen können.

«Was zum Teufel hast du da an?», platzte Bree heraus. Sie konnte sich nicht beherrschen. Er sah aus wie ein skandinavischer Dr. Frank N. Furter aus der *Rocky Horror Picture Show*.

«Olafs Massageuniform.» Er hob das Handy vom Boden auf und schaltete es aus. «Senator Deringer sagt, kein Telefon. Kein Computer. Kein gar nichts.»

«Du kannst mir nicht einfach mein Telefon wegnehmen!», rief Bree. «Ich bin sechzehn. Du kannst mir genauso gut die Hände abschneiden.»

«Olaf hat Anweisungen», sagte er schlicht, dann drehte er sich um und verschwand nach oben.

SIEBEN

Als Kitty das Team nach dem Aufwärmen in die große Halle führte, blies Coach Miles schon ungeduldig in ihre Pfeife. «Beeilung, die Damen! Ich habe eine Ankündigung zu machen.»

«Noch mehr Grundtechnik-Übungen an der Linie?», witzelte Mika leise, als sie zu ihrer Trainerin hinüberjoggten.

Kitty schnaubte. «Wenn wir Glück haben.»

«Gestern Abend hat man mich darüber informiert», begann Coach Miles in ihrem üblichen barschen Tonfall, «dass die Northern California High School Athletics League dieses Wochenende hier an der Bishop DuMaine ein Turnier finanziert, zu dem Scouts aller wichtigen NCAA-Programme eingeladen sind.»

College-Scouts? Kittys Herz schlug schneller. Bishop DuMaine hatte eines der führenden Mädchenvolleyballteams im Land, und es war davon auszugehen, dass bei einem so großen Turnier alle wichtigen Universitäten da sein würden. Sie hielt Mika ihre Faust hin, die mit ihrer Faust dagegenboxte. Sie wussten beide, dass dies eine einmalige Chance war.

«Das heißt, wir treffen auf ein paar unserer altbekannten Gegner», fuhr Coach Miles fort. «Mitty, St. Francis und Gunn.»

Kitty hielt den Atem an. Barbara Ann Vreeland war auf

der Gunn. Seitdem Kitty in der Neunten einen schlimmen Fehler gemacht und dafür gesorgt hatte, dass man Barbara Ann von der Bishop DuMaine warf, hoffte sie auf eine Gelegenheit, es wiedergutzumachen. Barbara Ann war eine der besten Highschool-Sportlerinnen des Landes gewesen, bevor sie nach ihrem Rauswurf mit dem Volleyball aufgehört hatte. Wenn Kitty sie nur davon überzeugen konnte, jetzt ins Team der Gunn einzutreten, würde ihre alte Teamkameradin einen großartigen Eindruck bei den Scouts hinterlassen.

«Also will ich, dass ihr alle zweimal am Tag trainiert», fuhr Coach Miles fort. «Bis zum Turnier. Wir sind Landesmeister, und ich will, dass jede von euch vor dem Mittagessen am Sonntag ein Angebot von einem College hat, verstanden?»

«Jawohl, Sir!», rief das Team in eingeübter Einstimmigkeit.

«Gut.» Die Trainerin blies zweimal in ihre Pfeife. «Wasserpause, dann Trainingsspiel. Treffen in fünf Minuten.»

Die Mädchen strömten aus der Halle zu den Trinkwasserbrunnen, nur Kitty ließ sich zurückfallen. Endlich bekam sie die Gelegenheit, ihren Verrat Barbara Ann gegenüber wiedergutzumachen. Aber würde sie auf Kitty hören? Als sie sich zum letzten Mal begegnet waren, am Abend von Ronnys Gedenkfeier, hatte Barbara Ann sie angesehen, als wollte sie ihr am liebsten den Kopf abreißen. Es war zweifelhaft, ob sie sich etwas, das Kitty ihr vorschlug, auch nur vernünftig anhören würde.

Bei Mika hingegen lagen die Dinge anders.

«Sag mal», sprach Kitty sie an, als sie in der Schlange

55

warteten, «du bist doch noch mit Barbara Ann befreundet, oder?»

Mika zuckte mit den Schultern. «Ich meine, wir treffen uns nie zu zweit, aber ich sehe sie manchmal im *Coffee Clash*. Warum?»

«Glaubst du», sagte Kitty langsam, «sie würde darüber nachdenken, für dieses Turnier in der Schulauswahl der Gunn mitzuspielen?»

«Ich bezweifle es.» Mika schüttelte den Kopf. «Nach allem, was ich höre, ist Volleyball für sie gestorben.»

Kitty runzelte die Stirn. So schnell war sie nicht bereit aufzugeben. «Was machst du heute nach der Schule?»

«Wieso?», stöhnte Mika genervt.

«Ich dachte, wir könnten zusammen ins *Coffee Clash* gehen und mit Barbara Ann über …»

«Kann nicht», unterbrach sie Mika. Sie trat an den freien Trinkwasserbrunnen. «Hab was vor.»

Was vor? «Okay, und was ist mit morgen Abend?»

«Kann nicht. Sorry.» Sie nahm einen großen Schluck Wasser und wandte sich dann von Kitty ab. «Ich muss noch schnell meine Knieschoner wechseln. Fürs Trainingsspiel. Bis gleich.» Und damit rannte sie zurück in die Halle.

Nach dem Training machte sich Kitty auf den Weg zu Coach Miles' Büro. Wenn ihre Trainerin auf der Gunn anrief und sich für Barbara Ann starkmachte, schafften sie es vielleicht, sie rechtzeitig zum Turnier in die Mannschaft zu bekommen. Es war einen Versuch wert.

Als sie jedoch um die Ecke zum Verwaltungsflügel bog, erstarrte sie. Am anderen Ende des Flurs standen Mika und Donté und steckten die Köpfe zusammen.

Sie öffnete den Mund, um Hallo zu sagen, doch es erstarb ihr auf den Lippen. An der Körperhaltung der beiden war irgendetwas komisch. Donté wirkte verkrampft, und Mika hatte die Schultern hochgezogen. Als Mika sich umwandte, um einen flüchtigen Blick den Flur hinunterzuwerfen, sah Kitty, wie Donté die Hand ausstreckte und mit den Fingern über Mikas Handfläche strich.

«Hey!», rief Kitty heiter und stiefelte auf die beiden zu.

Mika und Donté schossen auseinander, als hätte man ihnen einen elektrischen Schlag versetzt.

«Kitty!», krächzte Mika.

Kitty musterte die beiden. Mika sah verängstigt aus, ihr Gesicht war verkniffen und angespannt, und auch Donté war sichtlich unwohl zumute. «Was treibt ihr so?», fragte sie unschuldig.

«N-nichts», stotterte Mika. Ihr Blick irrte im Flur umher, blieb kurz am Boden haften, dann an der Decke, dann an einem Fleck an der Wand hinter Kittys Schulter.

«Oh. Ich habe euch wohl bei irgendwas unterbrochen», sagte Kitty und drehte sich auf dem Absatz um. Ihr war schwindelig. Sie fühlte sich, als wäre ihre Welt und alles, woran sie glaubte, in einem einzigen Moment explodiert. Ihre beste Freundin und ihr Freund? Es war der wahr gewordene Albtraum eines jeden Mädchens.

«Baby!» Donté lief zu ihr und fasste sie am Arm. «Hey, sei nicht so. Du hast uns bei gar nichts unterbrochen.» Er zog sie an sich und legte die Arme um sie, dann senkte er seine Lippen an ihr Ohr. «Versprochen.»

Ihre Knie verwandelten sich in Wackelpudding, aber eine warnende Stimme in ihrem Kopf hielt sie davon ab, sich in Dontés Arme fallen zu lassen. *Sie lügen dich an. Sie verbergen etwas vor dir.*

Mika räusperte sich. «Ich sollte dann wohl besser los. Also, tja, bis später.» Sie drehte sich um und ging den Flur hinunter.

Donté wartete, bis Mika weg war, bevor er Kitty forschend in die Augen blickte. «Alles okay?»

Kitty zuckte mit den Schultern. «Klar.» Doch ihr Verstand rang mit der Szene, die sie gerade beobachtet hatte. Sie war eindeutig in eine Unterhaltung hereingeplatzt, deren Ort und Zeitpunkt so gewählt waren, dass Donté und Mika so gut wie sicher sein konnten, nicht auf Kitty zu treffen. Hatten die beiden absichtlich einen Moment abgepasst, in dem die Chance, dass sie plötzlich um die Ecke kam, praktisch bei null lag?

Donté löste sich von ihr und nahm ihr Gesicht in die Hände. «Kitty, was ist los?»

Ich habe dich gerade dabei erwischt, wie du mit meiner besten Freundin Händchen gehalten hast.

«Was los mit *mir* ist?», fragte Kitty mit einem verkrampften Lachen. «Was ist los mit *dir*?»

Donté wich zurück und nahm seine Hände von ihrem Gesicht. «Was meinst du?»

«Ich bin kein Trottel», sagte Kitty mit zitternder Stimme. «Irgendwas läuft hier. Zwischen uns. Zwischen euch. Etwas, das du mir nicht sagst.» Sie blickte den Flur entlang in die Richtung, in die Mika verschwunden war. «Wenn du mit mir Schluss machen willst, wäre es mir lieber, du tust es gleich.»

Dontés Augen weiteten sich. «Mit dir Schluss machen? Spinnst du?»

«Ja, weil ...» Kitty verstummte. Sie hatte sich für die unausweichliche «Ich-habe-jemanden-kennengelernt»-Entschuldigung gewappnet, doch stattdessen sah er sie einfach nur entsetzt an.

Dann streckte er die Hand nach ihr aus. «Kitty Wei, ich will nicht mit dir Schluss machen. Wie kommst du darauf?» Kitty ließ ihre Hand zaghaft in seine gleiten, blickte aber weiter zu Boden. «Ich weiß nicht. Ich dachte, du hättest vielleicht ...» *Begriffen, dass ich nicht bin wie deine bisherigen Freundinnen? Dass du jemand Besseren haben kannst?*

«Kitty», sagte er sanft. «Es tut mir wirklich leid. Ich schwöre dir, da ist nichts zwischen Mika und mir. Ich weiß, es sah eigenartig aus, aber es hat nichts mit dir zu tun. Oder uns. Überhaupt gar nichts.»

Kitty blickte zu ihm auf. Sie spürte, dass er ihr etwas nicht sagte. «Donté, was läuft hier?»

Ein gequälter Ausdruck huschte über sein Gesicht. «Ich ...» Seine Stimme versagte. Trotz seiner Versicherung, dass was auch immer nichts mit ihr zu tun habe, verbarg er definitiv etwas vor ihr. Nicht bloß eine Schuloder Familienangelegenheit, über die er nicht reden wollte, sondern ein echtes Geheimnis. Sie konnte Scham in seinen Augen erkennen, den inneren Kampf, der darüber entschied, ob er es ihr anvertrauen sollte oder nicht.

«Ich muss wieder zum Training», sagte er schließlich.

Kitty drückte seine Hand fester. «Donté, du kannst mir vertrauen.»

«Natürlich kann ich dir vertrauen.» Donté trat einen Schritt näher und beugte sich zu ihr herunter, seine Lippen waren nur wenige Zentimeter von ihrem Ohr entfernt. «Aber jetzt gerade musst du mir vertrauen.»

Kittys Puls raste noch lange, nachdem Donté verschwunden war. Ihr Herz schmerzte dumpf, ein Schmerz wie nach einem Schlag in die Magengrube, und sie konnte das Gefühl nicht ganz abschütteln, dass sie irgendwie doch dabei war, ihren Freund zu verlieren.

Mit einem tiefen Seufzer drehte sie sich um und trottete den Flur hinunter zu Coach Miles' Büro.

Die Tür war geschlossen, aber sie hörte eindeutig die Geräusche einer Computertastatur. Da sie nicht stören wollte, spähte sie durch das Fenster, um zu sehen, ob Coach Miles beschäftigt aussah, doch anstelle ihrer Trainerin erblickte Kitty Theo Branski, der vor dem Bildschirm saß und wie wild tippte und klickte.

Ohne anzuklopfen, stieß sie die Tür auf und sah mit Befriedigung, wie Theo vom Stuhl aufsprang.

«Kitty!», rief er mit rotem Gesicht. «Was machst du hier?»

Dasselbe sollte ich wohl dich fragen. «Ich wollte nur mit Coach Miles reden.»

«Oh», sagte Theo und tastete nach der Maus. «Klar. Gut.» Bevor er das Fenster schließen konnte, sah Kitty, dass er sich in das E-Mail-System der Schule eingeloggt hatte. Was eigentlich kein Problem war. Warum also sah er so verängstigt aus?

«Ich … ich habe nur meine Mails abgerufen», sprach er schließlich das Offensichtliche aus.

«Mhm.»

Er fasste zum Prozessor hinunter, sprang dann vom Stuhl auf und huschte an Kitty vorbei in den Flur, wobei er sich mit zitternden Händen etwas in die Tasche steckte. «Muss dann mal, tschüs.»

Was zum Teufel war mit allen los?

ACHT

Das Gute, vielleicht sogar das einzig Gute an Rex Cavanaugh war seine Berechenbarkeit. Olivia war sich darüber im Klaren, dass sie nicht so schlau war wie Margot, so scharfsinnig wie Kitty oder so mutig wie Bree, aber wie jede gute Schauspielerin hatte sie eine hervorragende Beobachtungsgabe.

Daher wusste Olivia, dass Rex sein iPhone während seiner Tennissession in der Sechsten in seine blaue Bishop-DuMaine-Jacke gewickelt neben dem Maschendrahtzaun am Rand der Tennisplätze liegen lassen würde.

Das tat er jeden Tag, als wäre er zu wichtig, als dass er auch nur einen Anruf verpassen dürfte, während sein Handy für eine Stunde in seinem Schließfach lag. Typisch Rex. Sein aufgeblasenes Ego würde Olivia eine gute Gelegenheit geben, das iPhone für eine kurze Inspektion zu stibitzen.

Als sie hinter einem Baum in der Nähe der Tennisplätze wartete, entwich Olivia ein schwerer Seufzer. Wenn Bree doch nur hier wäre. Sie war in diesen kriminellen Dingen so viel besser. Olivias Rolle war immer die des Lockvogels oder der Informantin gewesen, und darin war sie talentiert, aber den tatsächlichen Diebstahl zu begehen, war eine andere Sache. Sie war sich nicht sicher, ob sie die nötige Nervenstärke dafür besaß.

Rex' Kumpels kamen als Erste aus der Umkleide. Kyle

und Tyler gingen eine prüfende Runde über den Hof, wie Geheimagenten, die das Gelände für die Ankunft ihres Chefs sichern, dann traten sie zur Seite und erlaubten Rex, sie über den Asphalt zu genau dem Tennisplatz in der Ecke zu geleiten, den sie jeden Tag benutzten.

«Zwei gegen einen», blaffte Rex in Richtung seiner Lakaien, als er den Platz betrat. «Ich werde euch so was von abziehen, Ladys.»

Dann tat er, worauf Olivia gewartet hatte. Rex schälte sich aus seiner Jacke, wickelte sie sorgsam um sein Handy und legte sie in die Ecke des grünen Hartplatzes, direkt an den Maschendrahtzaun.

So berechenbar.

Jetzt kam der schwierige Teil. Da er ihr den Rücken zuwandte, war es äußerst unwahrscheinlich, dass Rex Olivia dabei erwischte, wie sie zwischen den Bäumen hervorkroch. Anders sah es mit Kyle und Tyler aus, die von ihren Positionen eine ungehinderte Sicht auf sie hatten. Die Bäume reichten zwar bis auf ein paar Meter an den Zaun heran, aber sobald sie sich aus ihrem Schatten heraustraute, wäre sie von ihrer Position aus gut zu sehen. Sie musste einfach abwarten und hoffen, dass Rex in seiner aggressiven Spielweise früher oder später einen Ball auf die angrenzenden Plätze hinüberschoss. Wenn alle Augen Rex' Ball folgten, würde sie vielleicht gerade genug Zeit haben, sich das iPhone zu schnappen.

«Alter», sagte Rex und warf Kyle lässig einen Ball zu. «Du schlägst auf.»

Kyle fing den Ball in der Luft. «Ich habe einen beschissenen Aufschlag.»

«Weiß ich», rief Rex mit einem Grinsen.

Kyle spitzte konzentriert die Lippen, ließ den Ball mehrmals auf dem Boden aufprallen, warf ihn dann über den Kopf und holte weit aus.

Der Ball fiel vor ihm zu Boden und rollte ein paar Meter. Nicht getroffen.

«Der erste voll daneben!», lachte Rex höhnisch.

Kyle lief dem Ball nach und hob ihn auf. Er wiederholte die Bewegungsabfolge, holte erneut aus und schlug wieder neben den Ball.

«Scheiße», knurrte er.

Rex formte mit den Händen ein Megaphon. «Und es folgt die zweite Niete!»

Olivia sah Kyles finsteres Gesicht, als er den Ball gegen den Zaun kickte. «Blöder Ball.»

«Komm schon, Alter», motivierte ihn Tyler. «Du schaffst das.»

Mit zusammengepressten Lippen warf Kyle den Ball, streckte den Rücken und schlug fest zu.

Zu Olivias Überraschung flog der Ball übers Netz.

Rex erwiderte Kyles Aufschlag mit einem Schlag, in den er offenbar seine gesamte Kraft legte. Der gelbe Ball schoss durch die Luft, über das Netz, über die andere Seite des Platzes, über das Netz des Platzes dahinter, kam drei Plätze weiter schließlich auf dem Boden auf und rollte langsam aus.

«Home-Run!», schrie Kyle und brach in Gelächter aus. «Der Punkt geht wohl an mich!»

Rex funkelte ihn an. «Geh und hol den verdammten Ball, ja?» Dann zeigte er mit seinem Schläger auf Tyler, der versuchte, sein nicht besonders männliches Kichern zu unterdrücken. «Guck mich nicht so scheiße an, du

Vollhorst. Sonst muss ich dir das blöde Grinsen aus der Fresse putzen.»

Rex schlenderte vor bis ans Netz und verschränkte die Arme vor der Brust, während Kyle und Tyler den Weg zwischen den Plätzen hinunterjoggten, um den Ball wiederzuholen.

Olivias Chance war gekommen. So leise sie konnte, schlüpfte sie hinter dem Baum hervor, flitzte zum Zaun und schob ihre Hand durch den Maschendraht. Sie brauchte nur wenige Sekunden, um Rex' Handy in den Falten seiner Jacke zu ertasten. Vorsichtig zog sie es heraus und eilte zurück in den Schutz der Bäume.

Bree wäre so stolz auf mich.

Rex' Handy war mit einem Code gesichert, aber es bestand keine Notwendigkeit für Margots Hightech-Hacker-Gerätschaften. Olivia hatte Dutzende Male beobachtet, wie er die Zahlenkombination eintippte: 6969. So stilecht. Augenblicklich leuchtete der Homescreen auf.

Sie begann mit den Textnachrichten. Chats mit Kyle, Tyler und zahlreichen anderen Mitgliedern der Maine-Men-Gang. Die konnte sie getrost auslassen. Da war Amber. Olivia sah sich die letzte Nachricht an, dann wischte sie zurück zur Übersicht und suchte nach Ronnys Namen oder, was wahrscheinlicher war, nach einer Nummer, die nicht in den Kontakten gespeichert war.

Ihr fiel nichts Ungewöhnliches auf, also scrollte sie zurück zu Amber und öffnete den Chat erneut.

Als Olivia die letzten Tage von Rex' und Ambers Beziehung überflog, tat ihre Freundfeindin ihr beinahe leid. Rex war wirklich ein Volltrottel, aber obwohl Amber mit ihm Schluss gemacht hatte, wollte sie ihn scheinbar unbedingt zurück. Sie musste ihn wirklich geliebt haben.

Nach ungefähr fünfzig Nachrichten stach Olivia etwas ins Auge.

Rex hatte Amber eine kaltherzige Zicke genannt, worauf in rascher Abfolge mehrere Antworten folgten.

Ach ja? Und was wäre, wenn ich dein schmutziges
kleines Geheimnis öffentlich mache?
Ich bin mir sicher, dass Kyle, Tyler und der Rest
deiner Truppe begeistert wären, von Christopher zu
erfahren.
Vielleicht solltest du zu ihm zurückkehren? Ich finde,
ihr würdet ein reizendes Paar abgeben.

Endlich! Das war es also, was Ronny über Rex gewusst hatte. Olivia rief sich den Mailwechsel zwischen Christopher und Ronny in Erinnerung, auf den Margot gestoßen war. Hatte Christopher darin nicht erwähnt, dass er auf St. Alban's eine sexuelle Begegnung mit jemandem gehabt hatte? Konnte das Rex gewesen sein?

Olivia las weiter. Rex' Antwort zeigte deutlich, wie viel Angst er davor hatte, dass Amber ihre Drohung wahrmachte.

Du verfickte Schlampe.
Wenn du auch nur ein Wort davon verrätst, wirst
du dir noch wünschen, du wärst nie geboren
worden.
Vergiss nicht, ich weiß, wo du in der Nacht warst,
in der Ronny gestorben ist.

Soll ich der Polizei einen Hinweis auf die fehlende Rolex von deinem Dad geben?

Olivia spürte, wie ihre Fingerkuppen kribbelten. Endlich ergab sich aus den Puzzlestücken ein Bild.

Sie blickte sich in dem Wäldchen um und wünschte, es wäre jemand hier, mit dem sie teilen konnte, was sie ausgegraben hatte. Sie ganz allein. Normalerweise waren es Margot oder Kitty oder Bree, die ein Rätsel lösten, aber jetzt hatte Olivia etwas wirklich Großes aufgedeckt und kam sich dabei ziemlich lässig vor. Sie musste Kitty finden …

Aus der Ferne ertönte die Schulglocke.

Verdammt! Sie hatte die Zeit völlig aus den Augen verloren. *Bree wäre das nicht passiert.*

Olivia schloss Rex' Nachrichten-App und spähte hinter dem Baum hervor. Es war zu spät. Er joggte bereits zu seinem Bündel hinüber, klemmte sich die Jacke unter den Arm und trabte über den Platz davon.

Das war ihre letzte Chance. Lautlos flitzte sie zum Zaun und legte Rex' Telefon so auf den grünen Tennisboden, als wäre es beim Aufheben der Jacke herausgefallen.

Sie war keine Sekunde zu früh wieder im Schutz der Bäume. Rex hatte den Tennisplatz noch nicht einmal verlassen, da schob er schon eine Hand in sein Bündel und suchte nach seinem Handy. Er blieb stehen, faltete die Jacke auf, schüttelte sie aus. Dann drehte er sich zu der Ecke um, aus der er gerade gekommen war.

Er sprintete in vollem Tempo zu seinem Handy zurück, als wäre er in Sorge, es könne sich in Luft auflösen, bevor er dort anlangte, und hob es vom Boden auf. Er steck-

66

te es sich in die Tasche und wandte sich schon wieder in Richtung Umkleide, als er plötzlich innehielt. Langsam drehte sich Rex um und starrte auf das Wäldchen. Olivia kauerte sich noch tiefer zusammen, ihr Herz trommelte in ihrer Brust. Sie wartete eine gefühlte Ewigkeit, bis sie das Geräusch seiner Turnschuhe auf dem Asphalt hörte, als er davonging.

NEUN

Bree lag auf ihrem Bett und starrte an die Decke. Nachdem Olaf ihr Telefon konfisziert und das WLAN-Passwort geändert hatte, war sie praktisch von der Welt abgeschnitten.

Seit ihrer Entlassung waren sechs Stunden vergangen, und sie hatte noch immer keine Ahnung, wie es Margot ging oder was es Neues zu Christopher Beeman gab. Waren ihre Freundinnen in Sicherheit? Oder machte er noch immer Jagd auf sie? Bree hatte beinahe damit gerechnet, dass bei ihrer Rückkehr ein weiterer brauner Briefumschlag auf ihrem Bett auf sie warten würde, und sie war etwas enttäuscht gewesen, ihr Laken und ihre Kissen leer vorzufinden. Wenigstens hätte der Umschlag bedeutet, dass jemand an sie dachte.

Bree seufzte, drehte sich auf den Bauch und vergrub das Gesicht in der Armbeuge. Sie brauchte einen Spion. Jemanden, der da draußen Auge und Ohr für sie sein konnte. Wenn John ihre Nachricht bekommen hatte, würde er vielleicht …

Ding-dong.

Bree schoss vom Bett hoch. Es war jemand an der Tür. Sie blickte auf ihren Wecker: beinahe drei Uhr. Die Schule hatte vor exakt zwanzig Minuten geendet.

Sie rannte die Treppe hinunter, schlitterte über den persischen Läufer in der Eingangshalle und kam dann abrupt zum Stehen. Olafs massiger Rücken blockierte die weit geöffnete Eingangstür.

«Was willst du?», fragte er.

«Ich möchte Bree besuchen.»

«John!», rief sie. Ihr Herz sprengte beinahe ihren Brustkorb beim Klang der vertrauten Stimme.

«Keine Besucher», sagte Olaf. Und bevor einer von ihnen protestieren konnte, schlug er John die Tür vor der Nase zu.

«Was soll die Scheiße?», schrie Bree. Sie lief auf die Tür zu, doch Olafs massiger Arm hielt sie an der Taille zurück. Er warf sie sich über die Schulter wie einen Sack Pflanzenerde.

«Keine Besucher», wiederholte er und machte sich auf den Weg den Flur hinunter.

Bree versuchte sich seinem Griff zu entwinden, aber es war zwecklos. Olafs Arm war wie ein Schraubstock. Er nahm auf der Treppe zwei Stufen auf einmal, trug sie zurück in ihr Zimmer und setzte sie dort schwungvoll auf dem Bett ab.

«Olaf befolgt Anweisungen», sagte er im Gehen und schlug die Tür hinter sich zu.

«Olaf befolgt Anweisungen», äffte Bree seine tiefe, hohle Stimme nach. «Arschloch.»

«Olaf hört das», ertönte es gedämpft auf der anderen Seite der Tür. Dann entfernten sich Schritte.

Mann. Bree sackte auf dem Bett in sich zusammen. Wie lange würde sie zusammen mit Olaf dem Gorilla in diesem Haus gefangen sein? Das ging ja mal so was von überhaupt nicht.

Klick. Klick, klick.

Bree drehte sich zu ihrem Zimmerfenster um und sah mehrere kleine Kieselsteine an der Scheibe abprallen. *Klick. Klick.*

Hastig lief sie hin und stieß es auf. Unten auf dem Kiesweg stand John.

«Hey!», sagte er, als sie den Kopf hinausstreckte. «Ich hab deine Nachricht bekommen. Hab versucht anzurufen, bin aber direkt auf der Mailbox gelandet. Geht's dir gut? Bist du endgültig raus? Und wer bitte war dieser Vollpfosten an eurer Haustür?»

Bree legte den Finger auf die Lippen – Olafs Superpower war anscheinend exzellentes Hörvermögen – und deutete auf den Dienstboteneingang auf der Rückseite des Hauses. Mit etwas Glück hatte Olaf den noch nicht entdeckt.

John hielt seinen Daumen hoch und machte sich auf den Weg zum hinteren Garten. Jetzt musste Bree nur irgendwie auch dorthin.

Sie schlich auf Zehenspitzen durch ihr Zimmer und öffnete die Zimmertür einen Spalt, gerade weit genug, um zu sehen, dass im Flur kein Zweihundert-Kilo-Muskelprotz auf sie wartete. Sie horchte einige Sekunden angestrengt. Dann, ermutigt durch die völlige Stille auf dem Flur, schob sie die Tür weit genug auf, um den Kopf hinauszustrecken.

Ein kurzer Blick nach rechts und links sagte ihr, dass die Luft rein war.

Einen Herzschlag später war Bree die Treppe hinunter und durch das Wäschezimmer zum Hintereingang geflitzt. Sie riss die Tür auf und sah in Johns strahlendes Gesicht.

«Ich war mir nicht sicher, ob ich …», begann er, aber

Bree warf sich ihm in die Arme, bevor er den Satz beenden konnte, und presste ihr Gesicht an seinen Hals.

John geriet durch die Wucht ihres Aufpralls ins Taumeln, er hob sie hoch und stolperte einen Schritt zurück in den Garten. Sofort jaulte ein Alarm auf. «Warnung!», rief eine elektronische Stimme aus dem Lautsprecher des Sicherheitssystems neben der Tür. «Grenzverletzung. Hinterausgang.»

«Was ist das, verdammt noch mal?», fragte John. Er hielt Bree noch einen Moment fest in den Armen, dann setzte er sie vorsichtig ab. Als sie das Bein ihrer Pyjamahose hochzog, blinkte ein rotes Licht an ihrem Knöchel.

«Verdammter Mist», zischte sie. «Sie haben das GPS mit der Alarmanlage verbunden.» So viel zu den einhundert Metern. Jemand wollte sicherstellen, dass sie das Haus überhaupt nicht verließ.

«Shit», sagte John. Sie genoss es, seine Hände an ihrer Taille zu spüren. «Das tut mir leid.»

«Warnung! Grenzverletzung.»

«Ach, halt die Klappe!», rief Bree frustriert. Wie auf Kommando wurde der Alarm abgeschaltet, und Olaf erschien in der Tür.

«Keine Besucher», wiederholte er wie eine kaputte Schallplatte. «Olaf ...»

«Ja, ja», unterbrach Bree ihn. «Olaf befolgt Anweisungen. Hab's kapiert.»

John beugte sich hinunter zu ihrem Ohr. «Ist dieser Typ echt?»

«Er gehört zum Freigang.» Bree seufzte und blickte zu John hinauf. «Ich weiß nicht, wann ich dich wiedersehen kann.»

«Du wirst mich wiedersehen.»

«Versprochen?»

Johns haselnussbraune Augen glitzerten vor Verschmitztheit. «*And if I had to walk the world, I'd make you fall for me. I promise you, I promise you I will*», sang er leise eine Zeile aus Brees Lieblingslied.

«Auf der Stelle!», blaffte Olaf.

Bree wollte schon zurück ins Haus gehen, da fiel ihr plötzlich ein, dass der erhoffte Bote ja nun vor ihr stand. Sie dachte an den «Unfall» auf dem Heimweg aus dem Gefängnis, an das Gurtschloss, an dem eindeutig jemand herumgespielt hatte. Wenn Christopher dahintersteckte, musste sie die Mädchen warnen, und John war ihre einzige Chance, das zu tun. Sie fiel ihm erneut um den Hals.

«Du musst eine Nachricht von mir überbringen», flüsterte sie.

«Hä?», machte John.

«Olaf nimmt dich jetzt mit.» Sie spürte Olafs Hände, hielt sich aber noch eine Sekunde länger an John fest.

«Sag Olivia Hayes, dass er noch nicht mit uns fertig ist.»

Dann ließ Bree John los, und Olaf schleppte sie ins Haus. Ein letztes Mal lächelte sie John an, der ihr verwirrt hinterherstarrte.

ZEHN

Ed überprüfte zum millionsten Mal die Adresse auf seinem Handy und blickte sich dann in der menschenleeren Gasse um. Sie wirkte wie die Kulisse eines postapokalyptischen Science-Fiction-Films. Eine einzelne Lichtquelle warf gespenstische Schatten auf das vermüllte, halbverlassene Industriegelände, in denen eine Mischung aus verrammelten Lagerhäusern und gruseligen Schrottplätzen zu erkennen war, die Eds Kinoerfahrungen zufolge der liebste Aufenthaltsort von Zombies, Vampiren oder mörderischen Motorradgangs waren.

Ernsthaft? Hier hatte das berüchtigte DGM sein geheimes Hauptquartier aufgeschlagen? Er konnte sich nur schwer vorstellen, wie Olivia auf ihren hohen Absätzen über den aufgeplatzten Asphalt stöckelte.

Zügig ging er zum nächsten Gebäude und entzifferte mit zusammengekniffenen Augen die Adresse. *Das ist es.* Ein großes Lagerhaus mit der Aufschrift «Möbel nach Maß und Importe». Er steckte das Handy in seine Tasche und hob die Hand, um an die Tür zu klopfen, doch dann hielt er inne.

In einiger Entfernung waren Schritte zu hören.

Es war ein leises Kratzen gewesen, wie das Knirschen von Sohlen auf dem Schutt eines Gehwegs voller Schlaglöcher, doch als er angestrengt in die Dunkelheit spähte, schien alles totenstill.

73

Großartig. Dieser ganze DGM-Mist machte ihn schon total paranoid.

Schnell wandte er sich wieder der Tür zu und klopfte.

«Wer ist da?», fragte Kitty von drinnen.

Ed verdrehte die Augen. «Jack the Ripper. Wer könnte es wohl sein?»

Kurze Stille, dann das Geräusch von scharrendem Metall, als Kitty den Riegel zurückzog. Die schwere Tür öffnete sich. «Kannst du vielleicht noch mehr Krach machen?», fragte sie, als Ed hineinschlüpfte. Ihre Worte klangen spitz, aber Ed bemerkte, dass Stimme und Körper entspannt waren. «Du hast vermutlich die gesamte Nachbarschaft aufgeweckt.»

Er schnaubte. «Wen, die Ratten? Oder den Obdachlosen, der oben an der Straße sein Lager aufgeschlagen hat?»

Kitty wuchtete die Tür wieder zu und schob den Riegel vor. «Du bist ja so witzig.»

«Ich bemühe mich.»

Ed folgte Kitty um Esstische und Kommoden, Kleiderschränke und Prinzessinnenbetten herum, alle in verschiedenen Stadien der Fertigung. Im hinteren Teil des Lagers war auf einer kleinen Lichtung zwischen den Möbelstücken ein unfertiger Tisch unter eine Neonröhre geschoben worden. Einige zusammengewürfelte antike Stühle standen im Halbkreis darum herum. Auf einem saß Olivia und betrachtete ihr Gesicht in einem Taschenspiegel.

Sie blickte auf und lächelte Ed strahlend an. «Wenigstens bin ich nicht die Letzte.»

«Eine absolute Ausnahme», sagte Kitty leise.

«Ich komme nicht *immer* zu spät», entgegnete Olivia und klappte ihren Spiegel zu.

Kitty lächelte beinahe. «Ach, meinst du? Nenn mir ein einziges Mal, abgesehen von heute, wo du nicht die Letzte warst.»

«Mmm …» Olivia verdrehte die Augen. «Na gut. Aber der Nahverkehr ist schuld.»

«Was ist das hier», fragte Ed, «ein Kaffeekränzchen? Können wir in die Gänge kommen? Ich habe nicht ewig Zeit. Ich muss Sachen beobachten und Leute erledigen.»

Kittys Augenbrauen hoben sich. «Meinst du nicht vielleicht Sachen erledigen und Leute beobachten?»

Ed ließ sich auf einen Stuhl sinken. «Nein. Nein, meine ich nicht.»

«Okay», sagte Kitty langsam. Sie stützte sich auf den Tisch auf und umfasste die Kanten mit den Fingern. «Fangen wir an. Wir hatten zwei volle Tage, um unseren Spuren nachzugehen, hat also jemand etwas Neues erfahren?»

Olivia hob die Hand. «Ich!»

Kitty lachte. «Miss Hayes?»

Olivia stand auf und faltete wie eine Musterschülerin die Hände vor sich. «Heute habe ich erfahren …»

Klick.

«Pst!» Ed hob die Hand, all seine Sinne waren augenblicklich scharf gestellt. Dieses Mal war er sich sicher, dass er etwas gehört hatte. Ein Knacken, wie von zwei Hölzern, die leise aufeinandergeschlagen werden, wieder gefolgt von etwas, das schnelle Schritte sein konnten.

«Was ist?», flüsterte Olivia.

Ed lief zur Tür und öffnete sie, vorsichtig spähte er

nach draußen in die Dunkelheit vor dem Lagerhaus, dann schüttelte er den Kopf und kam langsam zum Tisch zurück. Wurde er gerade verrückt? «Ich dachte, ich …» Er verstummte und schnüffelte. «Riecht ihr auch Rauch?»

Bevor Kitty oder Olivia antworten konnten, wurde alles um sie herum von hellem, flackerndem Licht erleuchtet.

Die hintere Ecke des Lagerhauses stand in Flammen.

Es war, als geschähe alles in Zeitlupe und doch rasend schnell. In der einen Minute war es, abgesehen von der Lampe über ihnen, vollkommen dunkel, in der nächsten brannte die Südwand. Das Lagerhaus war wie ein Pulverfass – die unfertigen Holzmöbel knackten, als das Feuer von Schränkchen zu Schrank zu Kommode übersprang. Orange und gelbe Flammen züngelten über den Boden, als folgten sie einer unsichtbaren Spur, und entzündeten alles, was in ihrer Reichweite stand.

Nach einigen lähmenden Augenblicken kam Kitty in Bewegung. «Schnappt euch eure Sachen!», schrie sie. Sie riss ihren Seesack hoch, zerrte die fassungslose Olivia auf die Füße und warf sie Ed beinahe in die Arme. «Raus!»

«Was passiert hier?», rief Olivia panisch und presste sich ihre Handtasche an die Brust.

Ed griff nach seinem Rucksack. «Ich glaube, das Lagerhaus brennt.»

«Bewegt euch!», brüllte Kitty sie an.

Ed griff nach Olivias Hand und zog sie mit sich in Richtung Tür. Das Innere der Halle war bereits voller Qualm, und er spürte die Hitze des Feuers bei jedem Atemzug. Er blickte über die Schulter zur Südseite des Lagers, die mittlerweile vollkommen in den Flammen verschwunden war. Wie hatte sich das Feuer so schnell ausbreiten können? Und wie hatte es sich entzündet? Möbel gehen nicht spontan in Flammen auf.

Genau in dem Moment, als Ed und Olivia die Tür erreichten, sprang die Sprinkleranlage an und bespritzte den Innenraum mit Wasser. Doch es war, als wollte man einen Waldbrand mit dem Gartenschlauch löschen – das Wasser verdampfte zischend, und das Inferno loderte weiter.

Die Metalltür war bereits heiß. Ed zog sich die Ärmel seiner Jacke über die Hände und stemmte sich mit seinem ganzen Gewicht gegen den Riegel, der sich verklemmt zu haben schien. Neben ihm krümmte sich Olivia und hustete unkontrolliert. Immer mehr Sauerstoff wurde von den Flammen aufgesogen. Er spürte, wie sich sein Brustkorb verkrampfte, seine Nase und sein Hals brannten von Hitze und Rauch. Es war mit jeder Sekunde unmöglicher zu atmen. Während er wie ein Ertrinkender nach Luft schnappte, drückte Ed noch ein letztes Mal mit aller Kraft gegen den Metallriegel, aber seine Knie gaben nach, und er sank zu Boden.

Plötzlich spürte er eine Welle frischer Luft über sich hereinströmen. Ed öffnete den Mund und füllte gierig seine Lungen, dann wurde er von einem starken Arm auf die Beine gezogen. Er stolperte vorwärts, seine Turnschuhe knirschten auf dem Schotter in der Gasse. Er konnte die Hitze des Feuers noch auf seiner Haut fühlen, aber ihre Intensität ließ mit jeder Sekunde nach. Zehn Schritte, fünfzehn. Der starke Arm ließ ihn los, und er fiel auf die Knie.

«Danke. Super Arbeit», keuchte Ed. «Gut, dass Sie so schnell hier sein konnten.» Ohne die Feuerwehr wäre es wirklich eng geworden.

Kitty hustete und klopfte ihm auf den Rücken. «Das war ich, die dir den Arsch gerettet hat, du Idiot.»

Ed richtete sich auf. «Oh.»

In der Entfernung hörten sie eine Sirene.

«Wir hätten da drin sterben können», flüsterte Olivia. Tränen flossen ihre Wangen hinunter und zeichneten glänzende Linien in den Ruß und die Asche auf ihrem Gesicht.

«Wir hätten umgebracht werden können», sagte Kitty. Ihre Stimme war belegt.

«Das habe ich doch gesagt.» Olivia wischte sich über die Nase.

«Nein», sagte Kitty leise. «Das ist etwas völlig anderes.»

Ihr Tonfall hatte etwas Unheilvolles, und Ed sah sie an. Sie blickte an der Fassade des Lagerhauses hoch, die von der Wut der Flammen im Inneren bereits orange glühte. Er folgte ihrem Blick und erstarrte.

Buchstaben prangten an der Wand, leuchteten heller, je stärker die Hitze innen wurde. Ed konnte die Worte gerade noch lesen, bevor die Fassade ganz in Flammen aufging.

ICH BIN WIEDER DA.

ELF

Bree lungerte auf dem Sofa im Kinozimmer und zappte geistesabwesend durch die Sender. Wieso war das Vormittagsfernsehen so furchtbar? Die Auswahl bestand zwischen Nachrichten, Sportsendungen, Talkshows, Soaps oder Ratespielen. Sie schaltete den riesigen Fernseher aus und rollte sich auf den Bauch. Hausarrest war noch langweiliger als Jugendknast.

Es läutete an der Tür, und Bree erschrak so sehr, dass sie beinahe vom Sofa fiel. Sie stützte sich auf die Ellenbogen und warf einen Blick auf die Standuhr. Neun Uhr morgens? Wer sollte um diese Uhrzeit herkommen, um ihre Mutter zu besuchen?

Sie wartete darauf, dass Olaf der Gorilla die Tür öffnete, aber anscheinend war es auch für ihn noch zu früh. Es läutete erneut, und widerwillig rollte sie sich vom Sofa und schlurfte den Flur hinunter.

Sie öffnete die Tür, doch anstatt einer Ayurveda-Beraterin oder den Zeugen Jehovas sah sie sich Sergeant Callahan gegenüber.

«Guten Morgen», sagte er mit einem Nicken.

«Was machen Sie hier?»

«Ich freue mich auch, dich zu sehen, Bree.»

«Keine Besucher!» Olafs dröhnende Stimme erfüllte die Eingangshalle. Bree wandte sich um und sah, wie sich der blonde Gott, in einen dünnen Seidenkimono ihrer Mom gehüllt, über das Geländer beugte. «Olaf hat Anweisungen.»

«Guten Morgen», rief Sergeant Callahan zu ihm hinauf und drängte sich an Bree vorbei ins Haus. «Ist Mrs. Deringer zu sprechen?»

«Mrs. Deringer ist noch nicht aufgestanden», sagte Olaf. Er zog den Gürtel des viel zu kleinen Kimonos fest, als wollte er sichergehen, dass er nicht herunterrutschte. Das wäre auch so ziemlich das Letzte gewesen, was Bree sehen wollte.

«Könnten Sie sie wissenlassen, dass Sergeant Callahan gekommen ist, um Bree zu verhören?»

«Schon wieder?», fragte Bree genervt.

Sergeant Callahan ignorierte sie. «Und ich möchte, dass sie dabei anwesend ist.»

Olaf grunzte, was Bree als Zustimmung interpretierte, und stampfte den Flur hinunter.

Bree blieb mit der Hand an der geöffneten Tür stehen und versuchte auszustrahlen, dass sie so unkooperativ wie möglich zu sein beabsichtigte.

«Du kannst die Tür schließen, Bree», sagte Callahan mit einem angespannten Lächeln. «Ich bleibe erst mal hier.»

Bree zuckte mit den Schultern und versetzte der Haustür mit der Spitze ihres Zeigefingers einen Schub. Sie schwang leise zu und schloss sich mit einem Klicken.

«Wo können wir uns unterhalten?», fragte er ruhig.

Wortlos und ohne Eile schlenderte Bree den Flur hinunter und betrat das Arbeitszimmer ihres Dads. Sie ließ sich in einen der weichen Ledersessel fallen, die in der Sitzecke standen, und schwang beide Beine über eine gepolsterte Armlehne. Lässig und desinteressiert lehnte sie sich zurück, schaute stur gegen die Wand und wickelte sich eine Haarsträhne um den Finger.

«Dir ist schon klar, dass das für dich nicht förderlich ist, oder? Dein andauerndes Schweigen?»

Genau genommen ist es das Einzige, was förderlich ist.

«Ich hoffe, dass es deiner Mutter gelingt, dich zur Vernunft zu bringen.»

Sie kennen meine Mutter nicht.

Sergeant Callahan setzte sich in den Sessel gegenüber. «Bree. Es könnte sein, dass die ganze Situation außer Kontrolle gerät. Es gibt eine ganze Reihe von Leuten bei der Staatsanwaltschaft, die darauf drängen, dich unter Erwachsenenstrafrecht vor Gericht zu stellen.»

Sie drehte weiter an ihren Haaren.

«Und ich kann dir nicht helfen, wenn du nicht mit mir sprichst.»

Verzweiflung. Sie hörte tatsächlich Verzweiflung in seiner Stimme. Konnte sie ihn möglicherweise sogar zum Ausrasten bringen? Es war einen Versuch wert. Bree wandte den Kopf und blickte Sergeant Callahan direkt an. «Wenn Sie echte Beweise hätten», sagte sie und warf ihm ein breites, selbstgefälliges Grinsen zu, «hätten Sie mich doch längst angeklagt.»

Sergeant Callahan sprang auf die Füße. «Herrgott noch mal!»

Bree drehte den Kopf wieder zur Wand, ein leises Lächeln schlich sich auf ihr Gesicht. Endlich hatte sie ihm eine Gefühlsaufwallung abgerungen. In all dieser Langeweile war das immerhin ein kleiner Sieg.

Doch innerlich war Bree bei weitem nicht so ungerührt, wie sie tat. Sie war in einer gefährlichen Lage, und das wusste sie. Wenn sie den echten Mörder nicht fanden, würde die Staatsanwaltschaft vielleicht auch ohne Beweise einen Prozess gegen sie eröffnen.

Sergeant Callahan ging im Raum auf und ab. «Ist das für dich alles bloß ein Witz? Es ist ernst, Bree. Zwei Menschen sind tot. Ein Mädchen liegt im Koma, was etwas damit zu tun haben könnte oder auch nicht. Gestern gab es einen Brand in einer Lagerhalle auf dem Industriegelände, der ebenfalls etwas damit zu tun haben kann oder auch nicht …»

Bree richtete sich in ihrem Sessel auf. Das Mädchen im Koma war Margot, da war sie sich sicher, und sie war erleichtert, dass sie noch lebte. Aber die zweite Bemerkung drehte ihr den Magen um. «In einer Lagerhalle?» Es konnte sich doch nicht um die Halle von Kittys Onkel handeln, oder?

Sergeant Callahan beäugte sie scharf. «Ja», sagte er, jetzt wieder gewohnt ruhig.

«War …» Bree schluckte. «War zu der Zeit jemand dort?»

«Nein.» Er schüttelte langsam den Kopf. «Die Halle war leer.»

Brees Gedanken überschlugen sich, während Sergeant Callahan sie nicht aus den Augen ließ. Es konnte ein Zufall sein, oder? Es gab viele Lagerhäuser auf dem Gelände, und die meisten von ihnen waren verlassen. Vermutlich nur ein paar Obdachlose, die es warm haben wollten …

Oder es war Christopher gewesen.

Ging es Kitty und Olivia gut? Sergeant Callahan hatte gesagt, es sei niemand im Lager gewesen, aber das bedeutete bloß, dass sie niemanden gefunden hatten. Vielleicht waren Kitty und Olivia für ein Treffen dort gewesen und hatten es herausgeschafft, bevor die Feuerwehr eingetroffen war? Verdammt, sie brauchte mehr Informationen. War der Brand als Warnung gedacht gewesen? Oder hatte Christopher versucht, ihre Freundinnen umzubringen?

Bree musterte den Polizisten. Vielleicht sollte sie ihm etwas mehr vertrauen. Er hatte recht: Zwei Menschen waren tot, und Margot lag offenbar im Koma. Wenn der Brand im Lager und die sabotierte Gurtschnalle zusammenhingen, war es sicher besser, der Polizei davon zu erzählen, bevor noch jemand zu Schaden kam.

«Weißt du», sagte Sergeant Callahan und beugte sich vor, als wollte er ein gut gehütetes Geheimnis mit ihr teilen, «wenn du mir sagst, was du weißt, wird es für dich besser laufen, Bree. Wir könnten einen Deal für dich aushandeln, bei dem du vielleicht noch mal davonkommst. Du hattest nicht *wirklich* Schuld, oder? Es muss noch jemand involviert gewesen sein ...»

Bree versteifte sich. Wie dumm von ihr, zu glauben, er stünde auf ihrer Seite. Sergeant Callahan würde nie im Leben ernst nehmen, was sie ihm über Christopher erzählen könnte. Er hatte es nur auf eine schnelle Lösung abgesehen: Bree sollte ihre Freunde verpetzen, um sich selbst zu retten.

Nur über meine Leiche.

Sie zuckte mit den Schultern und wandte sich ab. «Ich kann Ihnen nicht helfen. Aber ich hoffe, Sie finden den Typen.»

«Schätzchen!» Brees Mom fegte in den Raum, bevor Sergeant Callahan antworten konnte. Sie trug denselben Kimono, in dem Olaf eben noch am Geländer gelehnt hatte. Bree schüttelte sich innerlich bei dem Gedanken daran, was er nun wohl anhatte. Ihre Mom schwebte zu Sergeant Callahan, der sich aus seinem Sessel erhoben hatte. Sie nahm seine Pranke in ihre zarten Hände, stellte sich auf Zehenspitzen und küsste ihn auf beide Wangen. «Wir haben uns eine Ewigkeit nicht mehr gesehen.»

«Du siehst bezaubernd aus, Diana.» Und er meinte das genau so. Sein Blick folgte jeder Kontur ihres Körpers.

Kotz.

Brees Mom zwinkerte, drehte sich einmal um die eigene Achse wie eine Baletttänzerin und sank in die Chaiselounge. Dann klopfte sie auffordernd auf die Sitzfläche neben sich. «Welchen angenehmen Umständen verdanken wir das Vergnügen?»

«Ich wünschte, ich wäre unter anderen Bedingungen hier» sagte er und setzte sich neben sie, wie ein Höfling, der seiner Königin völlig unterworfen ist. «Aber leider geht es um deine Tochter.»

«Um Bree?» Sie sah ihn erstaunt an.

Bree verdrehte die Augen. Als hätte ihre Mutter noch eine andere Tochter.

«Äh, ja», sagte Sergeant Callahan leicht verwirrt.

Sie beugte sich zu ihm hinüber. «Steckt sie in großen Schwierigkeiten?»

«Möglicherweise.»

Brees Mom schnappte nach Luft und legte bestürzt ihre Hand auf ihr Dekolleté. «Oh nein! Mein armes süßes kleines Mädchen!» Ihre Stimme zitterte, ihre Augen füllten sich mit Tränen, und Bree musste sich abwenden, um nicht laut loszulachen.

«Weine doch nicht, Diana», sagte Sergeant Callahan

mit sanfter Stimme. «Ich tue für sie, was ich kann. Aber deine Tochter ist etwas stur und arbeitet nicht mit uns zusammen.»

«Ja», sagte ihre Mutter betroffen. «So ist sie manchmal.»

«Gibt es vielleicht etwas, das du tun kannst, damit sie etwas kooperativer wird? Ich kann ihr nicht helfen, wenn sie sich weigert, mir irgendetwas zu erzählen.»

Brees Mom legte ihre Hand auf Sergeant Callahans Knie und senkte die Stimme. «Bekommt sie denn eine Anklage wegen Mordes, wenn sie nicht mit euch zusammenarbeitet?»

«Na ja, nein.» Sergeant Callahan räusperte sich. «Wir, also, wir haben keine Beweise, die belegen würden, dass sie etwas mit den Verbrechen zu tun hat.»

Ich wusste es!

«Großartig!» Ihre Mom sprang vom Sessel auf und klatschte in die Hände. «Dann könnt ihr die Fußfessel doch abmachen und sie wieder zur Schule schicken!»

Sergeant Callahan erhob sich ebenfalls. «Äh, Diana, genau genommen …»

«Dann kann ich pünktlich zum Wochenende wieder in Frankreich sein.» Ihre Mom lief beschwingt hinaus in den Flur. «Olaf? Pack meine Sachen. Und finde heraus, ob Johan uns für den morgigen Flug ein Upgrade in die erste Klasse buchen kann.»

Und damit verschwand sie nach oben.

Sergeant Callahan seufzte. «Ich schätze, das wäre für heute alles.»

Bree stand aus ihrem Sessel auf und brachte den Polizisten zur Tür. Fast hatte sie Mitleid mit ihm. Ein Mann mehr, der der Wahnsinnigen Diana Deringer verfallen war.

Als sie an der Haustür angekommen waren, zog sie das Hosenbein ihres Pyjamas hoch. «Wann kriege ich dieses Ding abgenommen?» Er hatte ja eben zugegeben, dass sie keine Grundlage hatten, sie hier festzuhalten, also konnten sie sie doch auch freilassen.

«Die Fußfessel?»

Nein, meinen Fuß. «Äh, ja?»

Sergeant Callahan lächelte. «Das hängt nicht von uns ab.»

Sein höhnischer Gesichtsausdruck gefiel Bree gar nicht. «Was meinen Sie damit?»

«Die Polizeibehörde von Menlo Park hat dich nicht unter Hausarrest gestellt, Bree. Das ist auf Anweisung deines Vaters geschehen.»

Damit ging er hinaus und schloss vor Brees Nase die Tür.

ZWÖLF

Olivia machte einen Schritt in den Innenhof hinaus und blinzelte in das helle Sonnenlicht. Das Wetter war warm, aber ihr war kalt, und sie spürte, wie sich eine Gänsehaut auf ihrem Nacken und ihren Armen ausbreitete.

Die Angst war zurück.

Sie wollte sich einschließen, sich verstecken vor dem Killer, der es auf DGM abgesehen hatte. Aber tief drinnen wusste sie, dass sie niemals sicher sein würde.

Auch wenn sie für immer wegrannte.

Jede Hoffnung auf eine Atempause, jeder beruhigende Gedanke daran, dass der Mörder sich auf Brees Verhaftung hin zurückgezogen haben könnte, hatte sich in einem einzigen schrecklichen Moment in Luft aufgelöst. Vier kurze Wörter, die leuchtend hell auf der Fassade des abbrennenden Lagers von Kittys Onkel erstrahlten.

ICH BIN WIEDER DA.

All ihre Panik und Furcht waren in diesem Augenblick neu aufgelodert. Der Killer würde sie nicht in Ruhe lassen, er gab sich mit Brees Geständnis nicht zufrieden.

Er wollte mehr. Er wollte sie zerstören.

Sie hatten von der Brandstelle fliehen können, bevor die Feuerwehr eingetroffen war. Olivia wusste nicht, was

87

die Brandermittler finden würden, wagte aber kaum zu hoffen, dass sich daraus ein Hinweis auf die Identität des Killers ergeben könnte. Er hatte seine Spuren immer sehr sorgfältig verwischt, und es bestand kein Grund zu der Annahme, dass er diesmal nachlässig gewesen war.

Es gab nur eine Sache, die sie tun konnten, um diesen Albtraum zu beenden: Sie mussten ihn finden, bevor er wieder zuschlug.

Olivia holte tief Luft und machte sich bereit für die schauspielerische Meisterleistung, die ihr bevorstand. Sie setzte ein falsches Lächeln auf und näherte sich dem Tisch, an dem Amber und Jezebel saßen. Wenn sie herausfinden wollte, was es mit dieser fehlenden Rolex auf sich hatte, musste sie Amber unbedingt wieder dazu bringen, ihr zu vertrauen. Sie setzte sich Jezebel gegenüber, die gerade einen Burrito von beeindruckender Größe vertilgte. Amber neben ihr knabberte an etwas, das aussah wie ein Stück Pappe. Der Kontrast zwischen den beiden war faszinierend.

«Wo ist denn Peanut?», fragte Olivia.

«Entschlackt, hoffe ich», sagte Amber spitz, brach eine winzige Ecke von ihrem Teil ab, das möglicherweise eine Reiswaffel war, und steckte sie sich in den Mund. «Ich schwöre, sie hat seit letzter Woche locker fünf Pfund zugenommen.»

«Das hast du ihr aber nicht gesagt, oder?» Olivia war entsetzt. Nichts würde Peanut schneller zurück in eine ihrer ungesunden Diäten treiben als ein solcher Satz aus Ambers Mund.

«Natürlich habe ich das.» Amber warf ihr Haar nach hinten. «Dafür sind Freundinnen da.»

Jezebel verschlang den letzten Bissen ihrer Bohnen-Käse-Tortilla und nickte. «Freundinnen wissen, wann sie ihren Freundinnen sagen müssen, dass sie ein Problem haben.»

«Wir haben schließlich einen Ruf aufrechtzuerhalten», fuhr Amber fort. Sie reckte den Kopf wie eine Königin, die zu ihrem Volk spricht. «Man blickt zu uns auf, und wir sollten uns benehmen, als hätten wir das auch verdient.»

Am Tisch hinter ihnen brach eine Gruppe von Jungen in Gelächter aus. Olivia wandte sich um und sah Rex und seine Maine Men, die sich über Ambers Getue lustig machten.

Sie schaute wieder zu Amber, deren gleichgültige Fassade ins Wanken geriet. «Ohne Rex bist du besser dran», sagte Olivia aufmunternd.

Jezebel förderte aus ihrer Tasche einen Schokoriegel zutage. «Olivia hat recht. Er hat dich in zwielichtige Machenschaften verwickelt.»

Zwielichtige Machenschaften? Das klang vielversprechend. «Oh, echt?», Olivia setzte ein ungläubiges, aber einfühlsames Gesicht auf. «Was denn so?»

«Nichts!», blaffte Amber.

Jezebel hob eine Braue. «Aber zum Beispiel in der Nacht ...»

Amber rammte ihr den Ellenbogen zwischen die Rippen. «*Nichts*, habe ich gesagt.»

«Au.» Jezebel rieb sich die Seite. «Ist ja gut. Nichts.»

Verdammt. Sie war kurz davor gewesen.

Die Unterhaltung driftete zu anderen Themen, und Olivia war schon beinahe so weit, völlig zusammenhanglos zu fragen: «Besitzt dein Dad nicht eine Rolex?», da stach ihr auf der anderen Seite des Schulhofs etwas ins Auge. John Baggott stand neben dem Naturwissenschaftstrakt, schwenkte beide Arme über dem Kopf und versuchte offensichtlich, ihre Aufmerksamkeit zu erregen.

Als er sah, dass sie ihn bemerkt hatte, machte er ihr ein Zeichen, ihm zu folgen. Wieso sollte John Baggott mit ihr sprechen wollen?

Olivia hielt inne und überlegte, welche Möglichkeiten sie hatte. Vor nicht allzu langer Zeit war John noch einer ihrer Hauptverdächtigen für die Morde gewesen, und selbst Bree hatte zwischendurch seine Unschuld in Frage gestellt. Jetzt war der Killer offenbar zurück. Aber konnte es wirklich John sein? Versuchte er, sie von ihren Freundinnen wegzulocken, um sie zu seinem nächsten Opfer zu machen? Vielleicht sollte sie besser bleiben, wo sie war.

Andererseits, wenn irgendwer Neuigkeiten darüber hatte, wie es Bree ging, dann war das John.

«Toilette», sagte Olivia und stand auf. «Bin gleich wieder da.» Die Möglichkeit, dass John etwas von Bree wusste, war das Risiko wert.

Er wartete auf der Rückseite des Naturwissenschaftsgebäudes, auf Höhe des Physiklabors, wie Olivia vermutete.

Er wird dich schon nicht umbringen. Sie kam näher, blieb aber vorsichtshalber im Durchgang stehen, fünfzehn Meter von John entfernt.

«Du wolltest mich sprechen?», fragte sie in ihrer lange einstudierten hochnäsigen Zickigkeit.

John lehnte sich gegen die Mauer und grinste. «Wow, das ist ja wie in *Girls Club*.»

Aber Olivia war eine zu gute Schauspielerin, um aus der Rolle zu fallen. «Was willst du?»

«Okay, gut. Rein geschäftlich.» Er drückte sich von der Wand ab und hob beide Hände. «Ich komme mit friedlichen Absichten. Mit einer Nachricht von Bree.»

Olivia spürte, wie die Aufregung in ihr hochstieg, und sie bemühte sich verzweifelt, sich nichts anmerken zu lassen. Sie musste Bree unbedingt warnen, dass der Killer wieder da war. Wenn er ihnen im Lagerhaus aufgelauert und riskiert hatte, dort ein Feuer zu legen – wer wusste, wozu er sonst noch fähig war?

Aber konnte sie John trauen?

«Ich kann mir keinen Grund vorstellen», sagte sie schnippisch, «aus dem Bree Deringer mir etwas zu sagen hätte.»

«Mach dir keine Mühe, Olivia», sagte John. «Ich weiß, dass du zu DGM gehörst.»

Olivia erstarrte. Wie konnte er das wissen? Nur der Killer wusste das.

John schien ihre Gedanken zu lesen. «Ich habe deine Reaktion beobachtet, als Bree sich bei der Versammlung der Polizei gestellt hat, außerdem habe ich das Foto von euch vieren aus der Neunten gesehen. Also hör auf zu schauspielern. Es geht um was Ernstes.»

Zuerst Ed the Head, jetzt John Baggott. Ein Teil von ihr war außer sich darüber, dass plötzlich so viele ihr sorgfältig gehütetes Geheimnis kannten. Aber Bree vertraute John. Vielleicht musste sie das auch tun.

«Wie lautet Brees Nachricht?», fragte sie angespannt.

«Sie hat mir gesagt, ich soll dir ausrichten: ‹Er ist noch nicht fertig mit uns.›»

Olivias Augen weiteten sich. Woher wusste Bree das? Hatte er sie ebenfalls angegriffen? «Ist das alles, was sie gesagt hat?»

John nickte. «Dann ist sie von einem schwedischen Bodybuilder namens Olaf weggeschleift worden.»

Olivia legte den Kopf schräg. «Im Jugendknast gibt es schwedische Bodybuilder?» Vielleicht hatte sie sich ganz falsche Vorstellungen gemacht.

John lachte. «Nein. Sie ist gestern entlassen worden. Sie steht jetzt unter Hausarrest.»

«Oh mein Gott!», entfuhr es Olivia. Sie rannte die letzten Meter auf John zu und warf ihre Arme um seinen Hals. «Das sind die besten Neuigkeiten aller Zeiten!» Hausarrest bedeutete wahrscheinlich, dass sie irgendwie immer noch als verdächtig galt, aber immerhin saß sie nicht mehr im Gefängnis – das war großartig!

«Was macht ihr da?», ertönte eine scharfe Stimme.

Olivia ließ die Arme fallen und drehte sich um. Etwas wackelig stakste Amber auf ihren Plateausandalen auf sie zu, die Hände zu Fäusten geballt.

John sah Olivia an. «Äh, gar nichts?»

Amber kam vor ihnen zum Stehen und versuchte jetzt offensichtlich überrascht zu wirken, als wäre sie Olivia nicht gefolgt, sondern ihnen auf einem kleinen Spaziergang um das Naturwissenschaftsgebäude herum nur zufällig begegnet. «Hi, John.» Sie lächelte ihn an. «Wie geht's?»

«Guuuut», sagte John gedehnt.

Amber stand da, breit lächelnd, die Augenbrauen erwartungsvoll gehoben, als rechnete sie damit, dass er weitersprach.

«Und, ähm, wie geht's dir?»

Sie kicherte. «Mir geht's wunderbar! Jetzt, wo ich euch getroffen habe, sogar wunderer-» Sie hielt inne und merkte scheinbar, dass sie etwas gesagt hatte, das keinen Sinn ergab. «Ich meine, jetzt besser. Ich meine ...» Sie trat näher und nahm seine Hand. «Ich meine, hi.»

Wow. Amber überschlug sich ja förmlich in ihrer Flirterei mit John. Das letzte Mal, dass sie so verzweifelt versucht hatte, einen Jungen herumzukriegen, war beim Homecoming-Ball in der Neunten gewesen. Da hatte sie sich an Rex gehängt und nicht lockergelassen, bis sie sich endlich gegenseitig die Zunge in den Hals gesteckt hatten und somit offiziell als Paar galten. Es war nicht der eleganteste Weg, sich einen Freund zu beschaffen, aber sie bekam auf jeden Fall Extrapunkte für Beharrlichkeit.

«Tut mir leid, Amber.» Endlich gelang es John, ihre Finger von seiner Hand zu lösen. «Ich muss echt los.»

Sie trat einen Schritt dichter an ihn heran und drängte ihn zurück an die Wand. «Wohin denn?»

John schluckte. «Irgend...wohin?»

John und Amber als Paar. Olivia schmunzelte. Was für ein seltsames ...

Sie hielt inne. John und Amber. Da könnte sich eine Gelegenheit ergeben, die Olivia selbst niemals bekommen würde. Wenn John mitspielen und so tun könnte, als sei er interessiert, würde ihm vielleicht gelingen, was Olivia nicht gelang. Er könnte herausfinden, was genau sich in der Nacht von Ronnys Ermordung zwischen Amber und Ronny abgespielt hatte. Es war auf jeden Fall einen Versuch wert.

«Ihr beide seid süß zusammen», sagte Olivia.

«Ja, oder?» Amber drehte sich mit vor Freude glühendem Gesicht zu ihr um.

Johns Miene hingegen bewölkte sich zusehends. «Was zur Hölle …», formten seine Lippen.

«Total», stimmte Olivia ihr zu.

Amber strahlte John an, und Olivia warf ihm einen intensiven, bedeutungsvollen Blick zu. «Vertrau mir», sagte sie tonlos. «Für Bree.»

John sah für einen Moment verwirrt aus, gefolgt von einem konzentrierten Ausdruck, mit dem er zwischen Amber und Olivia hin- und herblickte. Er seufzte und lächelte dann auf Amber hinab. «Sollen wir zusammen zum Theaterkurs gehen?»

DREIZEHN

Olivia lächelte zufrieden, als sie Amber und John ins Theater folgte, denn Amber plauderte plötzlich über Themen, die sie in der gesamten Geschichte ihrer Freundschaft niemals angeschnitten hatte. Ihre Verehrung für Musiker, ihr tiefes Verständnis künstlerischer Seelen und dass sie immer schon gefunden habe, sie müsse mit jemandem zusammen sein, der diesen Teil in ihr ebenso fühlen könne. John hatte überhaupt keine Redezeit, was vermutlich von Vorteil war, seinem verstörten Gesichtsausdruck nach zu urteilen. Amber schien es nicht zu bemerken. Sie war entzückt, eskortiert zu werden, und sie war in großartiger Stimmung, als sie und Olivia ihre Plätze neben Jezebel und Peanut einnahmen.

«Ruhe bitte», sagte Mr. Cunningham schon, als die Schulglocke im Theatersaal noch nicht verklungen war. «Ich habe leider schlechte Nachrichten. Ihr habt hart gearbeitet, um *Der zwölfte Bezirk* rechtzeitig zur Premiere auf die Bühne zu bringen, und ich weiß, dass wir alle gehofft haben, mit den Aufführungen diese Woche weitermachen zu können. Deswegen bin ich tief betrübt, euch mitteilen zu müssen, dass die restlichen Shows leider gestrichen worden sind.»

«Was?», rief Amber. Ihre gute Laune war augenblicklich verpufft. «Das können Sie nicht machen. Meine Eltern haben diese Produktion bezahlt!»

«Mir sind die Hände gebunden, Miss Stevens», sagte Mr. Cunningham. «Die Entscheidung wurde vom Erzbistum getroffen, Grund sind die Vorfälle bei der Premiere. Schlimm, was der armen Miss Mejia zugestoßen ist. Es tut mir wirklich sehr leid, aber mir sind die Hände gebunden.»

Wäre das im letzten Jahr passiert oder im letzten Semester, dann wäre Olivia über die abgebrochene Produktion am Boden zerstört gewesen. Das war der Albtraum einer jeden Schauspielerin, es erinnerte sie an den alten Broadway-Witz über Stücke, die noch während der Pause abgesetzt wurden, weil die Kritiken so schlecht waren.

Doch nach allem, was passiert war, war sie nun beinahe erleichtert.

«Aber ihr müsst nicht verzweifeln», fuhr Mr. Cunningham mit einem Lächeln fort. «Denn ich habe auch gute Nachrichten! Wir haben für die nächsten beiden Wochen einen Gastprofessor bei uns.» Er machte eine ausladende Geste zur Seite, und Fitzgerald Conroy betrat mit entschlossenen, ausholenden Schritten die Bühne.

Amber schnappte nach Luft. «Nein!»

«Ja!», rief Fitzgerald Conroy und ahmte ihren Ton perfekt nach. Er trug einen dunklen Rollkragenpullover unter einem schwarzen Sportsakko und hatte sein welliges weißes Haar zu einer modernen Tolle frisiert. «Meine Damen und Herren, ich heiße Fitzgerald, und ich stehe Ihnen ab heute für zwei Wochen zur Verfügung. Wie es sich ergibt, habe ich gerade eine kleine Lücke in meinem Terminkalender, und ich habe beschlossen, diese Zeit hier in Kalifornien zu verbringen und die Gastfreundschaft meines lieben Freundes Reginald in Anspruch zu nehmen, der meiner Neugierde nachgegeben und mir gestattet hat, seinem Unterricht persönlich beizuwohnen.»

Mr. Cunningham strahlte. «Keine Umstände, Fitzgerald. Sei versichert.»

«Ich dachte, ich könnte die Gelegenheit ergreifen, Reginalds *Zwölften Bezirk* besser kennenzulernen, indem ich mit der Besetzung der Uraufführung, also mit Ihnen zusammenarbeite», fuhr Fitzgerald fort. «Wir werden das Stück nämlich im Sommer in Aspen auf die Bühne bringen.»

«Oh mein Gott!», rief Olivia. «Herzlichen Glückwunsch, Mr. Cunningham!» Sie wusste, wie sehr ihr Kursleiter sich gewünscht hatte, dass das Stück Fitzgerald Conroys Aufmerksamkeit erregen würde.

Mr. Cunningham neigte den Kopf. «Danke, Miss Hayes.»

«Arschkriecher», zischte Amber.

Olivia wollte schon kontern, konnte sich aber gerade noch auf die Zunge beißen.

«Ich bin lediglich als Beobachter hier», sagte Fitzgerald. «Ich will mich nicht in den Vordergrund drängen und niemandem auf den Schlips treten.»

«Auf den Schlips treten?», wiederholte Mr. Cunningham. «Unsinn, Fitzgerald. Ich würde mir nicht träumen lassen, meiner Klasse dein Wissen und deine Erfahrung vorzuenthalten. *Mi class es tu class.*»

Fitzgerald warf den Kopf in den Nacken und lachte herzhaft. «Ausgezeichnet!» Er klatschte vergnügt in die Hände. «Dann lasst uns direkt anfangen.» Er zeigte auf Olivia. «Miss Hayes, kommen Sie für eine kleine Übung zu mir auf die Bühne?»

Amber stieß ein empörtes Schnauben aus, und Olivia

ergriff die Gelegenheit. «Mir ist heute nicht so gut, könnte Amber vielleicht an meiner Stelle mitmachen?»

«Natürlich», sagte Fitzgerald. «Amber?»

Amber erhob sich hoheitsvoll und warf Olivia einen Blick zu, aus dem eine Mischung aus Verwirrung und Skepsis sprach, als glaubte sie, Olivia wolle ihr eine Falle stellen, indem sie ihr die wertvolle Einzelarbeit mit dem berühmten Regisseur überließ. Sie wurde offenbar auch nach kurzem Zögern nicht schlau aus Olivias Tat, und so ging sie auf die Bühne und begann eine Haltungsübung mit Fitzgerald.

Olivia sah zu, aber nur mit halber Aufmerksamkeit. Es war eigenartig, wieder hier zu sein. Der Theatersaal kam ihr vor wie ihr zweites Zuhause, er war der Ort auf der Welt, an dem sie sich am lebendigsten fühlte. Doch nach dem, was Margot zugestoßen war, fühlte es sich düster und unbehaglich an, wieder hier zu sein. Es verursachte Olivia ein unangenehmes Kribbeln im Bauch, das sie nicht loswurde.

Sie lehnte sich auf ihrem Sitz zurück und schaute auf die Bühne. Fitzgerald bog und zog an Ambers Körper herum und wies sie mehrfach darauf hin, dass ihrer Haltung sowohl Spannung als auch Ausdruck fehlten. Und Amber begann eindeutig, sich über die Kritik zu ärgern. Olivia lächelte in sich hinein. Es war derselbe Gesichtsausdruck, den Amber bei der Premiere gehabt hatte, als Mr. Cunningham dafür gesorgt hatte, dass Olivia und nicht sie als Letzte vortreten durfte, um sich zu verbeugen.

Amber war wütend von der Bühne gestürmt. Was ihr gerade genug Zeit verschafft haben könnte, Margot anzugreifen.

Aber war das realistisch? Olivia hatte Zweifel. Glaubwürdiger schien, dass Margot schon während des Finales niedergeschlagen worden war, als die Geräuschkulisse der Band jeden Aufruhr in den Kulissen übertönte.

Fitzgerald rief nun alle auf die Bühne, aber Olivia blieb im Publikumsraum sitzen, starrte wie gebannt auf die Seitenkulissen und versuchte sich daran zu erinnern, wer sich bei der letzten Tanznummer wo bewegt hatte: die Band, die Bühnenhelfer, die Schauspieler.

«Ich kann auch nicht aufhören, darüber nachzudenken», sagte eine Stimme dicht hinter ihr.

Olivia zuckte zusammen, fuhr herum und sah sich Logan gegenüber, der sich zu ihr vorbeugte. Sie war so in Gedanken versunken gewesen, dass sie nicht einmal gehört hatte, wie er sich auf den Platz hinter ihr gesetzt hatte.

«Über Margot?», fragte sie.

Logans Miene veränderte sich, als hätte sie ihm weh getan, und augenblicklich tat es Olivia leid, dass sie die Frage so rücksichtslos gestellt hatte.

«Hast du sie denn besuchen können?», fragte sie sanft und hoffte, dass nicht so offensichtlich war, wie verzweifelt sie nach Informationen über ihre Freundin fischte.

Logan blinzelte. «Auf die Intensiv darf nur die Familie.»

«Oh.»

«Aber ich meinte auch eigentlich die Premiere», sprach er schnell weiter. «Ich denke ständig darüber nach, was da passiert ist.»

«Ich auch.»

Logan schaute mit leerem Blick auf die Bühne. «Weißt

du noch, was die Polizisten gesagt haben? Dass wir alles melden sollen, was wir gesehen haben und für verdächtig halten?»

Olivia verspannte sich. War es möglich, dass Logan etwas gesehen hatte? «Ja», sagte sie auffordernd.

«Ich ...» Er zögerte, dann schüttelte er den Kopf. «Ach, nichts.»

«Was hast du gesehen?»

Logans Augen huschten über ihr Gesicht und dann zurück zur Bühne. «Ich weiß nicht. Es ist irgendwie verschwommen. Ich habe es auch diesem Typen von der Polizei erzählt, aber ich glaube, er fand es unwichtig. Trotzdem ...» Er zögerte erneut, dann sah er sie plötzlich ganz direkt an. «Weißt du, wie das ist, wenn man etwas nicht aus dem Kopf bekommt und sich selbst sagt: ‹Mann, du bist doch verrückt›, und gleichzeitig weiß man, dass man es nicht ist, aber trotzdem, vielleicht ja doch?»

Olivia hatte nicht den blassesten Schimmer, wovon er sprach, aber sie nickte ihm ermunternd zu.

«Genau so ist es bei mir. Ich habe was gesehen. Von der Bühne aus. Und ich werde das Gefühl nicht los, dass es, ich weiß nicht, dass es irgendwie wichtig ist.»

Olivia schluckte, ihr Hals wurde ganz eng. Das konnte er sein. Der Durchbruch, auf den sie gewartet hatten. «Was hast du gesehen, Logan?»

Er holte tief Luft. «Ich weiß, es ist total bescheuert, aber da sind diese zwei Typen, Brüder, die in dem Laden arbeiten, wo ich mein Board wachsen lasse. Weil sie mal auf die Bishop DuMaine gegangen sind, habe ich ihnen von unserem Stück erzählt. Ich habe sie auch zur Premiere eingeladen, aber sie haben nur gelacht und meinten, sie würden das Schulgelände niemals wieder betreten. Nur über ihre Leichen, haben sie gesagt.»

Olivias Hände kribbelten. Brüder, die in einem Surf-Laden arbeiteten und mal auf Bishop DuMaine waren? Das konnte nicht wahr sein. «Maxwell und Maven Gertler?» Logans Augen weiteten sich. «Du kennst sie?» Olivia schüttelte den Kopf. «Nicht wirklich.»

«Oh.» Er blickte noch einmal kurz zur Bühne, bevor er fortfuhr. «Na ja, jedenfalls glaube ich, dass es ziemlich Ärger gab, als sie hier auf der Schule waren, am Ende hat man sie wohl rausgeworfen. Oder festgenommen. Eins von beidem.»

Ärger war die Untertreibung des Jahres. DGM hatte eine Bombe platzen lassen, indem plötzlich bekannt wurde, dass die Gertlers heimlich geknipste Oben-ohne-Fotos ihrer Klassenkameradinnen an eine russische Porno-Website verkauft hatten. Nachdem DGM den anonymen Nutzernamen der beiden öffentlich gemacht hatte, verbrachten sie sechs Monate in einem Resozialisierungscamp statt im Jugendknast, und ihre Eltern einigten sich außergerichtlich mit den Eltern der Opfer. Es war die DGM-Aktion mit den hässlichsten Nachwehen gewesen.

Bis man Ronny tot aufgefunden hatte.

«Ja, so halb erinnere ich mich daran», log Olivia.

«Tja, also, nachdem sie mir ins Gesicht gelacht und sich so über diese Schule ausgelassen hatten, waren die beiden die Letzten, mit denen ich bei der Premiere gerechnet hätte.»

Olivia blinzelte. Konnten bei der Vorstellung wirklich frühere DGM-Zielpersonen im Saal gewesen sein? «Bist du dir sicher, dass sie da waren?»

«Voll und ganz. Und ich habe gesehen, wie sie beim letzten Lied durch den Mittelgang verschwunden sind.»

«Aber Sergeant Callahan hat dich nicht für voll genommen?» Olivia konnte nicht glauben, was sie da hörte. Sollte er nicht jeder möglichen Spur folgen?

«Nicht wirklich», sagte Logan. «Der Typ ist ein ziemliches Arschloch, wenn du mich fragst. Er meinte, ich hätte das von der Bühne aus wegen der ganzen Lichter, die uns ins Gesicht strahlen, doch gar nicht klar sehen können.»

«Aber man kann die ersten acht Reihen wunderbar sehen.» Olivia wusste das besser als jeder andere, sie kannte alle Sichtachsen und toten Winkel in diesem Saal. Wenn die Gertlers in den ersten Reihen gesessen oder das Theater durch den Seitenausgang verlassen hatten, konnte Logan das problemlos gesehen haben.

Olivia überlegte. Gäbe es doch bloß eine Möglichkeit, noch einmal nachzuvollziehen, was während des Finales auf der Bühne vonstattengegangen war. Fotomaterial oder ein Video …

Sie schnappte nach Luft.

«Was ist los?», fragte Logan.

«Das Video», sagte sie mit zitternder Stimme. «Der Mitschnitt der Premiere. Mr. Cunningham lässt jede Premiere filmen, sodass wir sie uns später zusammen anschauen können.» Wieso war ihr das nicht schon früher eingefallen? Vielleicht war auf dem Video ja zu sehen, wer Margot angegriffen hatte.

«Komm mit.» Olivia rannte den Mittelgang hinunter bis zur letzten Reihe, in der Mr. Cunningham allein auf dem ersten Sitz saß und auf seinem Klemmbrett herumblätterte. «Mr. Cunningham!»

«Miss Hayes. Mr. Blaine. Ist alles in Ordnung?»

«Alles prima», antwortete Olivia, ganz atemlos vor Aufregung. «Wir haben nur gerade über den Videomitschnitt der Premiere gesprochen.»

«Den Videomitschnitt?», wiederholte er, und sein britischer Akzent klang noch gestelzter als sonst.

Olivia nickte eifrig. «Ich würde so gerne sehen, wie, äh, wie das Finale mit der aufwendigen Choreographie in der Aufführung rübergekommen ist.»

Mr. Cunningham seufzte und verdrehte theatralisch die Augen. «Miss Hayes, es war ein herrlicher Anblick. Geradezu atemberaubend. Das müssen wir uns unbedingt zusammen mit der ganzen Klasse zu Gemüte führen.»

«Wann?», fragte Logan.

Mr. Cunningham seufzte noch einmal, diesmal bedauernd. «Leider weiß ich das nicht. Die Polizei hat die Filmkamera beschlagnahmt, und obwohl mir zugesagt wurde, dass ich sie möglichst zügig zurückbekomme, habe ich noch nichts gehört.»

Verdammt. Sie mussten diese Aufnahme in die Finger bekommen.

«Mr. Cunningham», flötete sie mit ihrer süßesten Stimme, dazu sah sie ihn aus weit geöffneten Augen bittend an, «meinen Sie, Sie könnten vielleicht Sergeant Callahan anrufen und ihn nur mal fragen, wann …»

«Miss Hayes! Hier stecken Sie also.»

Olivia wandte sich um und sah Fitzgerald die Stufen vor der Bühne heruntertraben. Dort oben spazierte ihr gesamter Theaterkurs im Kreis – mit vorgestreckter Brust, die Arme in der ersten Ballett-Position – und bemühte sich, nicht zusammenzustoßen. Verdammt. Sie hatte nicht aufgepasst, und jetzt hielt Fitzgerald sie für eine Diva.

«Es tut mir so leid», rief Olivia und eilte auf ihn zu. «Ich habe Mr. Cunningham nach dem Video von der Premiere gefragt und Sie nicht gehört.»

Fitzgerald winkte ab. «Kein Problem. Das hier ist keine Übung, die Sie nötig haben.»

Olivia lächelte über das Kompliment, sie war stolz, dass er ihre Bühnenpräsenz bemerkt hatte.

«Mr. Blaine hingegen …» Fitzgerald sah ihn mit erhobenen Brauen an und deutete mit dem Daumen auf die Bühne.

«Klar», sagte Logan. «Entschuldigung.» Er warf Olivia noch einen vielsagenden Blick zu und eilte dann den Gang hinunter.

«Ich hatte gehofft, heute nach der Schule ein Wort mit Ihnen wechseln zu können, Miss Hayes», fuhr Fitzgerald fort, als Logan außer Hörweite war. «Um die Einzelheiten ihres Praktikums diesen Sommer zu klären.»

Olivia erstarrte. Schlagartig waren die Gertlers und alle Baustellen ihres verrückten Lebens vergessen. Fitzgerald hatte das Praktikum schon am Premierenabend erwähnt. Er war bei ihrer letzten Verbeugung auf die Bühne gekommen, hatte ihr die Hand geküsst und gesagt: «Sie werden unsere Truppe in Aspen wunderbar ergänzen.» Doch sie hatte nie irgendein formelles Angebot erhalten, und bei dem Trubel um Margot … Aber hier war er nun. Der Anfang ihrer professionellen Karriere. Wenn sie mit einem Regisseur wie Fitzgerald Conroy arbeitete, würde ihr das in Theaterkreisen bestimmt zu Bekanntheit verhelfen, ganz abgesehen von der lebenslangen Theatererfahrung, die er ihr vermitteln konnte. Zum ersten Mal seit Tagen vergaß sie den Killer, der sie jagte, und dachte nur an sich.

«Natürlich», antwortete Olivia.

«Treffen wir uns hier im Theater?»

Sie nickte eifrig.

Fitzgerald zwinkerte ihr zu und wandte sich wieder in Richtung Bühne. «Dann bis später.»

VIERZEHN

Bree wartete ein paar Stunden, bevor sie sich auf die Suche nach ihrer Mom machte, um mit ihr zu reden. Seit Sergeant Callahan das Haus verlassen hatte, übte sie in ihrem Kopf, was sie sagen wollte: *Mom, es ist allein Dads Schuld, dass wir beide hier gefangen sind, es sind Dads Gesetze, die uns von allen anderen fernhalten. Und du könntest Dad ein dickes, fettes «Du kannst mich mal» nach Sacramento schicken, indem du mir einfach mein Telefon wiedergibst. Wir könnten ihm zeigen, dass wir nicht über uns bestimmen lassen, weil wir starke Frauen sind und unsere eigenen Entscheidungen treffen. Wäre das nicht super?*

Bree hatte genug, sie konnte hier nicht weiter festsitzen. Sie musste Kontakt mit DGM aufnehmen. Es war eine Frage von Leben und Tod.

Ihre Mom war in der Bibliothek und misshandelte unter ohrenbetäubendem Krach einen Cocktail-Shaker, als wäre er die erste Rumba-Rassel an der Copacabana. Schweigend sah Bree zu, wie sie den Becher anschließend öffnete und die klare Flüssigkeit darin in ein Martiniglas goss, ohne dass das Eis mit herausfiel. Sie nahm einen kurzen Schluck, kräuselte die Nase und legte dann aus einer Kristallschüssel zwei Oliven in ihren Drink. Der zweite Schluck schien zufriedenstellender, ihre Mom schloss die Augen, atmete tief ein und ließ den Alkohol genüsslich wirken.

Nach ein paar Sekunden schien sie zu bemerken, dass

Bree das Zimmer betreten hatte. «Oh», sagte sie. «Hallo, Bree. Schleich dich doch nicht so an bitte.»

«Tut mir leid.»

Sie musterte ihre Tochter einen Moment lang, als sei sie sich nicht sicher, wie sie fortfahren sollte, dann setzte sie sich in den ledernen Ohrensessel vor dem Erkerfenster und überschlug die Beine. «Also», begann sie und balancierte das Martiniglas auf dem Knie. «Bist du, äh, hast du Spaß?»

Spaß? Bree war eine Gefangene in ihrem eigenen Zuhause und wurde von einem Muskelprotz bewacht, der von sich selbst in der dritten Person sprach. Es war wie im Knast, nur mit einem bequemeren Bett und besserem Essen.

«Klar», sagte sie trotzdem und versuchte, heiter zu klingen. Besser, sie gefährdete die gute Stimmung nicht.

«Ich weiß, mit mir und Olaf hier im Haus festzusitzen entspricht nicht ganz deiner Vorstellung von einem Sommer in den Hamptons ...», fuhr ihre Mom fort und nahm noch einen kleinen Schluck von ihrem Cocktail.

Bree hatte noch nie einen Sommer in den Hamptons verbracht und hatte es auch dieses Jahr nicht vorgehabt. Sie nickte trotzdem zustimmend.

«Aber das hier ist ja nur für begrenzte Zeit. Bald sind wir beide wieder da, wo wir hingehören.»

«Wo wir hingehören?», platzte Bree heraus. *Was machst du da? Du darfst ihr nicht widersprechen! Sei still!* Aber sie konnte sich nicht zurückhalten. «Gehörst du nicht *hier-her*? Zu deiner Familie?»

Ihre Mom sah ernsthaft entsetzt aus. «Aber ich habe doch auch in Frankreich eine Familie.»

«Wirklich?» Bree stemmte die Hände in die Hüften. «Bist du jetzt Bigamistin oder wie? Gibt es noch mehr Geschwister, von denen ich nichts weiß?»

Ihre Mom winkte ab. «Sei nicht albern. Ich meine …»

Aber Bree ließ sie nicht ausreden. «Fick dich, Mom. Hast du mich gehört? Fick dich. Geh zurück an deinen Strand zu deinen Massagen und deinen Cabana-Jungs. Ich will dich nicht, und ich brauche dich nicht.»

Ihr Handy oder DGM oder Christopher Beeman waren ihr egal. Als sie aus dem Zimmer stürzte, begannen heiße Tränen über ihr Gesicht zu strömen. Bree verspürte nur noch Wut.

Nach dem Unterricht machte Olivia sich sofort auf den Weg zu Mr. Cunninghams Büro. Sie konnte es nicht erwarten, das Premieren-Video von *Der zwölfte Bezirk* in die Finger zu bekommen, und hoffte, ihren Theaterlehrer davon überzeugen zu können, die Polizei um eine Kopie zu bitten. Ein trügerisches Sicherheitsgefühl hatte sich in den letzten Tagen in ihr ausgebreitet, doch der Killer hatte sich nicht zurückgezogen. Er hatte etwas noch Teuflischeres geplant. Vielleicht würde als Nächstes ein Angriff auf ihr Zuhause folgen? Oder auf Margot im Krankenhaus? Sie durfte keine Sekunde Zeit verlieren. Dieses Video enthielt womöglich den Schlüssel, die Lösung dieses gesamten beängstigenden Rätsels.

Sie bog um die Ecke und stieß mit einem Mädchen zusammen, das gerade aus Mr. Cunninghams Büro kam.

«Peanut!», rief Olivia.

Peanut schreckte zurück und stieß einen Laut zwischen Quietschen und Keuchen aus, schnappte dann nach Luft, schien sich dann an ihrer eigenen Spucke zu verschlucken und krümmte sich in einem Hustenanfall.

Olivia klopfte ihr sanft auf den Rücken. «Alles okay?»

«Bestens», brachte Peanut hervor und richtete sich mit krebsrotem Gesicht wieder auf.

«Ich wollte mit Mr. Cunningham sprechen», sagte Olivia.

«Er ist nicht da», entgegnete Peanut schnell.

«Was hast du dann in seinem Büro gemacht?»

«Nichts!», quiekte Peanut.

Olivia zog eine Augenbraue hoch. «Bist du dir sicher?»

Peanut holte tief Luft, dann purzelten die Worte nur so aus ihrem Mund. «Tut mir leid. Ich, also, ich schätze, mir geht's nicht so gut. Meine Mom zwingt mich zu einer Darmreinigung, und der Kalorienmangel macht mich ein bisschen wuschig im Kopf. Sie glaubt, dass der Stress wegen all der Ereignisse in der Schule mein drittes und achtes Chakra aus dem Gleichgewicht gebracht hat, deswegen muss ich jetzt die Giftstoffe aus meinem Blut waschen.»

Olivia hatte Mrs. Dumbrovskis alternativen Heilmethoden gegenüber immer eine gewisse Skepsis gehegt. Was ihre Wissenschaftlichkeit anging, erschienen ihr die Behandlungen kaum überzeugender als Aderlasse und Blutegel. «Wirkt das denn?»

«Keine Ahnung, aber wenn ich dadurch abnehme, hat es sich allein dafür gelohnt.» Peanut trat einen Schritt zurück. «Also, ich muss los. Bis morgen!»

Olivia blickte ihr nach, wie sie sich praktisch im Laufschritt den Flur hinunter entfernte. Tja, das war die Peanut, die sie kannte und liebte – immer etwas beduselt und verwirrt.

Sie lächelte und wandte sich dann wieder in Richtung Theater, in der Hoffnung, Mr. Cunningham dort anzutreffen. Auf halbem Weg kam stattdessen John den Flur entlang auf sie zu und blieb direkt vor ihr stehen.

«Möchtest du mir vielleicht erklären», knurrte er durch zusammengebissene Zähne, «wie du darauf kommst, mich Amber Stevens in die Arme zu werfen?»

Bei der Erinnerung an Johns verzweifelten Gesichtsausdruck, als er mit Amber am Arm zum Theaterkurs spaziert war, musste Olivia grinsen. «Sie ist single, du bist single. Was gibt es da zu erklären?»

Johns Miene verhärtete sich. «Ich bin *nicht* single.»

Augenblicklich fiel Olivia Bree wieder ein, die sich für die Sicherheit von ihnen allen geopfert hatte, und sie bekam ein schlechtes Gewissen. «Wie geht's ihr?»

«Weiß nicht», sagte John. «Ich habe sie nur ungefähr zwanzig Sekunden lang gesehen, bevor ein Gorilla namens Olaf sie wieder ins Haus gezerrt hat.»

«Die Deringers haben einen Gorilla?» Sie wusste ja, dass sie reich waren, aber das erschien ihr doch etwas übertrieben.

John blinzelte. «Nein.»

«Oh.» Warum sagte er das dann? Hatte John mit Shane White und seinen Kifferfreunden eine Pfeife geraucht?

«Hör mal», sagte John. «Kannst du mir einfach sagen, was hier los ist? Ich bin mir ziemlich sicher, dass Amber jetzt denkt, wir hätten was miteinander. Sie hat mich gezwungen, ihr meine Handynummer zu geben.»

Olivia seufzte. Dass er einfach mitspielen würde, ohne Fragen zu stellen, wäre auch zu schön gewesen. «Na gut. Aber zuerst musst du etwas machen.»

Er warf ihr einen Seitenblick zu. «Du gräbst mich jetzt nicht auch noch an, oder?»

Iih. «Nein, sicher nicht.» Olivia atmete entschieden aus und streckte ihm die Hände hin. «Nimm meine Hände und sprich mir nach.»

«Muss ich dir meinen Erstgeborenen versprechen?» Sie hatte keine Zeit für so etwas. «Mach es einfach!» Ohne ein weiteres Wort griff John mit seiner linken Hand nach Olivias rechter Hand. Sie nahm seine rechte in ihre linke, und so bildeten sie einen provisorischen DGM-Kreis aus zwei Personen.

«Ich, Olivia Hayes, schwöre hiermit feierlich, dass kein Geheimnis jemals diesen Kreis verlassen soll.»

Ein Grinsen erschien auf Johns Gesicht. «Ernsthaft? So macht ihr das?»

«Es sieht cooler aus, wenn wir zu viert sind», sagte Olivia spitz und verengte die Augen.

«Ich hoffe es. Es fällt mir schwer, mir vorzustellen, dass Bree mit dir Händchen hält.»

Es läutete zur fünften Stunde. Olivia verdrehte die Augen «Jetzt beeil dich!»

«Sorry.» John räusperte sich. «Ich, John Baggott, schwöre hiermit feierlich ...» Er verstummte. «Äh ...»

«Dass kein Geheimnis jemals diesen Kreis verlassen soll.»

«Dass kein Geheimnis jemals diesen Kreis verlassen soll», sprach er ihr nach. «Zufrieden?»

«Begeistert.» Sie ließ seine Hand los und stellte sich auf Zehenspitzen, sodass sie ihm leise ins Ohr sprechen konnte. «Amber war in der Nacht, als er gestorben ist, bei Ronny.»

«Was?»

Olivia legte sich einen Finger auf die Lippen. «Pst!»

«Okay.» John schüttelte den Kopf, entgeistert von dieser Nachricht. «Wieso seid ihr damit nicht zur Polizei gegangen?»

«Äh …» Das war eine längere Geschichte, die Olivia nicht zu erzählen beabsichtigte. «Wir haben noch keine Beweise», sagte sie stattdessen, «dass Amber und Rex etwas mit seinem Tod zu tun hatten. Wir wissen nicht mal, was Amber und Ronny an diesem Abend gemacht haben.»

John holte tief Luft. «Und deswegen bin ich gefragt.»

«Ganz genau.» Zum Glück war John nicht auf den Kopf gefallen. Je weniger sie erklären musste, desto besser. «Ich vermute, dass sie versucht haben, Ronny mit einer der schicken Rolex-Uhren von Ambers Dad zu bestechen. Wenn wir herausfinden, wo die Uhr jetzt ist, können wir damit vielleicht Brees Unschuld beweisen.»

«Und du denkst, wenn ich Amber schöne Augen mache, wird sie mir ihr Herz ausschütten?»

«Das hoffe ich.»

John seufzte. «Okay, ich mache es. Aber nur, weil es Bree helfen wird.» Er wandte sich zum Gehen, hielt inne und drehte sich noch einmal um. «Ach ja, soll ich ihr was ausrichten? Sie haben ihr Handy konfisziert, und ich schätze, sie hat im Augenblick auch kein Internet.»

Olivia sah ihn erstaunt an. «Triffst du dich mit ihr?»

«Das ist der Plan.»

«Und wir kommst du an dem Gorilla vorbei?»

John tätschelte seinen Rucksack. «Überlass das mir.»

Olivia zog ein Stück Papier aus ihrem Block und fragte sich, was genau John da wohl in seinem Rucksack hatte. Bananen? Beruhigungsmittel?

112

Sie kritzelte eine Nachricht, faltete den Zettel und reichte ihn ihm. «Nicht lesen.»

«Mach ich nicht.» John hob eine Augenbraue. «Rechnest du mit einer Antwort?», fragte er höflich.

Olivia seufzte. «Ich hoffe sehr darauf.»

FÜNFZEHN

Bree war sich nicht sicher, wie lange sie schon weinte. Ihre Brust verkrampfte wieder und wieder zu unkontrollierbaren Schluchzern, wenn die Wellen des Schmerzes über sie hinwegrollten.

Sie war so wütend. Wenn ihre Mom keine Tochter wollte, dann wollte Bree auch keine Mom.

Aber leider wollte sie sie doch. Und sie brauchte sie.

Insgeheim hatte Bree immer ihren Dad für die Abwesenheit ihrer Mutter verantwortlich gemacht. Es war nicht gerade ein Geheimnis, dass er ein willensstarker, berechnender Mann war, und Bree konnte an einer Hand abzählen, wie oft er sie mit ehrlicher Zuneigung umarmt hatte. Es ergab Sinn, dass ihre Mom anderswo glücklich werden wollte, so weit weg von ihm wie möglich.

Was aber keinen Sinn ergab und was Bree nicht länger ignorieren konnte, war die Tatsache, dass sie ihr jüngstes Kind dabei sich selbst überlassen hatte.

Klopf. Klopf, klopf, klopf.

Bree wischte sich hastig die Tränen von den Wangen und stürzte durchs Zimmer.

«John!» Sie stieß das Fenster auf. Noch nie in ihrem Leben war sie so glücklich gewesen, jemanden zu sehen. «Was machst du hier?»

«Ich bin Luke Skywalker», sagte John. «Und ich bin gekommen, um dich zu retten.»

«Was?», schniefte Bree.

John lächelte. «Ich glaube, Leia sagt eigentlich ‹Du bist wer?›, aber ich will das heute mal nicht so eng sehen.»

Neue heiße Tränen strömten Brees Wangen hinunter, sie konnte sie nicht zurückhalten. Sie saß hier fest, mit all dem Schmerz und all dem Kummer der letzten Tage, und nun stand da ihr bester Freund, der sie mit einem Zitat aus *Star Wars* daran erinnerte, dass es jemanden gab, dem sie nicht egal war.

Johns Grinsen wich Besorgnis. «Alles okay?»

«Ja», sagte Bree mit zittriger Stimme. «Ich bin nur so froh, dich zu sehen.»

John lächelte. «Also, wenn schon mein Anblick dich zu Tränen rührt», er ließ seinen Rucksack auf den Kies fallen und zog den Reißverschluss auf, «zeige ich dir besser gar nicht erst, was ich mitgebracht habe.» Mit der übertriebenen Geste eines Zauberers beförderte er etwas zutage, das aussah wie ein Gewirr aus Seilen.

«Was ist das?»

«Geh einen Schritt zurück», wies John sie an, «dann zeige ich es dir.»

Bree trat vom Fenster weg. Sie hört John ächzen, dann war da ein Aufprall, als wäre etwas Weiches gegen die Hauswand geflogen.

«Mist», schimpfte er draußen.

Ein weiteres Ächzen, ein weiterer Aufprall. Dieses Mal konnte Bree ihn leise fluchen hören.

«Würde es was nützen, wenn ich aussteige und schiebe?», fragte Bree und musste über ihr eigenes *Star-Wars*-Zitat schmunzeln.

«Möglicherweise.» Sie hörte das Grinsen in Johns Stimme.

Ein drittes Ächzen, dieses Mal flog das Ende eines Seils durchs Fenster. Bree fasste danach, bevor es wieder hinuntergleiten konnte.

«Zieh es hoch!», rief John.

Stück für Stück zog Bree das Seil herein. Es war schwerer, als sie gedacht hätte. Nach ungefähr fünfzehn Metern teilte es sich und wurde zu zwei Seilen, dann klirrten zwei Metallhaken auf dem Fenstersims. Plötzlich begriff Bree, was John da gekauft hatte.

Sie hakte die Seile am Fenster ein und steckte den Kopf hinaus. Unter ihr hing eine Strickleiter hinunter auf den Kiesweg.

«Gute Idee», sagte sie beeindruckt.

John schwang sich seinen Rucksack auf die Schultern und griff nach einer der unteren Sprossen. «Okay, dann mal los.»

Eine Minute später tauchte sein Arm auf dem Fenstersims auf, und unter schwerem Stöhnen stemmte er sich hoch und ließ sich auf den Boden von Brees Zimmer fallen.

Bree blieb sprachlos stehen, während er auf die Füße kam und sich Staub von den Jeans und dem schwarzen Hemd klopfte. Er lächelte sie verlegen an, und das Gewicht von tausend unausgesprochenen Gefühlen machte sie schwindelig. Bree war sich nicht sicher, ob sie mit John herumalbern wollte, wie sie es normalerweise taten, oder ob sie ihm die Arme um den Hals legen und ihn küssen wollte.

«Ich ... ich kann nicht glauben, dass du da bist», sagte sie endlich.

John kam langsam auf sie zu, hob die Hand und legte sie an ihre Wange. Eine Träne, die dort noch gehangen hatte, wischte er mit dem Daumen fort, der sich vom jahrelangen Bass-Spielen rau und schwielig anfühlte. Sie schloss die Augen und atmete tief ein, roch die würzige Mischung aus Aftershave und Schweiß vom Erklimmen ihrer Hauswand.

Dann spürte sie, wie sein heißer Atem näher kam, und ihr Herz begann zu rasen. Sie dachte an das erste Mal, als er sie beinahe geküsst hätte. Damals war ihr nicht klar gewesen, wie sehr sie es sich wünschte, aber jetzt, nach allem, was sie zusammen durchgestanden hatten, nachdem sie die drei Worte ausgesprochen hatte, wollte sie seine Lippen mehr denn je auf ihren spüren.

Bree hob ihm ihr Gesicht entgegen. «Bitte», flüsterte sie kaum hörbar.

Sie erschauderte, als seine Finger ihren Nacken hinauffuhren, und dann spürte sie seine Lippen auf ihren. Sie küsste ihn hungrig zurück, die Hände auf seine Brust gelegt, genoss seine Arme um sich, die sie näher heranzogen.

John entwich ein Stöhnen, und er griff mit beiden Händen in ihr Haar. Bevor Bree wusste, was sie tat, hatte sie sein Hemd aufgeknöpft und küsste die muskulöse Kontur seiner Brust.

«Bree», sagte John. Seine Stimme klang belegt.

Sie hörte ihn wie durch einen Nebel hindurch. «Ja?»

Er legte seine Hände um ihr Gesicht und sah ihr direkt in die Augen. «Ist das hier in Ordnung für dich? Ich meine, du hast viel hinter dir, und ich will nicht, dass du denkst, ich wäre nur hergekommen, um ...» Er verstummte, und sie sah, wie er errötete.

Wie konnte jemand so süß sein? «John, ich liebe dich.»
«Ich liebe dich auch.»

Ihr Herz hämmerte in ihrer Brust. «Und das ist die Antwort.»

SECHZEHN

Fitzgerald saß in der ersten Reihe im Zuschauerraum und las in einer Ausgabe der Zeitschrift *American Theatre*, als Olivia nach Unterrichtsschluss den Theatersaal betrat.

«Miss Hayes!», rief er erfreut, als sie näher kam, warf die Zeitschrift zur Seite und sprang auf die Beine. «Ich freue mich so, Sie nächsten Sommer in Aspen dabeizuhaben.»

Olivia versuchte ihre steigende Aufregung zu bekämpfen. «Danke, Mr. Conroy.»

«Es werden spannende sechs Wochen werden», fuhr er fort und zwinkerte ihr zu, «voller Lachen und Tränen und Kummer und Euphorie. Und Sie werden als Highschool-Schülerin keine Sonderbehandlung bekommen.»

Olivia lächelte. «Das erwarte ich auch nicht.»

«Und es wird sehr einsam werden», fügte er hinzu.

«Einsam?»

«Wenn Sie Ihre Freunde nicht um sich haben.» Fitzgerald blickte zur Bühne. «Und Ihre Mutter.»

Einsam war nicht das Wort, das Olivia dafür gewählt hätte. Urlaub träfe es schon eher. Sie öffnete den Mund, um ihm zu versichern, dass das kein Problem sei, da fiel er ihr ins Wort.

«Wie ist die Situation bei Ihnen zu Hause, wenn ich fragen darf?»

«Gut, denke ich.» *Wie ist die Situation zu Hause?* Das klang nach einer Frage, die ein Vertrauenslehrer stellen würde.

«Und Ihre Mutter? Wie geht es ihr?» Er sah sie neugierig an.

«Ihr geht es auch gut.»

«So ein eigenartiger Zufall, finden Sie nicht? Ich war damals der Regisseur Ihrer Mutter, und jetzt bin ich Ihrer.» Er lachte nervös und warf dann einen Blick auf die Uhr. «Soll ich Sie nach Hause fahren?»

«Äh, ich dachte, wir wollten über mein Praktikum sprechen.»

Fitzgerald winkte ab. «Natürlich, natürlich. Im Auto, meine Liebe.» Dann hakte er sich bei ihr unter und lenkte sie aus dem Saal hinaus auf den Parkplatz.

Schweigend fuhren sie auf den DuMaine Drive hinaus, Olivias Adresse leuchtete auf dem GPS-Display von Fitzgeralds Mietwagen. Nach zwei Querstraßen räusperte er sich und warf Olivia einen Seitenblick zu.

«Glauben Sie, Ihre Mutter ist zu Hause?»

Olivia versteifte sich. Warum fragte er das? Würde er irgendeine Art von sexueller Kompensation dafür erwarten, dass er ihr das Praktikum in Aspen angeboten hatte? Er wusste doch, dass sie erst sechzehn war, oder?

Sie hob ihren Stoffbeutel auf ihren Schoß und steckte langsam und verstohlen ihre Hand hinein, bis sich ihre Finger um den Hausschlüssel schlossen. Wenn sie vor ihrem Gebäude hielten, würde sie sofort aus dem Wagen springen und die Treppe zu ihrer Wohnung hinaufsprinten. Wenn sie schnell war, konnte sie die Tür hinter sich abgeschlossen haben, bevor er überhaupt begriffen hatte, was vor sich ging.

«Sie ist *immer* da, wenn ich aus der Schule nach Hause komme», bluffte Olivia. In Wirklichkeit standen die Chancen ungefähr fünfzig-fünfzig, dass ihre Mom noch nicht zur Arbeit gegangen war.

Sie beäugte Fitzgerald in der Erwartung, dass seine Miene Enttäuschung verraten würde, doch stattdessen erhellte sich sein Gesicht. «Ich würde sie wirklich gern wiedersehen.» Seine Augen funkelten, und für einen Augenblick sah er fast jungenhaft aus. Olivia hatte diesen Gesichtsausdruck schon einmal bei ihm gesehen, in ihrer Garderobe, vor Beginn der Premiere von *Der zwölfte Bezirk*, als er zufällig seiner ehemaligen Hauptdarstellerin June Hayes begegnet war.

Ein Lächeln breitete sich auf Olivias Gesicht aus. Es war nicht *sie*, mit der Fitzgerald Zeit verbringen wollte. Es war ihre Mutter.

«Sie sollten mit nach oben kommen und sie begrüßen», schlug sie vor, als sie vor ihrem Wohnhaus hielten und Olivia den Wagen ihrer Mom noch auf dem Parkplatz stehen sah. Vor ihrem inneren Auge spielten sich schon klassische Aschenputtel-Phantasien ab, in denen ihre Mom vom erfolgreichen Broadway-Regisseur aus der Armut errettet wurde. «Meine Mom spricht oft von Ihnen. Die Aufführung von *Was ihr wollt*, an der Sie mit ihr zusammen gearbeitet haben, ist noch immer ihre Lieblingsinszenierung.»

Fitzgerald lächelte breit. «Wirklich?»

«Ja, wirklich.» *Komm schon, beiß an.* «Und erst gestern hat sie gesagt, dass sie Ihnen hoffentlich bald wieder begegnet.» Das war eine Lüge, aber eine von der guten Sorte.

Er zog die Handbremse an und schaltete den Motor aus.

«In dem Fall würde ich natürlich gerne hallo sagen.»

Olivia eilte vor Fitzgerald die Treppe hinauf. Sie betete, dass ihre Mom tatsächlich noch oben und für die Arbeit angezogen war, statt auf dem Sofa Winterschlaf zu halten. Als sie den Kopf durch die Tür steckte, atmete sie erleichtert auf. Die Laken auf der Liege waren glatt und sauber, und ihrer Mutter hatte sich auf der Tagesdecke die Handtasche und die Lederjacke für die Arbeit zurechtgelegt.

Dann mal los.

«Mom?», rief sie und trat ein. «Mom, hier ist jemand, der dich treffen möchte.»

«Was?», rief ihre Mutter aus dem Bad.

Olivia wandte sich wieder zu Fitzgerald um, der zögernd die kleine Wohnung betrat.

«Sie kommt gleich», sagte Olivia mit einem nervösen Lachen.

Fitzgerald nickte. Seine Augen huschten im Wohnzimmer herum, blieben an der abblätternden Farbe an der Küchendecke hängen, an dem fleckigen Teppich und an den Möbelstücken, die den kleinen Raum vollstellten, in dem Olivias Mom schlief. Auf seinem Gesicht spiegelte sich keine Wertung, nur Neugierde.

Dann verwandelte sich die Neugierde in Überraschung, bemerkte Olivia, als sein Blick auf den Wohnzimmertisch fiel. Dort stand zwischen einem Zeitschriftenstapel und einigen Fernbedienungen ein ganzes Sortiment verschreibungspflichtiger Tablettendöschen.

Olivia war schockiert. Sie wusste, dass ihre Mutter schon seit längerer Zeit Antidepressiva nahm und man ihr für die gelegentlichen Panikattacken Beruhigungsmittel verschrieben hatte, aber da waren mindestens ein halbes Dutzend unterschiedlicher Dosen auf dem Tisch aufgereiht – alle von der Apotheke säuberlich beschriftet.

«Wir sind, äh, wir sind es nicht gewohnt, Besuch zu bekommen», sagte Olivia in dem Versuch, Fitzgerald von der pharmazeutischen Auslage abzulenken.

«Alles in Ordnung, meine Liebe.» Er lächelte warmherzig. «Es ist ein Künstlerleben.»

«Ist da jemand bei dir?» Die Badezimmertür öffnete sich, und ihre Mom kam ins Wohnzimmer, noch damit beschäftigt, den Gürtel ihrer engen schwarzen Jeans zu schließen. «Falls es Anthony ist, sag ihm, dass ich den Rest der Miete bis …»

«Hallo, June.»

Olivias Mom erstarrte, als sie Fitzgeralds Stimme hörte, und Olivia sah erstaunt, wie sämtliche Farbe aus ihrem hübschen Gesicht wich.

«Fitz», sagte sie kaum hörbar.

«Wie geht es dir?»

«Mir geht's gut.» Sie schluckte hart. «Und dir?»

Fitzgerald lächelte. «Auch gut.»

Sie standen schweigend da und betrachteten einander. Olivia kannte Fitzgerald Conroy kaum, aber sie kannte seinen Gesichtsausdruck – er war bis über beide Ohren in ihre Mom verknallt.

Halb erwartete sie schon, dass sie einander in die Arme fallen und sich ihre jahrzehntelange Liebe füreinander gestehen würden. Danach würde Fitzgerald Olivias Mom aus der Wohnung in seinen luxuriösen Mietwagen tragen, wie Richard Gere es am Ende eines fast jeden Richard-Gere-Films tat.

Doch stattdessen sah Olivia verdattert zu, wie ihre Mom eilig Handtasche und Jacke nahm und an Fitzgerald vorbei zur Tür eilte.

«Ich bin gerade auf dem Sprung zur Arbeit», sagte sie nervös, «und ich bin mir sicher, du musst auch noch irgendwohin. Nett von dir, vorbeizukommen.» Sie hielt ihm die Tür auf, vermied es aber hartnäckig, Fitzgerald in die Augen zu sehen.

«Oh», machte er und sah aus, als hätte sie ihm gerade eine Ohrfeige verpasst. «Ja, natürlich. Es tut mir leid, dass ich hier so hereingeplatzt bin.» Und bevor Olivia protestieren konnte, war er zur Tür hinaus und die Treppe hinunter.

«Was war *das* denn?», fragte Olivia, sobald ihre Mom die Tür hinter ihm geschlossen hatte.

Anstatt sich zu entschuldigen, fuhr ihre Mutter zu ihr herum und kam wütend auf sie zu. «Bring diesen Mann *nie wieder* zu uns nach Hause. Ist das klar?»

«Warum?»

«Ist das klar?», wiederholte ihre Mom durch zusammengebissene Zähne.

Da war etwas in ihren Augen, das Olivia nicht kannte. Es war nicht Wut, auch nicht Furcht. Eher eine Mischung aus beidem.

«Geht's dir gut?», fragte Olivia.

«Natürlich», versetzte ihre Mom. «Wieso auch nicht?»

«Ich dachte nur …» Olivia sah zu den Pillendosen auf

dem Tisch. «Hat Dr. Kearns dir das alles neu verschrieben?»

Ihre Mom zuckte mit den Schultern. «Woher soll ich das wissen? Sie gibt die Medikamente telefonisch der Apotheke durch, ich hole sie ab.» Sie trat noch einen Schritt auf Olivia zu und umfasste ihren Arm. «Du hast mir nicht geantwortet. Versprich mir, dass du Fritzgerald Conroy *nie wieder* mit zu uns nach Hause nimmst.»

Es tat weh, als sich die Finger ihrer Mutter in Olivias Fleisch gruben. «Gut. Aber warum nicht?»

Anstelle einer Antwort machte ihre Mutter auf dem Absatz kehrt und stürmte aus der Wohnung. Die Tür fiel krachend hinter ihr ins Schloss.

SIEBZEHN

Noch ganz verschwitzt vom Training rannte Kitty die Treppe zu dem privaten Fitnessclub hinauf. Sie gab hier im Sommer regelmäßig Volleyballstunden und bekam dafür neben einem kleinen Lohn eine Jahresmitgliedschaft. Was die meiste Zeit völlig unnötig war, da es auf dem Schulgelände von Bishop DuMaine einen Fitnessraum mit den modernsten Gewichten und Cardio-Geräten gab, kam ihr heute äußerst gelegen.

Im letzten Sommer war Kitty eine alte Schulkameradin aufgefallen, die jeden Nachmittag gegen fünf Uhr hier trainierte. Eine Schulkameradin, die Kitty nur zu gut kannte: Es war DGM-Zielperson Nummer eins, Wendy Marshall.

Um ehrlich zu sein, hatte sie eine Schwäche für Wendy. Ihr scheinheiliges Alpha-Mädchen-Königreich auf Bishop DuMaine hatte Kitty damals dazu inspiriert, in ihrem Jahr als Freshman DGM zu gründen, und obwohl ihr Vorgehen gegen Wendy nicht ihr elegantestes Manöver gewesen war, verursachte es Kitty noch immer ein aufgeregtes Kribbeln, wenn sie daran zurückdachte. Sie konnte die süße Befriedigung des ersten Mals noch immer spüren.

Es war ein einfacher Einsatz gewesen und auch ein ziemlich bescheuerter, wenn sie so darüber nachdachte, aber damals hatten sie ihre Rollen innerhalb von DGM noch nicht ideal aufgeteilt, und deshalb war spontan nichts Besseres zu finden gewesen als die Kameraaufnahmen auf der Website von Wendys Live-Action-Role-Playing-Group.

Allein die Tatsache, dass Wendy Mitglied in einer Rollenspiel-Gruppe war, hatte die ganze Schule sehr zum Lachen gebracht, aber die Bilder von ihr, wie sie für eine ihrer LARP-Online-Sessions als Steampunk Cowgirl verkleidet war, übertrafen wirklich alles. Bis heute rang Wendys hundertprozentige Hingabe an ihre Rolle Kitty eine gewisse Bewunderung ab, und sie hatte das Gefühl, dass sie unter anderen Umständen vielleicht sogar hätten Freundinnen werden können. Immerhin war auch Kitty oft genug in einem Hogwarts-Mantel herumgerannt, hatte einen Besen geschwungen und so getan, als sei sie die Sucherin von Ravenclaw. Aber nachdem Wendy die weibliche Bevölkerung von Bishop DuMaine monatelang mit fragwürdigen modischen Statements und ihrer Forderung nach Nondesigner-Klamotten terrorisiert hatte, war auch Kitty von ihrer Heuchelei ernsthaft genervt gewesen.

Die Bilder von Wendy, wie sie in ihrem selbstgemachten Kostüm posierte, beendete ihre Zeit als Bienenkönigin ein für alle Mal.

Kitty hielt ihren Mitgliedsausweis vor das Lesegerät und erklomm die letzten Stufen zum Cardio-Bereich. Sie hatte Glück: Wendy Marshall legte sich im hinteren Teil des Raumes auf einem Crosstrainer ins Zeug.

Als sie das zierliche Mädchen mit den langen braunen Haaren so ansah, fiel es Kitty schwer, zu glauben, dass sie zu Mord, Brandstiftung und einigen weiteren Verbrechen fähig wäre, die der Täter, den sie suchte, begangen hatte.

Andererseits konnte genau das der Schlüssel zu ihrem Erfolg sein – von allen unterschätzt zu werden.

Wendy äugte zu ihr hinüber, als Kitty das Gerät neben ihr erklomm, ohne jedoch aus dem Rhythmus zu geraten. Kitty stand für einen Augenblick da – die Füße auf den Pedalen, die Hände auf die Griffe gelegt – und starrte ratlos auf das Bedienungsfeld. Sie hatte noch nie auf einem Cardio-Gerät trainiert, abgesehen von einem Laufband, das ihr sehr viel einleuchtender vorkam als diese mittelalterliche Foltermaschine. Geschwindigkeit, Start. Klar so weit. Aber wozu dienten all diese Knöpfe? Freestyle, Aerobe Zone, Anaerobe Zone. Was bedeutete das alles?

«Drück den grünen», keuchte Wendy.

«Oh.» Kitty fand den grünen Knopf, auf dem ‹Quickstart› stand. Sie legte einen Finger darauf, und das Bedienungsfeld leuchtete auf. «Danke.»

«Kein Problem.»

Sehr gut, die Unterhaltung war begonnen. Aber was sollte Kitty jetzt sagen?

«Bist du nicht Wendy Marshall?», machte sie einen Versuch, als handle es sich um einen berühmten Star und nicht um eine ehemalige Giftspritze, die von DGM unschädlich gemacht worden war.

Wendys Bewegungen wurden langsamer. «Ja?», sagte sie skeptisch.

«Du bist mal auf die Bishop DuMaine gegangen, oder?» *Wow, was Besseres ist dir nicht eingefallen, Kitty?*

Wendy hielt den Crosstrainer abrupt an. «Stimmt», sagte sie scharf. «Und bevor du gleich einen Witz reißt: Ja, ich mache immer noch bei den LARP-Groups der Frontier League of Peculiar Individuals mit.»

«Ich wollte nicht …»

«Und weißt du was? Ich bin stolz darauf. Genau genommen verkaufe ich seit einem Jahr sogar eigene Fanfiction. Über hunderttausend Downloads. Kannst du dir vorstellen, wie viel Geld ich damit schon verdient habe?»

«Äh …»

«Neunundneunzig Cent pro Download. Rechne es dir aus.» Wendy riss ihr Handtuch vom Gerät und warf es sich über die Schulter. «Also, bevor du und die anderen Arschlöcher von Bishop DuMaine wieder anfangt, Witze über mich zu reißen, solltet ihr das erst mal nachmachen.»

Und ohne ein weiteres Wort stolzierte Wendy aus dem Fitnessraum.

Ein elektronisches Glockenbimmeln ertönte, als Olivia die Tür zu *Aquanautics* aufschob. Sie war noch nie in dem Surf- und Wassersportgeschäft gewesen, in dem Maxwell und Maven Gertler nach ihrer «Resozialisierung» Arbeit gefunden hatten – sie war überhaupt noch nie in einem Surfshop gewesen.

Der Laden war klein und vollgestopft. Ein Regal mit Shirts, kurzen Hosen und Kapuzenpullis für Männer und Frauen teilte den Raum in der Mitte, an der rechten Wand war eine große Auswahl an Schuhen ausgestellt. Auf der anderen Seite hingen Neoprenanzüge von Kleinkind- bis Erwachsenengröße, und zahlreiche Fernsehmonitore im ganzen Laden zeigten einen Surfwettbewerb im nahegelegenen Mavericks. Über ihrem Kopf schaukelten Surfbretter und Bodyboards dicht an dicht, und hinter dem Kassentresen lehnte eine Auswahl Kajaks.

Die Atmosphäre des Shops war angenehm hip und gemütlich, es war ungewöhnlich warm, und durch den Duft nach Kokosnuss und Bienenwachs und den eingespielten Soundtrack von Meereswellen hatte Olivia direkt das Gefühl, der Strand befände sich direkt vor der Tür.

Sie musterte den Kassenbereich hinten im Laden. Alles war leer, was sie nervös machte. Ihr wäre deutlich wohler gewesen, wenn noch andere Kunden durch die Regale gestöbert hätten. Was, wenn die Gertlers wirklich Mörder waren? Und sie war hier allein?

Ich bin nicht bereit, in diesem Laden draufzugehen. Olivia hatte sich bereits umgewandt und eilte zurück zur Tür, als sie plötzlich jemand ansprach.

«Kann ich dir helfen?»

Sie erkannte sofort die tiefe, raue Stimme eines Gertler-Zwillings.

Na gut. Sie würde das schon schaffen. Schnell trat sie zum nächstgelegenen Regal mit Hawaiihemden. «Ich bin auf der Suche nach einem Geburtstagsgeschenk für meinen Freund», sagte sie und stellte sicher, dass sie für den Fall der Fälle einen unverstellten Fluchtweg zur Tür hatte. «Und ich weiß nicht so richtig, was ich ihm schenken soll.»

Maxwell oder Maven, welcher von beiden es eben war, seufzte schwer. Einer Kundin zu helfen war offenbar das Letzte, worauf er gerade Lust hatte. Dann kam er herübergeschlurft. «Ist er ein Surfer, ein Skater oder ...» Er verstummte. «Olivia?»

Sie fuhr zu ihm herum und machte erst ein verblüfftes Gesicht, dann tat sie so, als würde sie ihn erkennen und wäre überrascht. «Maxwell?»

Maxwell strahlte sie an. «Du bist so ungefähr die Einzige, die uns auseinanderhalten kann.» Er streckte die

Arme aus, zog sie an sich, drückte sie fest und strich mit seinen Händen auf beinahe unanständige Art über ihren Rücken. «Es ist so schön, dich zu sehen.»

Olivia drückte höflich zurück, wand sich dann elegant aus seiner Umarmung und strich ihr Kleid glatt. «Und, wie geht's dir?»

«Gut», sagte Maxwell und blickte sich im Laden um. «Na ja, du weißt schon. Es war ganz schön heftig nach der Verhaftung und so. Aber der Laden hier gehört unserem Cousin, und er überlässt ihn uns gewissermaßen. Ziemlich cool.»

«Er ist wirklich toll», sagte Olivia und versuchte, angemessen beeindruckt zu klingen.

«Aber wir sind immer noch im Spiel», raunte er wie in Geheimsprache.

«Im Spiel?» Was meinte er: Mord? Brandstiftung? Überfall und Körperverletzung?

«Jup. Wir haben jetzt unser eigenes Studio.» Maxwell trat einen Schritt zurück, legte Daumen und Zeigefinger in Denkerpose an sein Kinn und musterte sie von Kopf bis Fuß. «Wie alt bist du?»

Hä? «Sechzehn.»

Ein verschlagenes Lächeln zuckte über seine rechte Gesichtshälfte. Er kam wieder näher, beugte sich zu ihr herunter und senkte die Stimme. «Hast du je darüber nachgedacht zu modeln?»

Echt jetzt? Er wollte sie aufreißen? Um die unangenehme Anmache einfach zu übergehen, richtete Olivia ihre Aufmerksamkeit wieder auf die Shirts. «Ich frage mich, ob meinem Freund das hier gefallen ...»

Maxwell fuhr mit seinem Finger ihren nackten Arm

hinauf und flüsterte ihr ins Ohr: «Weißt du, es gibt einen riesigen Markt für sexy Fotos von Mädchen wie dir. Niemand würde je davon erfahren …»

Was für ein Ekel. Doch so gern sie Maxwell auch in die Eier getreten hätte und geflohen wäre, es gab einen Grund dafür, dass Olivia hergekommen war. Sie musste die Unterhaltung auf das Theaterstück lenken.

«Echt lustig, dass ich dir hier in die Arme laufe», sagte sie und klimperte mit den Wimpern. «Ich habe gerade heute mit Amber Stevens über dich gesprochen. Sie hat mir erzählt, dass sie glaubt, dich und deinen Bruder bei der Premiere unseres Theaterstücks letzte Woche gesehen zu haben.»

Maxwell schnaubte. «In Bishop DuMaine? Wohl kaum. Wir werden nie wieder einen Fuß in diese Drecksbude setzen.»

«Wirklich?», hakte Olivia nach. «Sie schien sich ziemlich sicher zu sein, dass …»

«Er sagte, wir waren nicht da!»

Olivia fuhr herum. Maven Gertler stand mit vor der Brust verschränkten Armen im hinteren Teil des Ladens. Wo kam er denn plötzlich her?

Unwillkürlich wich Olivia in Richtung Tür zurück. «Oh, tut mir leid.» Sie schluckte. «Da muss sich Amber wohl getäuscht haben.»

«Hat sie», sagte Maxwell kalt. Seine Zugeneigtheit von vor zehn Sekunden war wie weggefegt. Stattdessen war seine Miene düster und nervös, seine Augen hatten sich gefährlich verengt. «Wir würden unsere Bewährungsauflagen niemals verletzen und uns einer Schule auch nur nähern, oder, Maven?»

Maven schüttelte den Kopf. «Ganz sicher nicht.»

Also durften sie nicht in die Nähe einer Schule? Wenn sie die beiden ansah, wie bedrohlich sie jetzt wirkten, konnte Olivia den Grund dafür gut verstehen, aber dadurch hatten sie eben auch eine Art Alibi.

«Abgesehen davon», fügte Maxwell hinzu, «kann man mit all den Bühnenscheinwerfern im Gesicht doch ohnehin nicht so viel sehen, oder?»

Olivia erstarrte. Bühnenscheinwerfer? Woher wussten sie, dass Amber in dem Stück *mitgespielt* hatte?

Plötzlich konnte sie es nicht erwarten, von hier wegzukommen.

«Ach du liebes bisschen!», rief sie und sah auf ihr Handgelenk, das heute keine Uhr trug. «Wie spät es schon ist! Ich verpasse meinen Bus! Tschüs!»

Sie war schon aus der Tür und rannte die Straße hinunter, so schnell ihre Beine sie trugen.

ACHTZEHN

Bree lag auf der Seite und atmete ruhig. Johns Arm war um ihren nackten Bauch geschlungen, und er schmiegte sich von hinten an sie. Noch nie in ihrem Leben hatte sie sich so beschützt und geliebt gefühlt.

Sie seufzte tief und kuschelte sich in seine Arme.

«Alles okay mit dir?», fragte er.

Bree lachte. «Du hast mich das in der letzten Stunde ungefähr eine Million Mal gefragt.»

«Ich weiß, es ist nur …» Er strich ihr mit den Fingerspitzen über den Arm, und ihre Haut prickelte vor Aufregung. «Bei dir ist viel los.»

Bree musste laut lachen. Sie konnte sich nicht beherrschen. Das war die Untertreibung des Jahrhunderts.

John atmete dicht an ihrem Ohr. «Wieso ist das witzig?»

«Sorry», sagte sie kichernd. «Aber du musst die Komik doch sehen.» Sie rollte sich auf den Rücken und zählte an den Fingern ab. «Ich stehe unter Hausarrest, bin Verdächtige in einem Mordfall, ich liege mit meinem besten Freund im Bett, und möglicherweise hat gestern Morgen jemand versucht, mich von der Straße zu drängen und umzubringen. ‹Viel los› ist eine ziemliche Untertreibung.»

Er stützte sich auf den Ellenbogen und sah sie erschrocken an. «Jemand hat versucht, dich von der Straße zu drängen?»

«Es ist bestimmt nichts dran», sagte Bree schnell und

bereute schon, dass sie sich verplappert hatte. Sie wollte John nicht noch mehr in das alles hineinziehen, als sie es ohnehin schon tat.

«Spiel es nicht runter», warnte er sie.

«Spiel es nicht runter», machte Bree seine tiefe, ernste Stimme nach. Sie war rundum zufrieden, und sie wollte jetzt nicht an DGM und Christopher Beeman denken.

John funkelte sie noch einen Moment lang an, dann breitete sich ein Lächeln auf seinem Gesicht aus, und er stürzte sich auf sie, küsste sie auf den Mund. Sie rollten miteinander über das Bett, Brees Beine eng um Johns Körper geschlungen. Als er unter ihr lag, richtete sie sich auf.

«Gewonnen», verkündete sie lachend.

John streckte die Arme aus und ließ seine Hände an beiden Seiten ihres Körpers hinabgleiten. «Nein», sagte er leise. «Ich habe gewonnen.»

Sie beugte sich zu ihm hinunter, um ihn zu küssen, als ein Handy zweimal piepte. «Wer schreibt dir da?», fragte sie und zog eine Augenbraue hoch. «Deine zweite Freundin?»

«Du hast ja keine Ahnung.» John schob Bree sanft von sich. «Amber Stevens hat beschlossen, dass ich ihre neueste Eroberung bin.»

«Entschuldige. Ich muss dich falsch verstanden haben.» Bree richtete sich auf. Das war schlimmer als hundert schreiende Mädchen, die sich John auf der Bühne an den Hals warfen. «Hast du gerade gesagt, dass Amber Stevens scharf auf dich ist?»

«Es wird noch besser», antwortete er und tastete auf dem Boden nach seinen Jeans. «Ich soll mitmachen.»

Jetzt war es an Bree, ihn erschrocken anzusehen. «Bitte?»

«Ich weiß, es klingt komisch. Olivia hat mich darum gebeten. Es geht irgendwie darum, dass Amber bei Ronny war in der Nacht, als er gestorben ist.»

Bree schnappte nach Luft. «Das hat sie dir gesagt?» Olivia hatte die DGM-Regeln gebrochen. Verdammt, hatten sie denn alle den Verstand verloren?

John setzte sich mit der Jeans in der Hand aufrecht hin und hob die freie Hand. «Ich, *John Baggott, schwöre hiermit feierlich, dass kein Geheimnis jemals diesen Kreis verlassen soll.*»

Bree konnte nicht glauben, was sie da hörte. «Sie haben dich *eingeschworen*?»

«Ja», sagte John und zuckte die Schultern. «Also, jedenfalls Olivia. Ach!» Er schlug sich mit der Handfläche gegen die Stirn. «Ich bin ein Idiot. Beinahe hätte ich es vergessen. Sie wollte, dass ich dir eine Nachricht übergebe.»

Bree sog scharf die Luft ein. Endlich! Sie hatte von DGM bisher keinerlei Neuigkeiten über den Stand der Dinge erhalten. Hatten sie die Polizei benachrichtigt? War Sergeant Callahan ihrer Spur gefolgt und hatte Untersuchungen über Christopher angestellt? Hatten sie vielleicht schon einen Beweis, dass er der Mörder war?

John zog ein zusammengefaltetes Stück Papier aus seiner Hosentasche und überreichte es Bree. Sie faltete es gierig auf, in der Erwartung, Neuigkeiten über die polizeilichen Ermittlungen und Christopher Beemans kurz bevorstehende Verhaftung zu lesen. Was stattdessen auf Olivias Zettel stand, verschlug ihr den Atem.

CB hat letztes Jahr Selbstmord begangen. Der Killer hat das Lager niedergebrannt. Sei vorsichtig.

Bree fühlte sich, als hätte ihr jemand einen Schlag auf den Brustkorb versetzt. Ihre Lunge zog sich zusammen und presste all ihre Luft heraus, und in ihren Ohren rauschte das Blut, das ihr Herz rasend schnell durch ihren Körper pumpte. *Christopher Beeman ist tot?*

Die Worte auf dem Papier verschwammen vor ihren Augen, und Bree musste sich in den Kissen abstützen, so schwindelig war ihr. Alles um sie herum versank ins Nichts, als sie begriff, dass sich ihr alter Freund das Leben genommen hatte. Und irgendwie, das wusste sie, war es teilweise ihre Schuld.

Ihr Schuldgefühl lähmte sie, ebenso die Bedeutung all dessen für die Nachforschungen von DGM. Wenn Christopher tot war, dann hatte jemand ganz anderes versucht, sie zu verhöhnen, zu bedrohen, ihnen einen Mord in die Schuhe zu schieben. Sie hatten die ganze Zeit einen Toten gejagt. Bree schüttelte den Kopf und versuchte, das alles zu begreifen. Christopher Beeman war unschuldig.

«Ja, es ist Amber», murmelte John, der gerade seine Textnachricht las. «Sie fragt mich, ob ich heute Abend mit ihr essen gehe. Ich schreibe einfach, ich habe Bandprobe.» Er blickte auf und lächelte Bree verlegen an. «Du weißt, dass ich nicht auf sie stehe, oder?»

«Klar», zwang Bree sich zu antworten.

«Bree, ist alles in Ordnung?»

Sie schluckte. «Ja, nur … Olivias Nachricht. Da steht nicht, was ich mir erhofft hatte.»

«Oh.» Er stand auf, zog seine Jeans an und hob sein Hemd vom Boden auf. «Ich glaube, sie erwartet eine Antwort.»

Eine Antwort? Wie wäre es mit «Wir sind geliefert!»

oder «Wir wussten die ganze Zeit überhaupt gar nichts!» –
das war alles, womit ihr Hirn im Augenblick aufwarten
konnte.

Stattdessen zerknüllte Bree Olivias Nachricht und warf
sie in den Papierkorb. «Sag ihr, ich weiß nicht, was wir
jetzt tun sollen.» Es war die Wahrheit, schlicht und einfach. «Und ich bete zu Gott, dass sie es wissen.»

Kitty hatte große Bedenken, ihr Zuhause als Versammlungsort für das nächste DGM-Treffen anzubieten, nach
allem, was in der Lagerhalle passiert war, aber sie hatte
kaum eine Wahl. Sie mussten sich weiterhin treffen, einander mögliche Neuigkeiten mitteilen und die Wahrheit
herausfinden, bevor es zu spät war. Vermutlich war es
das Beste, überlegte sie, alle zukünftigen Treffen an un-
terschiedlichen Orten abzuhalten, sodass der Killer keine
Möglichkeit hatte, ihnen eine Falle zu stellen.

Doch als Kitty nach dem Fitnessstudio auf ihre Straße
einbog, bereute sie ihren Entschluss sofort. Vor ihrem
Haus parkte ein Polizeiwagen.

Sie bekam Panik. Hatte die Polizei in der Lagerhalle
ihre Fingerabdrücke gefunden? Hatten sie den Brand zu
ihr zurückverfolgt? Wussten sie, dass Kitty die Anführerin von DGM war? Sollte sie den Rückwärtsgang ein-
legen und sich vom Acker machen, bevor sie jemand bemerkte?

Sie überlegte fieberhaft, ob sie sich für Kampf oder
Flucht entscheiden sollte, da flog die Seitentür auf, und
Sophia und Lydia stolperten heraus.

«Da bist du ja!», rief Sophia und rannte auf ihr Auto zu.
«Da ist ein Polizist im Wohnzimmer!»

«Ist das nicht irre?», fragte Lydia und strahlte Kitty mit geröteten Wangen an.

Kitty seufzte und schaltete den Motor aus. Irre war nicht unbedingt das Wort, das sie gewählt hätte.

Sie stieg aus dem Wagen und versuchte, so gelassen und desinteressiert zu wirken wie möglich. «Warum ist die Polizei denn hier?»

«Es geht um das Feuer in Onkel Jers Lagerhalle», sagte Lydia. Ihre Augen waren vor Aufregung ganz groß. «Sie befragen Mom dazu.»

«Wieso denn Mom?» Kittys Mutter arbeitete in Teilzeit in der Lagerhalle ihres Schwagers und kümmerte sich um die Buchhaltung, aber sie war gestern Abend nicht einmal dort gewesen. Warum sollte sie etwas wissen, das für die Polizei hilfreich wäre?

«Glaubst du, dass sie Mom verhaften?», fragte Sophia mit einer kaum zu überhörenden Portion Schadenfreude.

«Natürlich nicht!», sagte Kitty.

«Aber dann könnten wir zu Flüchtlingen werden», fuhr Sophia verträumt fort. «Auf der Flucht vor dem Gesetz.»

«Und wir müssten unseren Namen ändern», überlegte Lydia, die von dem neuen Rollenspiel ebenfalls sofort hingerissen war.

«Und uns die Haare abschneiden.»

«Und nach New Mexico ziehen.»

Normalerweise fand Kitty die blühende Phantasie ihrer Schwestern unterhaltsam, aber diese Vorstellung traf doch ein wenig zu sehr ins Schwarze. «Geht rein», sagte sie und zog ihren Seesack vom Rücksitz. «Und lasst Mom in Ruhe.»

Doch stattdessen flitzten die beiden Mädchen an Kitty

vorbei die Auffahrt hinunter. «Wir gehen zu Yolanda und erzählen es ihr!», rief Lydia.

Na toll.

Ein Teil von Kitty wäre am liebsten hinterhergelaufen, nur um irgendwo anders zu sein als im unmittelbaren Umfeld eines Polizisten der Elitetruppe von Menlo Park. Aber ihr war klar, dass es das Beste war, sich ganz unbeteiligt zu geben, und so warf sie sich ihren Seesack über die Schulter und schlenderte ins Haus.

«Mom?», rief sie in ruhigem Ton, in dem eine Spur Sorge mitschwang. «Ich habe Sophia und Lydia vor dem Haus getroffen. Ist alles okay?»

«Hallo, Kitty», sagte eine vertraute Stimme, als sie um die Ecke ins Wohnzimmer kam. Kitty spürte, wie ihre Hände feucht wurden. Sergeant Callahan stand mit seinem Notizbuch in der Hand vor dem Kamin. «Schön, dich wiederzusehen.»

Schön, mich wiederzusehen? Sergeant Callahan hatte erst ein einziges Mal mit ihr gesprochen, das war, als die Polizei nach dem Mord an Ronny DeStefano eine Massenbefragung in der Schule durchgeführt hatte. Er musste an dem Tag Dutzende von Jugendlichen befragt haben. Wieso erinnerte er sich also an sie?

«Äh, ja», murmelte Kitty. «Gleichfalls.»

«Ich stelle deiner Mom nur ein paar Routinefragen zu dem Brand in der Lagerhalle deines Onkels.»

«Oh.» Sie sah ihre Mom an, die vollkommen bewegungslos kerzengerade auf dem Sofa saß und die Hände artig im Schoß gefaltet hatte.

Sergeant Callahan lächelte breit. «Du weißt nicht zufällig etwas darüber, oder?»

Er tat entwaffnend heiter, aber sein scharfer Blick ruhte auf Kittys Gesicht. Sie konnte seinen Ausdruck nicht lesen. Stocherte er nur im Trüben? Oder hegte er tatsächlich einen Verdacht gegen sie?

Sie kämpfte gegen den Drang, den Blick abzuwenden. «Nein.»

Sein Lächeln wurde noch breiter. «Natürlich nicht. Ich habe auch nicht damit gerechnet, dass du mir etwas mitzuteilen hast.»

Etwas an seinem Tonfall, die bemühte Fröhlichkeit und auch die Wortwahl, machte Kitty nervös. Sie wollte diesen Raum unbedingt verlassen. «Ich kriege gleich Besuch von ein paar Leuten aus meinem Jahrgang», sagte sie, an ihre Mutter gewandt. «Um an einem Projekt für die Schule zu arbeiten. Ist das okay?»

«Natürlich», sagte ihre Mom mit einem blassen Lächeln. «Um sieben gibt es Abendessen. Sag mir Bescheid, ob sie mitessen möchten.»

«Ich halte Sie auch nicht mehr lange auf, Mrs. Wei.»

Sergeant Callahan sagte nichts weiter, bis Kitty den Flur hinunter in ihr Zimmer gegangen war. Nicht dass sie die Absicht gehabt hätte, tatsächlich dortzubleiben. Sie zog die Tür laut genug hinter sich zu, um den Polizisten glauben zu lassen, dass sie außer Hörweite war. Dann schlich Kitty so leise sie konnte durch das Bad, das ihr Zimmer mit dem ihrer Schwester verband, stieg über Barbies und Bauteile einer Spielzeugritterburg zur Tür und lauschte. Es war eine gute Chance, herauszufinden, was Sergeant Callahan wusste.

«Und Ihnen fällt niemand ein, der etwas gegen Ihren Schwager oder sein Unternehmen gehabt haben könnte?»

«Er entwirft und importiert maßgefertigte Möbel», sagte Kittys Mom mit einer Spur Verachtung in der Stimme. «Keine Metamphetamine.»

«Verärgerte Kunden?», bohrte Sergeant Callahan. «Ehemalige Mitarbeiter?»

«Da gibt es meines Wissens niemanden.»

Sergeant Callahan schwieg, und Kitty stellte sich vor, wie er gerade etwas in sein geliebtes Notizbuch kritzelte. «Gibt es etwas, das ich über die Finanzen der Firma wissen sollte?», fragte er dann.

«Ich verstehe nicht, was Sie damit meinen.»

«War sie verschuldet? Drohte Ihrem Schwager der Verlust des Unternehmens?»

«Keineswegs», sagte Mrs. Wei schnippisch.

«Ich muss mir trotzdem die Firmendaten ansehen», fuhr er fort. «Sie haben doch sicher irgendwo ein Backup?»

«Ja.» Kitty hörte das Sofa quietschen, als ihre Mom das Gewicht verlagerte. «In der Lagerhalle.»

«Wie praktisch.»

Kitty biss die Zähne zusammen. Der Sarkasmus in Sergeant Callahans Stimme gefiel ihr nicht.

«Wollen Sie damit andeuten, dass mein Schwager absichtlich Feuer gelegt hat?», brachte ihre Mutter die Sache auf den Punkt.

«Ich will gar nichts andeuten», antwortete Sergeant Callahan trocken. «Aber Ihr Schwager hat seine Firma relativ hoch versichert, und die Brandermittler haben am Tatort Spuren eines bekannten Brandbeschleunigers gefunden.»

«Und das heißt?»

«Das heißt, dieses Feuer war kein Unfall.» Kitty hörte, wie sich die Haustür öffnete. «Einen schönen Tag, Mrs. Wei.»

NEUNZEHN

Das ist so aufmerksam von dir, extra einen Empfang durch die Polizei für uns zu organisieren.» Ed machte es sich auf dem Schreibtischstuhl in Kittys Zimmer bequem. Das Letzte, womit er bei den Weis gerechnet hatte, war der Anblick von Sergeant Callahan, der gerade aus dem Haus kam.

Olivia saß im Schneidersitz neben Kitty auf dem Bett. «Ich habe mich auch erschrocken. Ist alles okay?»

Kitty nickte. «Er hat meine Mom zu dem Brand im Lager befragt. Sie glauben, dass mein Onkel das Feuer gelegt hat.»

«Oh nein», flüsterte Olivia.

Ed stieß einen Pfiff aus. «Schwere Brandstiftung wird mit mindestens zehn Jahren Gefängnis bestraft, außerdem würde damit seine Versicherung nicht einspringen.»

Kitty sank in sich zusammen. «Danke. Nicht sehr hilfreich.»

«Entschuldigung.»

«Außerdem hatte ich das Gefühl, er verdächtigt mich vielleicht», fuhr Kitty mit zusammengezogenen Augenbrauen fort.

Olivia schnappte nach Luft. «Das Feuer gelegt zu haben? Oder Mitglied von DGM zu sein? Ronny und Coach Creed getötet zu haben und ...»

«Weiß ich nicht», unterbrach Kitty sie. «Es schien so,

als wüsste er, dass ich etwas verheimliche. Ist aber nur so ein Gefühl.»

Ed setzte sich in seinem Stuhl auf. Kitty glaubte, Sergeant Callahan sei ihr auf den Fersen? Das war gar nicht gut. Aber er war hier der Rationale, mahnte er sich. Er musste sie beruhigen. «Wenn er wirklich denken würde, dass du etwas damit zu tun hast», sagte er wegwerfend, «hätte er dich doch längst zu einem Verhör einbestellt, meinst du nicht?»

«Vermutlich.»

Er lachte kurz auf und hoffte, dass es nicht zu gezwungen klang. «Ich meine, das hier ist eine Mordermittlung, hübsch garniert mit etwas Brandstiftung. Ich glaube nicht, dass er um den heißen Brei herumtanzen würde, wenn er einen Verdacht hätte.»

«Vielleicht.» Kitty sah nicht recht überzeugt aus. «Wie auch immer. Lasst uns einfach anfangen, ja?»

«Okay», sagte Ed, dankbar, das Thema wechseln zu können. «Ich habe was, das euch aufheitern wird. Ich war heute Nachmittag bei der Hayward Kläranlage und habe meinem alten Kumpel Xavier einen Besuch abgestattet. Wollte ihn einfach gern mal bei der Arbeit sehen.»

«Und, wie war's?», fragte Kitty.

«Unglaublich. Er hat im wörtlichen Sinn die Scheißaufsicht, wohlwollend könnte man sogar sagen, er sitzt in der Scheiße.» Ed seufzte. «Das zu sehen, war vielleicht der beste Moment in meinem jungen Leben.»

«Ich meine», sagte Kitty, «hast du irgendwas herausgefunden? Könnte er hinter alldem stecken?»

«Ich hatte nicht die Gelegenheit, mit ihm in Kontakt zu treten.» Ed zuckte bedauernd die Schultern. «Aber ich

145

bin ihm bis nach Hause gefolgt. Er lebt bei seiner Mutter, was statistisch gesehen dafür spricht, dass er ein Serienmörder ist.»

Kitty wandte sich an Olivia. «Vielleicht könntest du da weiterkommen? Xavier zeigt sich vielleicht empfänglich für, äh, eine Annäherung.»

«Ich kann es mal versuchen.» Olivia schaute wenig begeistert. «Ich bin heute schon von Maxwell Gertler sexuell belästigt worden. Viel schlimmer kann es wohl nicht werden.»

«Du hast den Gertlers einen Besuch abgestattet?», fragte Kitty.

Auch Ed sah Olivia gespannt an.

«Ja!» Sie setzte sich mit neuer Energie auf. «Ich habe beim Theaterkurs mit Logan geredet, und er glaubt, die Gertlers bei der Premiere im Publikum gesehen zu haben.»

«Ist er sich sicher, dass sie es waren?» In Kittys Stimme schwang Verzweiflung.

«Ich glaube schon», sagte Olivia. «Man kann von der Bühne aus nicht so gut in den Zuschauerraum sehen, wegen der Scheinwerfer, aber er kennt die zwei, denn sie arbeiten ja in dem Surfladen, wo er sein Brett wachsen lässt …»

Ed grinste schief. «Wie unanständig das klingt.»

«… und er war sich ziemlich sicher, dass sie es waren», fuhr Olivia unbeeindruckt fort. «Als ich die Sprache darauf brachte, haben sie abgestritten, dort gewesen zu sein, aber sie wurden verdächtig sauer dabei.»

«Großartig», sagte Kitty. «Noch mehr mögliche Verdächtige. Dafür können wir Wendy Marshall auf alle Fälle von der Liste streichen.»

«Du hast mit ihr geredet?», fragte Olivia.

«Ich bin ihr im Fitnessstudio» – Kitty malte mit den Fingern Anführungszeichen in die Luft – «zufällig in die Arme gelaufen. Wie es scheint, verkauft sie jetzt online LARP-Fanfiction. Sagte was von hunderttausend Downloads.»

Ed hob die Augenbraue und legte den Kopf schief. «Hat sie schon einen Freund?»

«Du bist nicht ihr Typ», versetzte Kitty.

«Nachdem sie ein paar Jahre wegen Mordes im Gefängnis verbracht hat», sagte Ed und formte mit den Fingern seine üblichen Pistolen, «bin ich es vielleicht doch.»

«Gefängnis …», wiederholte Olivia langsam, als riefe das Wort eine Erinnerung wach. Dann sog sie heftig die Luft ein. «Oh mein Gott! Ich habe ganz vergessen, es euch zu sagen. Bree wurde aus dem Jugendknast entlassen!»

«Was?», riefen Ed und Kitty gleichzeitig.

«Sie steht unter Hausarrest, aber sie ist aus dem Knast raus. Das ist gut, oder?»

Kitty ließ sich auf den Rücken in die Kissen fallen. «Das ist die beste Nachricht seit Tagen.»

«Und wie kommst du zu dieser Information?», fragte Ed.

Olivia lächelte verlegen. «Ihr müsst mir versprechen, dass ihr nicht sauer werdet.»

«Sauer?», fragte Kitty.

«Ja. John hilft mir herauszufinden, was Amber in der Nacht gemacht hat, in der Ronny getötet wurde.»

«Ach, stimmt», sagte Ed belustigt. «Amber kriegt ein feuchtes Höschen, wenn sie an John Baggott denkt. Bree wird begeistert sein. Ich sollte Wetten annehmen, wer den Kampf um den coolen JB gewinnt.»

Olivia warf ihm einen vorwurfsvollen Blick zu. «Das hier ist ernst, Ed.»

Kittys Augen verengten sich. «Du hast John von Amber und Ronny erzählt?»

«War er vor ungefähr einer Woche nicht noch ein Verdächtiger?», stimmte Ed ihr zu.

«Bree vertraut ihm», sagte Olivia. «Genug, um ihn mit uns Kontakt aufnehmen zu lassen, während sie für uns unter Hausarrest steht. Ich fand das einen guten Grund, ihn einzuschwören.»

Ed lachte. «Find ich toll. Ich war es sowieso allmählich leid, der einzige Penis hier zu sein.»

Kitty funkelte ihn an. «Was du auf jeden Fall bleiben wirst, ist der einzige Schlappschwanz.»

Er neigte zustimmend den Kopf. «Touché.»

«Aber ich habe sogar noch bessere Neuigkeiten», unterbrach sie Olivia und verschränkte die Hände ineinander. «Gestern in der Sportstunde habe ich mir Rex' Telefon geschnappt. Er und Christopher Beeman hatten in der sechsten Klasse irgendeine Art von Affäre.»

«So etwas, wie Christopher es in seinen E-Mails mit Ronny erwähnt hat?», fragte Kitty.

«Genau so etwas.»

«Rex Cavanaugh.» Ed schnaubte. «Die größten Arschlöcher haben die größten Geheimnisse.»

Kitty kaute auf ihrer Lippe herum. «Also hat Ronny herausgefunden, dass Christophers Affäre damals Rex war, und ihn damit erpresst.»

«Genau», sagte Olivia. «Und ich bin mir ziemlich sicher, dass Amber in der Nacht, als Ronny umgebracht wurde, versucht hat, sein Schweigen zu erkaufen.»

«Womit?», fragte Ed. «Bargeld? Aktien?» Er ließ seine Augenbrauen auf und ab hüpfen. «Sexuelle Dienstleistungen?»

Olivia verzog angewidert das Gesicht. «Nein, stilvoller. Mit einer Rolex von ihrem Dad.»

«Entschuldige.» Ed legte die Hand hinters Ohr. «Sagtest du *eine* Rolex? Von vielen?»

«Jep.»

Ed beugte sich vor. «Und hat sie schon einen Freund?»

Kitty stand auf und begann im Zimmer auf und ab zu gehen. «Ed, wenn Amber dir eine Tausend-Dollar-Uhr geben würde …»

Ed schnaubte. «Versuch's mal mit Zehntausend.»

Olivias Augen weiteten sich. «*So viel?*»

«So viel.»

«Oh Gott.»

«Okay», sagte Kitty und holte tief Luft, «wenn Amber dir eine Zentausend-Dollar-Uhr geben würde, was würdest du damit machen?»

«Sie mir ums Handgelenk schnallen und bis zu meinem letzten Atemzug nie wieder abnehmen», sagte Ed, ohne zu zögern.

Kitty kaute wieder auf ihrer Lippe. «Olivia, erinnerst du dich an die Tatortfotos, die Margot uns gezeigt hat?»

«Margot hat die Datenbank des Kriminallabors gehackt?», fragte Ed. Er hatte gewusst, dass sie gut war, aber nicht so gut.

Olivia nickte. Ihr Gesicht war plötzlich ganz blass. «Wir haben …» Sie schluckte. «… die Leiche gesehen.»

«Ich wünschte, Margot wäre hier», stöhnte Kitty. «Wir müssen uns diese Fotos noch mal ansehen.»

«Pfff», machte Ed. Er richtete sich im Schreibtischstuhl auf und zog seinen Laptop aus dem Rucksack. Margot war hier nicht die Einzige mit Hacker-Qualitäten.

«Glaubst du, du kannst das?» Kitty klang skeptisch.

Statt zu antworten, stellte Ed den Laptop auf ihren Schreibtisch und rollte seine kabellose zweite Tastatur aus. Dann machte er sich an die Arbeit. Die Mädchen platzierten sich rechts und links von ihm und blickten gespannt auf den Bildschirm. Innerhalb von Minuten hatte er die Datenbank des Kriminallabors geöffnet. Alle offenen Fälle waren mit Datum und dem Namen des Opfers aufgelistet. Seine Augen überflogen die Liste und ruhten für einen Sekundenbruchteil auf einem Ordner namens «Mejia».

Verdammt. Ihm hätte klar sein müssen, dass sie sich in der Polizeidatenbank befand. Er konnte nur hoffen, dass keiner der beiden Margots Ordner bemerkt hatte. Kitty und Olivia sollten auf keinen Fall sehen, was sich darin befand. Ed scrollte schnell hinunter, sodass der Mejia-Ordner aus dem Fenster verschwand, dann fand er den DeStefano-Fall.

«Okay», sagte Kitty langsam und beugte sich zum Bildschirm vor. «Wir suchen nach Fotos, die Ronnys Handgelenke zeigen.»

Ed scannte die aufgelisteten Miniaturansichten und erschauerte beim Anblick von Ronnys leblosem Körper. Sosehr der Kerl es auch verdient haben mochte, für seine Handlungen zu bezahlen, die harte Realität dieses Tatorts hätte Ed nicht zu sehen brauchen. Am unteren Ende der ersten Seite stieß er endlich auf ein Bild, auf dem scheinbar ein Arm zu sehen war.

Als er das Foto vergrößerte, schnappten alle drei nach Luft.

«Heilige Scheiße!», flüsterte Ed. Da lag Ronnys Körper mit dem Gesicht nach unten auf dem Bett. Ob es überhaupt noch ein Gesicht gab, konnte Ed nicht abschließend beurteilen, denn von seinem Kopf war nach dem Angriff nicht viel übrig geblieben. Es war mehr eine blutige Masse von Haaren und Hirngewebe, das über die Laken, die Kissen und das Kopfteil seines Bettes verspritzt war. Ed zwang sich, den Blick von dem Massaker zu lösen und sich stattdessen Ronnys Arm zuzuwenden, der seitlich auf der Matratze ausgestreckt lag.

«K-keine Rolex an seiner rechten Hand», sagte er und schloss die vergrößerte Ansicht schnell wieder.

Kitty stieß einen Seufzer aus. «Okay. Ich habe beinahe Angst zu fragen, aber gibt es Fotos von seiner linken Hand?»

Ed scrollte schnell und ließ seinen Blick nie länger als einen Sekundenbruchteil auf einem der Fotos ruhen. Irgendwo zwischen Seite zwölf und fünfzehn fand er endlich, wonach sie suchten. Das Foto, dass sich auf dem Bildschirm öffnete, zeigte Ronnys linke Hand, die auf einer weißen Karte platziert worden war, auf der in schwarzer Schrift, die an eine alte Schreibmaschine erinnerte, die Buchstaben «DGM» geschrieben standen.

«Verdammt», sagte er. «Irgendjemand versucht scheinbar wirklich, euch das in die Schuhe zu schieben.»

«Keine Uhr», stellte Olivia fest. «Er hat sie nicht getragen, als er umgebracht wurde.»

«Oder der Killer hat sie ihm abgenommen», überlegte Kitty.

Oder ein Polizist, ergänzte Ed in Gedanken. Seitdem er herausgefunden hatte, dass der Mörder die Mädchen absichtlich auf Christophers Fährte hatte führen wollen, und seitdem er dann auch noch auf die Verbindung von Christophers Eltern zur Polizei gestoßen war, trat er den Beamten noch skeptischer gegenüber als ohnehin schon.

Kitty tippte ihn an. «Gibt es eine Möglichkeit, an das Beweismittelverzeichnis von Ronnys Zimmer zu kommen?»

Ed nickte, klickte sich zum Hauptordner zurück und sah sich die letzten Dateien an. «Dein Wunsch ist mir Befehl», sagte er dann ritterlich und öffnete die gewünschte Liste.

Olivia, Kitty und Ed durchforsteten sorgfältig das Verzeichnis aller Gegenstände, die aus Ronnys Zimmer entfernt worden waren, einschließlich der Kleidung, die er am Leib getragen hatte. Einer fehlte definitiv: die Rolex.

«Der Killer muss die Uhr gestohlen haben», sagte Olivia mit Grabesstimme. «Machen Serienmörder so etwas nicht? Eine Erinnerung mitnehmen?»

Ed schloss die Liste und klickte sich zurück. Er war in Gedanken versunken. Konnte die Rolex von einem Polizisten eingesteckt worden sein, bevor sie als Beweismittel aufgenommen wurde? Absolut. Und wenn das der Fall war, hatte derjenige aus Habgier gehandelt? Oder versuchte tatsächlich jemand – ein Verwandter der Familie Beeman beispielsweise – aktiv, die Ermittlungen zu behindern? Aber warum?

Weil er möglicherweise der Mörder ist.

Ed räusperte sich. «Finden wir die Uhr», sagte er, «finden wir den Täter.»

«Das kann gut sein. Er scheint definitiv auf …» Kitty

verstummte. Sie starrte auf den Bildschirm. «Was ist das da?»

«Was ist was?» Ed folgte ihrem Blick und sah, dass er wieder auf der Übersicht der offenen Fälle gelandet war. *Du Vollidiot.*

Kitty tippte mit dem Finger auf den Bildschirm. «Das.» Sie zeigte auf den Ordner namens «Mejia».

«Ach, nichts, das wir nicht schon wüssten», sagte Ed in dem Versuch, sie abzulenken. «Ich meine, ihr wart doch da, bei der Premiere. Worauf wir uns jetzt konzentrieren müssen, ist …»

«Öffne das!», befahl Olivia. «Vielleicht finden wir einen Hinweis, den wir übersehen haben. Etwas, das die Polizei nicht erkennt.»

«Ich glaube kaum, dass die geschätzten Beamten des Menlo Police Department unsere Hilfe …»

«Ed!», riefen Olivia und Kitty wie aus einem Mund.

«Na gut.» *Ed, du bist ein Trottel.* Er öffnete die Datei und lehnte sich in Kittys Schreibtischstuhl zurück.

Kitty und Olivia beugten sich über den Tisch und scrollten durch die Fotos, während Ed den Blick abwandte. Er sah Margots bewusstlosen Körper in Gedanken vor sich, er brauchte ihn nicht noch in 300 dpi.

«Halt!», rief Olivia plötzlich. «Zurück.»

Ed warf einen Blick auf seinen Laptop, als Kitty zurückscrollte. Nach wenigen Fotozeilen zeigte Olivia auf den Bildschirm. «Da!»

Was Kitty vergrößerte, war ein Bild von Margots Script als Souffleuse, aufgeschlagen bei der letzten Szene, und es war deutlich zu sehen, dass an der Ecke der rechten Seite ein großzügiges Stück abgerissen worden war.

153

«Eine zerrissene Seite in einem Skript?», fragte Ed und bemühte sich, gelangweilt zu klingen. «Wow. Große Sache.»

«Ich habe Margot dieses Skript ein dutzend Mal durchgehen sehen», sagte Olivia. «Sie war fast schon pedantisch ordentlich. Dieses Stück hat vor der Premiere auf keinen Fall gefehlt.»

«Das beweist doch nichts», sagte Kitty. Sie schloss das Fenster und richtete sich auf. «Außer vielleicht, dass sie es abgerissen hat, als sie angegriffen wurde.»

«Mag sein», gab Olivia zu. «Aber es kommt mir komisch vor.»

«Ladys», Ed rollte seine Tastatur auf, «es wird spät, und Ed the Head braucht seinen Schönheitsschlaf.»

«Okay», sagte Kitty. «Eins noch, bevor ihr geht: Gibt es was Neues zu Tammi Barnes oder Christophers Familie?»

«Nein», antwortete Olivia.

Kitty sah Ed an.

«Nichts», log er.

«Dann suchen wir weiter.» Kitty nickte bekräftigend. «Und wir treffen uns Freitagabend wieder. Einverstanden?»

Ed zögerte nicht. «Einverstanden.»

Kitty stand auf. «Komm, Olivia, ich fahre dich nach Hause.»

Olivia war eigenartig bedrückt, als sie Kitty durch die Küche nach draußen zu ihrem Wagen folgte. Gestern Nachmittag war sie in einer solchen Hochstimmung gewesen, als sie die Verbindung zwischen Amber, Rex und Ronny erkannt hatte, aber selbst mit der unglaublichen

Information über die Rolex schienen sie genauso weit entfernt davon, den Mörder zu finden, wie sie es noch vor ein paar Tagen gewesen waren. Die Hoffnungslosigkeit, die nach dem Bangers-and-Mosh-Konzert von ihr Besitz ergriffen hatte, drohte sie erneut zu überwältigen. Aber sie durfte nicht aufgeben. Sie musste fokussiert bleiben und all ihren Mut zusammennehmen, um weiterzukämpfen.

Empfanden Kitty und Ed auch diese Leere, die Olivia am liebsten aufgeben ließ? Es schien so. Keiner von ihnen sagte ein Wort, als sie nach draußen zu ihren Autos gingen.

Bis Kitty die Fahrertür ihres Camry öffnete. Sie stieß einen kurzen Schrei aus.

«Was ist?», fragte Olivia erschrocken.

«Was zum Teufel …?», rief Ed von der anderen Straßenseite. Er stand vor seiner geöffneten Wagentür und starrte ebenfalls auf den Fahrersitz.

Olivia wurde übel. Sie wollte nicht ins Auto blicken, sie wusste, was sie sehen würde. Aber ihre Augen gehorchten ihr nicht.

Dort, auf dem Beifahrersitz von Kittys Wagen, lag ein brauner Umschlag mit ihrem Namen darauf.

«Habt ihr beide auch einen bekommen?», fragte Ed.

«Jep», antwortete Kitty mit ausdrucksloser Stimme.

Olivia blickte durch das Fenster auf den Umschlag. Alles in ihr wehrte sich dagegen, ihn zu öffnen oder auch nur zu berühren, als würde erst das ihn real machen.

Kitty hatte ihren bereits vom Sitz genommen und aufgerissen. «Es ist eine Nachricht», sagte sie.

«Möchte ich wissen, was da steht?», fragte Olivia.

Ed kam über die Straße zu ihnen herüber. «Nein, aber du wirst es erfahren.»

Er hielt ihr einen schreibmaschinenbeschriebenen Zettel vors Gesicht.

```
Ich werde alles zerstören,
      was du liebst.
```

ZWANZIG

Kitty war müde und erschöpft, als sie in der ersten Stunde am Donnerstagmorgen den Raum ihres Leadership-Kurses betrat. Nicht nur hatte sich beim Anblick des braunen Briefumschlags in ihrem Wagen auch ihr letztes bisschen Hoffnung in Luft aufgelöst; seit Sergeant Callahans Besuch bei ihrer Mutter raubte ihr die Tatsache, dass ihr Onkel wegen Brandstiftung angezeigt werden könnte, zusätzlich den Schlaf.

Der Mörder hatte es nicht mehr nur auf DGM abgesehen. Er wollte alles zerstören, was sie liebten.

Kitty ließ sich auf ihren Stuhl fallen. Sie war so in Gedanken versunken, dass das vibrierende Telefon in ihrer Tasche erst nach einigen Sekunden in ihr Bewusstsein drang.

Schnell zog Kitty ihr Handy heraus und sah, dass sie eine neue E-Mail hatte. Sie stammte von einem Bishop-DuMaine-Account und war über den Schulserver geschickt worden, der Betreff lautete: UNBEDINGT LESEN.

Schon wieder neue Sicherheitsregeln? Meistens ging es in Mitteilungen wie dieser um irgendwelche Änderungen der DuMaine-Vorschriften.

Sie öffnete die Mail. Sie bestand aus einer einzigen Zeile. Kitty erkannte die Web-Adresse eines Videoportals, das Pater Uberti oft benutzte, um Inhalte für die gesamte Schulgemeinschaft zur Verfügung zu stellen, üblicherweise irgendwelchen katholischen Bildungskrempel oder Neuigkeiten vom Papst. Ohne darüber nachzudenken, klickte sie auf den Link.

Beinahe augenblicklich startete ein Video, aber statt des Papstes oder Pater Ubertis schmieriger Gestalt hinter seinem riesigen Schreibtisch war eine Geburtstagsparty zu sehen.

Hä?

Ungefähr zwei Dutzend Teenager lungerten in einem luxuriösen Wohnzimmer herum – manche auf Sofas und Sesseln, andere hatten es sich auf dem Teppich bequem gemacht. Alle sahen schrecklich gelangweilt aus. Der Raum um sie herum war riesig und teuer möbliert, der Kamin allein war so groß, dass eine vierköpfige Familie darin locker hätte zu Abend essen können. Darüber hing ein beeindruckendes Ölgemälde in einem aufwendig verzierten Goldrahmen, das eine Jagdszene zeigte. Rechts und links des Kamins stand je eine gigantische Vase, und am oberen Rand des Videobildes konnte Kitty Elemente eines Kristallleuchters erkennen.

Eine Frau in hohen Absätzen und einem winzigen Minikleid trat vor den Kamin. Ihr Haar sah professionell geföhnt aus, und Diamanten glitzerten an ihren Ohren.

«Seid ihr alle bereit für den Höhepunkt unserer Party?», rief die Frau aufgeregt.

«Jo», sagten ein paar der Teenager wenig begeistert.

«Hervorragend!» Sie schien die gelangweilte Stimmung nicht zu bemerken. «Wo ist mein süßer kleiner Geburtstagsjunge?»

Im vorderen Teil des Zimmers kam eines der Kids auf die Füße. Obwohl Kitty sein Gesicht nicht sehen konnte, spürte sie sein offenes Desinteresse, als er auf seine Mutter zuschlurfte.

«Mach schnell, Baby!», flötete sie und lachte. Ein helles, klingelndes Lachen, das Kitty an eine silberne Essensglocke erinnerte.

Der Junge ignorierte sie, war wenig später aber ohnehin am Kamin angekommen. Seine Mutter umfasste freudig seine Schultern und drehte ihn zur Kamera um. Kitty schnappte nach Luft. Sie kannte dieses Gesicht. Es war im Video noch um einiges jünger, hatte aber bereits seinen herablassenden, höhnischen Ausdruck. Sie musste sich den Jungen nur älter, wütender und definitiv arschlochmäßiger vorstellen, und schon sah Kitty Rex Cavanaugh vor sich.

«Und jetzt zum Höhepunkt!», kündigte Mrs. Cavanaugh an. «Direkt aus Montreal und eigens zum dreizehnten Geburtstag meines kleinen Lieblings eingeflogen, der Star von Le Pitre Triste, dem neuen Erfolgsprogramm des Cirque du Soleil, Marcel Fontanable!»

Rex zuckte erschrocken zurück, als ein über zwei Meter großer Clown im viktorianischen Clownsgewand ins Wohnzimmer sprang. Er trug eine kahle Perücke, von der ringsherum leuchtend rotes Haar abstand, sein Gesicht war eine weiße Maske mit dramatischen knallrosa Dreiecken auf den Wangen und über den Brauen, und seine weit aufgerissenen Augen leuchteten aus tiefschwarz geschminkten Höhlen. Seine Lippen schimmerten blau, als hätte er die Nacht in einem Gefrierschrank verbracht, und waren so groß gemalt, dass es aussah, als hätte er sie sich extra für heute frisch aufspritzen lassen.

Sein Kostüm bestand aus einer engen, gepunkteten

Jacke mit schlaffem Stehkragen und einer gerüschten Pluderhose. Das verrückte Outfit wurde von riesigen Schnürstiefeln abgerundet, und als er sich zu bewegen begann, begriff Kitty, dass seine enorme Größe vermutlich auf kurze Stelzen unter seinen Füßen zurückging, die von den Stiefeln verborgen wurden.

Marcel vollführte eine Pirouette, warf neben Rex' Kopf ein Bein in die Luft, sprang hoch und landete mit weit ausgebreiteten Armen im Spagat vor dem Kamin. Aus seinen Handflächen schlugen bunte Flammen.

Das Publikum klatschte mit deutlich mehr Begeisterung, als es bisher an den Tag gelegt hatte. Alle freuten sich und sahen dem Clown lachend zu. Alle, bis auf Rex. Kitty konnte sehen, wie seine Knie zitterten, sein Kinn bebte, sein Gesicht tomatenrot wurde.

Entweder seine Mutter bemerkte es nicht, oder es war ihr egal. Sie kreischte entzückt, als Clown Marcel aus seinem Spagat emporschnellte, als hätte ein unsichtbares Band ihn hochgezogen, wie ein Betrunkener durch das Wohnzimmer torkelte und dann einen Cupcake mit einer funkelnden Wunderkerze darauf hervorzauberte und Rex vor die Nase hielt.

Es war, als stände die Zeit still. Der Clown, Mrs. Cavanaugh und alle versammelten Teenager sahen Rex gespannt an und warteten darauf, dass er den Cupcake entgegennahm. Und als alle Blicke so auf ihm ruhten, begann sich ein dunkler Fleck im Schritt von Rex' Chinohose auszubreiten. Er wuchs seine Hosenbeine hinunter, während Rex bloß wie gelähmt dastand.

Der arme Clown wusste nicht, was er tun sollte. Er fiel aus der Rolle und blickte verwirrt zwischen Rex und seiner Mutter hin und her. Die versammelten Teenager begannen zu kichern und mit dem Finger auf Rex' Hose zu zeigen.

Es war, als wäre ein Schalter umgelegt worden. Rex wurde kreidebleich, stampfte wütend mit dem Fuß auf, ballte die Fäuste, schrie «Ich hasse euch!» und stürzte aus dem Zimmer.

Das Video wurde schwarz, aber nur für einen Moment. Dann erschien ein Bild auf ihrem Display, das Kittys Hände eiskalt werden ließ.

Schwarze Schrift auf weißem Grund.

DGM.

«Was zum Teufel ist das?», fragte jemand.

«Keine Ahnung», lautete die Antwort aus einer anderen Ecke.

Kitty blickte auf und bemerkte, dass mittlerweile fast jeder Tisch im Klassenraum besetzt war. Auch Rex, Kyle und Tyler hatten vorne ihre Plätze eingenommen. Jeder hielt sein Telefon in der Hand und hatte die anonyme E-Mail geöffnet.

«Ich hab's auch bekommen», sagte Tyler und sah zu seinen Kumpels hinüber.

«Glaubst du, es ist vom DGM?», fragte Kyle.

«Nö.» Rex warf seine Haare zurück. «Die Schlampe ist doch im Knast.»

Fast gleichzeitig öffneten Rex, Kyle und Tyler den Link.

Kitty versuchte mit aller Kraft, den Blick von Rex' Gesicht abzuwenden, aber sie konnte nicht. Es war, als würde man ein Zugunglück in Zeitlupe beobachten: Man weiß, das Blutbad wird unerträglich sein, aber man schafft es nicht einmal zu blinzeln, geschweige denn wegzusehen. Um sie herum quäkten die Stimmen von Mrs. Cavanaugh und den Geburtstagsgästen bereits aus einem Dutzend Telefone.

«Seid ihr alle bereit für den Höhepunkt?»

«Jo.»

«Seid ihr alle bereit für den Höhepunkt?»

«Jo.»

Jeder aus dem Leadership-Kurs hatte die E-Mail erhalten. Sie musste tatsächlich an die ganze Schule gegangen sein.

«WHAT THE FUCK?», brüllte Rex. Er sprang auf die Füße, sein Stuhl polterte hinter ihm zu Boden. Sein Gesicht war tiefrot angelaufen und wurde von Sekunde zu Sekunde dunkler, seine freie Hand war zur Faust geballt. Was wollte er tun, den Verantwortlichen für diese Erniedrigung verprügeln?

Er sah genauso aus wie der dreizehnjährige Rex in dem Video. Sein wilder Blick schoss wütend durch den Raum, suchte nach jemandem, dem er die Schuld geben konnte. «Wer zum Teufel war das? Hä? Ich werde ihn verdammt noch mal umbringen!»

«Das ist doch nicht wahr, das nimmt doch sowieso niemand ernst», sagte Tyler in dem Versuch, seinen tobenden Anführer zu beschwichtigen.

«Ja», pflichtete ihm Kyle bei, «es ist ein Fake, oder?»

Ohne sie zu beachten, beugte Rex sich vor und warf mit beiden Händen sein Pult um, er tat es mit solcher Gewalt, dass es einige Meter durch den Raum flog. Dann stürmte er hinaus und schlug die Tür hinter sich zu.

«Ich schätze, das war seine Antwort.»

Kitty wandte sich um und sah, dass Mika lächelte. Sie machte den Eindruck, als bereitete ihr Rex' Blamage größtes Vergnügen, so wie vermutlich 99 Prozent aller Schüler.

Kitty schüttelte langsam den Kopf. «Das kann nicht sein.» Ihre Stimme klang eigenartig, krächzend und als käme sie von weit her, nicht aus ihrem Mund.

«Alles okay mit dir?» Mika legte ihre Hand auf Kittys Arm. Ihr Lächeln war verschwunden. «Du siehst aus, als müsstest du dich gleich übergeben.»

«Ich glaube, ich ...»

«Was in Gottes Namen ist hier los?» Pater Uberti fegte mit fliegendem Talar und schwingenden Quasten herein. Er riss Tyler das Telefon aus der Hand. «Was schaut ihr euch da an?»

Kitty fühlte sich, als hätte sie jemand ins Gesicht geschlagen. Alles würde noch einmal von vorne beginnen: die Hexenjagd der Maine Men, die Polizeipräsenz, die Befragungen. Was sollte sie tun?

Olivia. Sie musste sofort mit Olivia sprechen.

Die Glocke kündigte den Unterrichtsbeginn an, doch Kitty drückte sich von ihrem Stuhl hoch und stolperte zur Tür. Ihre Beine fühlten sich zittrig an und wollten nachgeben, aber sie zwang sich weiter.

«Miss Wei», rief Pater Uberti. «Was denken Sie, wohin Sie jetzt gehen?»

Aber Kitty blieb nicht stehen, um sich zu erklären. Sie wurde schneller, begann zu rennen.

Olivia würde zum Computerraum kommen.

EINUNDZWANZIG

Olivia machte sich nicht die Mühe zu klopfen, ihr war völlig klar, wer im Computerraum auf sie warten würde. Sie platzte in vollem Lauf herein, warf Kitty die Arme um den Hals und drückte sie fest.

«Zum Glück bist du hier! Was ist da los?»

Kitty machte sich vorsichtig los und wich einen Schritt zurück. Sie sah angespannt und erschöpft aus. «Ich weiß es nicht.»

«Glaubst du, Ed …»

Wie auf ein Stichwort stürmte Ed the Head herein. «Was zum Teufel habt ihr da gemacht?», keuchte er völlig außer Atem.

«Wir?» Olivia starrte ihn verblüfft an. «Das warst nicht du?»

«Ich?», Er schüttelte heftig den Kopf und schloss die Tür hinter sich. «Ganz bestimmt nicht. Ich bin ein Geschäftsmann, kein Robin Hood. Gerechtigkeit ist mir scheißegal, außer sie ist profitabel.»

«Schon klar», sagte Olivia. «Hauptsache, du kommst gut dabei weg.»

«Wir müssen also davon ausgehen», Kitty trat zwischen die beiden, «dass keiner von uns für das Video verantwortlich ist.»

Ein leises Klopfen ließ Olivia zusammenzucken. «Seid ihr da drin?», flüsterte eine bekannte Stimme.

164

«Verdammt!», stöhnte Ed und ließ sich auf einen Stuhl fallen. «Verkauft ihr Eintrittskarten oder so?»

Olivia lächelte kleinlaut und öffnete die Tür für John. Er trat in den Raum und blinzelte im grellen Neonlicht. Sein Blick wanderte von Olivia zu Kitty und blieb dann an Ed hängen. «Der auch?»

Ed reckte überheblich den Hals. «Ich war vor dir da.»

Olivia verdrehte die Augen. «Jaja. Ed the Head ist der Wichtigste hier.»

Kitty musterte John argwöhnisch. «Woher wusstest du, wo du uns finden würdest?»

«Ich habe mitbekommen, wie Bree sich öfter mal in den ersten Stock im Naturwissenschaftsgebäude geschlichen hat.» John zuckte mit den Schultern. «Und das hier ist der einzige Raum, den niemand benutzt. Als ich gerade dieses Video gesehen habe, dachte ich, dass es vielleicht mit etwas in Verbindung stehen könnte, das ich gestern Abend bekommen habe.» John setzte schwungvoll seinen Rucksack ab und zog einen Umschlag heraus.

«Scheiße», sagte Kitty.

«Ihr habt auch so einen?», fragte er.

«Jeder von uns.» Ed breitete gönnerhaft die Arme aus. «John Baggott, willkommen bei DGM.»

«Ich werde alles zerstören, was du liebst», zitierte John. «Ganz schön gruselig, wenn ihr mich fragt.»

Ed winkte ab. «Ja, ja. Unheimlicher Briefumschlag, unheilvolle Nachricht. Lasst uns mal weiterdenken. Also, meiner Ansicht nach haben wir zwei Möglichkeiten», – er hielt Zeige- und Mittelfinger in die Luft –, «mit diesem DGM-Scherz umzugehen. Entweder ist es wieder der Killer, der versucht, euch das mit dem Video in die Schuhe zu schieben, oder wir haben hier einen ernsthaften Fall von ‹Ich bin Spartacus› vorliegen.»

John nickte anerkennend. «Gut gesagt.»

Olivia legte den Kopf schräg. «Hä?»

«*Spartacus*», sagte Ed. «Kirk Douglas? Stanley Kubrick?»

Sie schüttelte den Kopf.

John lachte. «Du bist doch die Expertin für Schauspielerei. Wie kannst du von diesem Film noch nie etwas gehört haben?»

Olivia begann zu bereuen, dass sie Jungs überhaupt hereingelassen hatten. «Keine Ahnung.»

Ed stützte die Ellenbogen auf die Knie und sah sie an wie ein begriffsstutziges Kind. «Spartacus ist ein Sklave im alten Rom, und er zettelt einen Aufstand an. Da gibt es diese Szene, in der römische Soldaten nach ihm suchen, und sie kündigen an, alle anderen Sklaven am Leben zu lassen, wenn sie ihnen Spartacus ausliefern. Sie drohen ihnen, dass es ansonsten mehr Tote geben werde.»

John ließ sich auf den Stuhl neben Ed fallen. Seine Augen glitzerten aufgeregt, während er die Szene beschrieb. «Also steht Kirk Douglas – er ist Spartacus – auf und will sich stellen, damit niemand anders für ihn leiden muss, ja? Aber da sagt ein anderer Typ: ‹Ich bin Spartacus.› Und dann noch einer: ‹Ich bin Spartacus.›»

«Ich bin Spartacus!», rief Ed.

«ICH BIN SPARTACUS!», brüllte John noch lauter.

«Pst!», zischte Kitty. «Worauf wollt ihr hinaus?»

«Spartacus hat ihnen etwas bedeutet», sagte Olivia und begriff plötzlich, was sie meinten. «Also schützten sie ihn.»

«Und das, was er verkörperte», fügte Ed hinzu.

John nickte zustimmend. «Jemand versucht euch zu beschützen, indem er vorgibt, DGM zu sein.»

Olivia war sich nicht ganz sicher, was sie von einem Ich-bin-Spartacus-DGM halten sollte. Sie war natürlich geschmeichelt. Aber dieser Streich gegen Rex Cavanaugh hatte das Potenzial, ihr und Kitty jede Chance zu nehmen, den Killer zu finden.

Über ihnen erwachte die Lautsprecheranlage knisternd zum Leben. «Achtung, Schüler von Bishop DuMaine», dröhnte Pater Uberti. Seine Stimme bebte ein wenig, als könnte er seine Wut kaum beherrschen. «Alle Mitglieder der Schülergruppe Maine Men werden hiermit von der ersten Stunde befreit und sind aufgefordert, sich umgehend im Leadership-Klassenzimmer einzufinden. Ich wiederhole, alle Maine Men, auch neue Interessenten, sollen sich im Leadership-Klassenzimmer treffen. Sofort.»

Kitty warf einen Blick auf ihre Uhr. «Ich muss zurück.»

«Aber was sollen wir wegen Rex unternehmen?», fragte Olivia.

«Ihn auslachen?», schlug Ed vor.

«Sehr hilfreich, Ed.» Kitty warf sich ihre Tasche über die Schulter und zeigte auf John. «Hattest du schon Erfolg, was Amber und die Rolex angeht?»

John schüttelte den Kopf. «Bisher bin ich noch nicht zu Wort gekommen. Dieses Mädchen macht kaum Pause, um Luft zu holen, geschweige denn, mich eine Frage stellen zu lassen.»

Olivia verdrehte die Augen. «Erzähl mir was Neues.»

«Dann musst du dich mehr anstrengen», sagte Kitty bestimmt. «Jetzt hat sie vielleicht das Gefühl, in Gefahr zu sein, und ist deswegen eher bereit, sich jemandem anzuvertrauen.»

John salutierte. «Aye, aye, Kapitän.»

Kitty hatte diesen entschlossenen Ausdruck in den Augen, der normalerweise darauf hindeutete, dass sie einen Plan hatte. «Wohin gehst du?», fragte Olivia.

Doch Kitty war schon aus der Tür.

Horden von Maine Men eilten durch die Flure, und Kitty mischte sich auf dem Weg zum Leadership-Raum unter eine Gruppe von älteren Schülern. Sie war sich noch nicht ganz sicher, ob ihre Idee gut war oder nicht. Einen Großteil ihrer Zeit auf der Bishop DuMaine hatte sie damit verbracht, gegen Tyrannei und Unterdrückung zu kämpfen – gegen das, was die Maine Men symbolisierten. Konnte sie wirklich eine von ihnen werden?

Schon stand sie vor der Tür des Leadership-Klassenzimmers. Kitty atmete tief durch. *Ich werde es herausfinden.*

Der Raum war vollgestopft mit Leuten. Die Leadership-Schüler, unter ihnen auch Mika, saßen auf ihren Plätzen und blickten unbehaglich auf die vielen Maine Men, die sich versammelt hatten. Kitty erblickte die üblichen Verdächtigen, es war nicht gerade ein Ansturm neuer Rekruten zu verzeichnen. Ein paar Neulinge waren aber doch unter ihnen – einige aus dem Freshman-Jahrgang, erkennbar an ihren furchtsamen Gesichtern, der Aufbauspieler aus Dontés Basketballteam, ein Typ aus ihrem Algebrakurs, und seltsamerweise auch Logan Blaine, der mit beiden Händen in den Taschen dastand und auf den Boden starrte.

Rex, stellte sie fest, war nicht zurückgekommen.

Mika sah sie sofort. Sie drehte sich zu ihr um, die Augenbrauen wegen Kittys überstürzter Flucht vor zehn Minuten sorgenvoll zusammengezogen. «Alles okay?», formte sie mit den Lippen.

Auch Pater Uberti entging ihre Rückkehr nicht. «Miss Wei», sagte er. «Wie nett von Ihnen, sich wieder zu uns zu gesellen. Wohin sind Sie gerannt, nachdem die Glocke zum Unterrichtsbeginn geläutet hatte?» Toll, der alte P. U. war jetzt schon sauer auf sie. Das würde ihr bei ihrem Plan nicht in die Karten spielen. «Toilette», rief sie, einer wenig originellen spontanen Idee folgend. Dann fiel ihr ein, dass es ja so wirken musste, als wäre sie seiner Agenda zugeneigt. «Mir ist schlecht geworden, nach dem … also nach dem, was heute Morgen passiert ist. Ich dachte, wir wären diese DGM-Bedrohung ein für alle Mal los, aber jetzt …» Sie verstummte und schüttelte entmutigt den Kopf.

Pater Uberti schluckte den Köder. «Ja», sagte er mit einem schweren Seufzen. «Wir haben heute einen harten Schlag erlitten. Aus diesem Grund habe ich Sie alle einberufen.»

Er schritt zurück zu seinem Pult, und Kitty glitt auf ihren Stuhl.

Mika beugte sich vor. «Nette Entschuldigung», flüsterte sie. «Vielleicht frisst P. U. dir ja weiterhin so aus der Hand.»

«Ja», antwortete Kitty aus dem Mundwinkel. «Vielleicht werde ich noch zum P.-U.-Liebling, wer weiß?»

Mist. Was würde Mika von ihr denken, wenn sie gleich den Maine Men beitrat? Mika hatte den Protest der Schülerschaft gegen Pater Uberti und seinen Lieblingsschlägertrupp organisiert und dafür einen Tag Unterrichtsausschluss akzeptieren müssen. Würde sie Kitty auf ewig für das hassen, was sie gleich tun würde? Würde sie es ihr je erklären können?

Und dann war da Donté. Er war bei den Maine Men ausgetreten, weil er sie verabscheute, weil er die Art verurteilte, wie sie jeden, der nicht ihrer Meinung war, schikanierten und unter Druck setzten. Würde er Verständnis haben für das, was sie da tat? Oder würde er sie verachten?

Kitty biss auf ihrer Lippe herum, während Pater Uberti sich vorne groß und breit über die Bedrohung ausließ, die von DGM ausging. Seine Stimme drang gedämpft zu ihr durch, als leise Hintergrundmusik für den Aufruhr, der in ihr tobte. Mika und Donté. War sie bereit, gleichzeitig ihre beste Freundin und ihren Freund zu verlieren?

Sie rief sich die aktuelle Situation vor Augen. Margot, bewusstlos im Krankenhaus. Bree, fälschlicherweise des Mordes beschuldigt. Und ein Mörder, der noch immer frei herumlief und darauf wartete, wieder zuzuschlagen. *Ich werde alles zerstören, was du liebst.* Und wenn sein nächstes Opfer Mika war? Oder Donté? Würde Kitty sich dann jemals verzeihen können, dass sie nicht jede Möglichkeit genutzt hatte, den Mörder zu finden?

«Es liegt auf der Hand», sagte Pater Uberti und klopfte mit einem kleinen Holzkreuz auf den Tisch, «es liegt auf der Hand, dass wir nicht energisch genug vorgegangen sind. Diese Kriminellen sind uns entwischt, und jetzt haben sie einen weiteren Schüler angegriffen. Wir brauchen Verstärkung an der Front. Maine Men, es ist an der Zeit, weitere Mitglieder zu rekrutieren. Eure Freunde, eure Angehörigen. Alle körperlich gesunden …»

«Ich mache mit», rief Kitty. Sie schluckte schwer, als sich jedes Augenpaar im Raum ihr zuwandte. «Ich will den Maine Men beitreten.»

Sie hörte Mika hinter sich scharf die Luft einsaugen.

«Äh …», sagte Pater Uberti verdattert. «Aber Sie sind kein … Was ich sagen will, Sie haben das falsche …» Er räusperte sich. «Miss Wei, ich glaube, das schickt sich nicht.»

Herrgott noch mal, ging es hier wirklich um ihr Geschlecht? «Weil ich ein Mädchen bin?», schlug sie vor. Sie war ehrlich empört. In welchem Jahr lebten sie denn, 1958?

«Ähm, ja», sagte Pater Uberti. «Es heißt immerhin Maine Men.»

«Ich finde, wir sollten sie aufnehmen», meldete sich Kyle zu Wort.

«Finde ich auch», stimmte Tyler erwartungsgemäß zu.

Pater Uberti strich sich über seinen säuberlich gestutzten Knebelbart. «Vielleicht haben Sie recht. Vielleicht würde das für den Kampfgeist der Gruppe förderlich sein.»

«Was machst du da?», zischte Mika.

Kitty wandte sich halb um und warf ihr einen Blick zu, von dem sie hoffte, dass er ihre Botschaft «Ich will nicht, aber ich muss» verständlich transportierte. «Vertrau mir», flüsterte sie.

«Hä?»

Pater Uberti klopfte mit seinem Kreuz dreimal auf das Pult. «Alle, die dafür sind, dass Kitty Wei Mitglied der Maine Men wird, heben die Hand!»

Jeder Maine Man im Raum hob die Hand.

«Jemand, der dagegen ist?»

Kitty hielt den Atem an. Der gesamte Raum war still.

«Also gut.» Pater Uberti fasste unter das Pult, zog ein blaues, in Folie verpacktes Shirt heraus und warf es Kitty zu. «Willkommen im Team.»

Kitty atmete tief durch. Den Maine Men beizutreten war das eine. Das abscheuliche blaue Shirt tatsächlich über den Kopf zu ziehen war etwas völlig anderes. Es löste eine Art Pawlow'schen Reflex in ihr aus: Kitty wurde sofort schlecht.

«Also, lassen Sie uns noch einmal festhalten, worum es hier geht» sagte Pater Uberti und umfasste seinen Tisch mit beiden Händen. Dann räusperte er sich und setzte zu seiner üblichen Rede über die Gefahren an, die von DGM ausgingen.

Es war dieselbe Rede, die Kitty ihn schon zweimal hatte halten hören. Dass die Schule gegen dieses Böse zusammenstehen müsse. Dass es die Verantwortung der Schüler sei, einander auszuspionieren und so zur Aufklärung beizutragen. Dass es für eine Information, die zu Bree Deringers Komplizen führte, eine anständige Belohnung geben würde. Bla, bla, bla.

Kitty hatte dafür wirklich keine Zeit. Diese müde Taktik hatte früher nicht funktioniert, und sie würde auch diesmal nicht aufgehen. Sie musste den Maine Men eine andere Richtung weisen, wenn sie herausfinden wollte, wer hinter dem neuen DGM steckte: ein Mörder, ein Nachahmer oder etwas ganz anderes. Also holte Kitty tief Luft, dann hob sie mitten in Pater Ubertis Rede die Hand.

P. U. schaute irritiert, er war an Unterbrechungen nicht gewöhnt. «Miss Wei, haben Sie eine Frage?»

«Einen Kommentar», sagte Kitty.

«Ich bin ganz Ohr.» Er klang alles andere als erfreut.

«Es ist nur so, dass wir das doch alles längst versucht haben, und nichts davon hat funktioniert. Studenten zum Petzen aufzufordern, Belohnungen auszusetzen. Das alles hat zu gar nichts geführt.»

Pater Ubertis Augen verengten sich. «Ich vermute, Sie haben eine bessere Idee.»

«Ja», sagte Kitty und betete, dass sie nicht gerade dabei war, ihr eigenes Grab zu schaufeln. Der Plan hatte großes Potenzial, nach hinten loszugehen. «Ja, ich glaube schon.»

Pater Uberti trat mit einer dramatischen Geste beiseite. «Dann kommen sie doch nach vorn und setzen Sie uns unbedingt ins Bild, Miss Wei. Korrigieren Sie uns bitte, wo wir falschliegen.»

Kitty stand auf und schluckte schwer. Sie musste es jetzt durchziehen. Das war schließlich der Plan. Die Maine Men zu infiltrieren und sie dazu zu benutzen, den Killer zu finden. Und falls es ein Nachahmer-DGM gab, war das doch die beste Möglichkeit, seine Mitglieder zu beschützen, oder nicht?

Sie ging nach vorne und drehte sich zur Klasse um, mied jedoch Mikas Blick. «Wir dachten, das alles wäre vorbei», setzte sie an und sah in die Runde. «Bree Deringer hat sich der Polizei gestellt, und wir haben gehofft, dass der Terror an dieser Schule damit aufhören würde.»

Mehrere Köpfe nickten zustimmend. *Okay, ein guter Anfang!*

«Jetzt hat die unsichtbare Bedrohung wieder begonnen, aus dem Schatten zu agieren, zu feige, ihr Gesicht zu zeigen. Und bislang ist es niemandem gelungen, den oder die Täter zu entlarven.»

«Genau», stimmte Kyle ihr zu.

«Nicht der Polizei. Nicht den Maine Men. Und nicht dem Erzbistum.»

Pater Uberti verlagerte sein Gewicht. «Miss Wei, es gibt keinen Grund, das Erzbistum hineinzuziehen.»

Aber Kitty ließ sich nicht aufhalten. Sie sah, dass ihr Publikum mit weit aufgerissenen Augen vorn auf den Stuhlkanten saß und ihr gespannt lauschte. Alle bis auf Mika, auf deren Gesicht sich Verwirrung langsam in Wut verwandelte.

Dafür hingen die Maine Men an ihren Lippen und warteten auf die Pointe. Sie musste abliefern.

«Ich glaube», sagte sie und beugte sich vertraulich vor, «dass Bree Deringer tatsächlich die einzige Täterin war, das einzige Mitglied von DGM.»

Ein Raunen ging durch die Reihen.

«Ich halte das für kaum möglich», sagte Pater Uberti nervös. Er rückte wieder näher an sie heran, als versuchte er sich das Rampenlicht zurückzuerobern. «Im Lichte dessen, was heute geschehen ist.»

Kitty beachtete ihn nicht. «Ich glaube», fuhr sie fort, «dass wir es mit Trittbrettfahrern zu tun haben – mit Schülern, die nicht so viel Erfahrung haben wie Bree Deringer. Und wisst ihr, was das heißt?»

«Es heißt, sie sind nachlässig!», rief Kyle.

Kitty sah ihn überrascht an. Er war schlauer, als sie gedacht hätte. «Richtig. Und wir müssen ihre Fehler ausnutzen», sagte sie. «Denn ich garantiere euch, sie werden welche machen. Woher haben sie diese Videos? Wo haben sie sie hochgeladen? Wie sind sie an eine DuMaine-Mailadresse gekommen? Es muss Hinweise darauf geben, wer hinter diesem neuen DGM steckt. Wir müssen nur an den richtigen Stellen suchen.»

«Und dann schnappen wir sie», rief Tyler. *Blitzbirne.*

«Also», Kitty legte die Hände auf das Pult und lehnte sich vor, «findet mir die Trittbrettfahrer, okay?»

Im Raum brandete Applaus auf. Neue und alte Maine Men klatschten sich ab und sprangen albern mit der Brust gegeneinander, es war eine schaurige Vorstellung. Ein Teil von Kitty war erschrocken von dem, was sie da getan hatte. Sie hatte die Maine Men in eine gefährliche Richtung gelenkt, eine, von der sie hoffte, dass sie sie zu einem Mörder führte.

Nun konnte sie nur hoffen, dass nicht einer dieser fehlgeleiteten Trottel sein nächstes Opfer sein würde.

ZWEIUNDZWANZIG

Olivia hatte Amber den ganzen Tag über nicht gesehen. Sie nahm an, dass sie nach Hause gegangen war, entweder um nach Rex zu sehen oder, was wahrscheinlicher war, um dem Klatsch in der Schule auszuweichen. Doch als Olivia zum Mittagessen in den Innenhof kam, sah sie ihre langjährige Feindfreundin auf ihrem üblichen Tisch im Schatten sitzen. Sie hatte die Beine übereinandergeschlagen, und ihr winziger Bleistiftminirock war gefährlich weit hochgerutscht.

Olivia lächelte in sich hinein. Sie hätte wissen müssen, dass Amber diese Chance, vor der gesamten Schule Opfer zu spielen, nicht verstreichen lassen würde.

Jezebel und Peanut saßen auf einer Bank neben Ambers Tisch, und ein mittelgroßes Publikum hatte sich versammelt, um ihrem Monolog zu lauschen.

«Ich wusste es», sagte sie theatralisch und machte eine verzweifelte Geste mit den Händen. «Ich habe es in dem Moment gespürt, als ich heute Morgen das Schulgelände betreten habe. Jede Faser meines Körpers hat mir zugerufen, dass etwas Schlimmes passieren würde.»

«Hey», sagte Olivia und schob sich neben Peanut auf die Bank. «Sie ist die Show?»

«Ja, aber irgendwie aufgewärmt», antwortete Jezebel und wickelte ein Riesensandwich aus. «Ich habe das Gefühl, das alles schon mal gehört zu haben.»

Amber warf ihr einen vernichtenden Blick zu, fiel aber nicht aus der Rolle. «Als ich dann meine Mails öffnete und den Link sah, wusste ich, dass er mein Leben für immer verändern würde.»

Jezebel verdrehte die Augen, und Olivia musste sich auf die Lippe beißen, um nicht breit zu grinsen.

Amber verlagerte ihr Gewicht, setzte sich normal hin und ließ ihre Beine nun lässig vom Tisch herunterbaumeln. «Mein Vater wird das Video von Spezialisten untersuchen lassen», fuhr sie fort. «Ich bin sicher, es ist manipuliert worden.»

«Hast du mit Rex gesprochen?», fragte Kyle. Er und Tyler waren links und rechts neben Amber getreten und standen nun wie Zwillinge da, die Arme in gleicher Position vor der Brust verschränkt.

«Geht es ihm gut?», fragte Tyler.

«Hat er nach mir gefragt?»

«Oder nach mir?»

Amber schüttelte den Kopf. «Ich habe nicht mit ihm gesprochen. Aber nicht, weil wir uns getrennt haben», fügte sie schnell hinzu. Natürlich durften keine Zweifel daran aufkommen, dass sie in Rex' Leben nach wie vor der wichtigste Mensch war. «Ich bin sicher, er hat sich den ganzen Tag über mit der Polizei beraten.» Ihre Augen leuchteten auf, ihr war eine neue Idee gekommen. «Sicher ist er bei Gericht! Wisst ihr, einer der besten Freunde seines Vaters ist der stellvertretende Bezirksstaatsanwalt. Es würde mich nicht überraschen, wenn Mr. Cavanaugh die Nationalgarde hinzuziehen würde, um DGM zu finden. Oder die Armee. Oder das FBI.»

«Oder das A-*Team*», murmelte Peanut.

Olivia prustete los.

«Das macht mich alles so fertig, weil ...», Ambers Stimme brach. Ihre Brust hob und senkte sich, als unterdrückte sie ein Schluchzen. «Weil, wenn sie jetzt schon Rex Cavanaugh angreifen, wer soll dann als Nächstes kommen? Ich meine, er ist der beliebteste Junge der Schule. Auf wen sollten sie es also danach absehen? Es müsste doch jemand sein, der *noch* beliebter ist ...» Sie blickte mit vor Angst geweiteten Augen in die Runde.

Jezebel gähnte ausgedehnt und laut, dann beantwortete sie als braver Sidekick Ambers Frage. «Zum Beispiel du.»

Amber schlug sich die Hand vor den Mund und sog ungefähr dreißig Liter Sauerstoff ein. «*Ich?*»

«Keine Angst, Amber», Tyler legte ihr tröstend den Arm um die Schulter, und beinahe wünschte Olivia sich, Rex wäre hier und könnte sehen, wie sein persönlicher Lakai seine Exfreundin angrub. «Wir lassen nicht zu, dass sie dir weh tun.»

«Ja», sagte Kyle. Er musterte Ambers Schultern, als suchte er nach einem Platz, auf den er seinen eigenen muskulösen Arm legen konnte, dann nahm er stattdessen ihre Hand. «Wir lassen nicht zu, dass sie dir weh tun.»

Olivia spürte, wie Peanut sich neben ihr versteifte, als Kyle liebevoll Ambers Hand streichelte.

Oh nein. Arme Peanut.

«Glaubt ihr, das würden sie tun?», fragte Amber und blickte ängstlich von einem Verehrer zum anderen. «Ich meine, würden sie es wagen, *mich* bloßzustellen?»

Langsam wurde es Olivia zu viel. Sie blickte sich verzweifelt nach einer Fluchtmöglichkeit um. Irgendetwas, das sie als Vorwand nutzen konnte, um Ambers Spektakel zu entfliehen. Sie wollte sich schon zur Toilette verabschieden, da sah sie John aus der Cafeteria schlendern, in der Hand ein Comicbuch.

Perfektes Timing.

Olivia versuchte wild winkend, seine Aufmerksamkeit zu erregen. Als er endlich zu ihr herüberblickte, deutete sie mit einem Kopfnicken auf Amber.

John blieb stehen und starrte sie entsetzt an. «Jetzt?», fragte er lautlos.

Olivia hob die Augenbrauen und nickte.

Er machte ein gequältes Gesicht und seufzte theatralisch, wie ein Kind, dem man eine Aufgabe gibt, die es nicht erledigen mag. Aber sein Selbstmitleid dauerte nur einen Moment. Dann richtete er sich auf, nahm die Schultern zurück und schlenderte lässig auf ihren Tisch zu wie ein Rockstar auf die Bühne.

«John!», quietschte Amber, als sie ihn erblickte. Schnell machte sie sich von Tyler und Kyle los. «Hast du gehört, was passiert ist? Hast du es gesehen?»

«Ja.» John musterte Tyler und Kyle. «Echt, äh, kaputter Scheiß. Ihn auf diese Tour anzugreifen.» Er klang nicht so, als würde er die Worte, die da aus seinem Mund kamen, auch nur ansatzweise glauben.

Amber bemerkte es nicht. Sie entließ ihr Publikum mit einer Handbewegung, und die Schüler verstreuten sich im Innenhof. Auch Tyler und Kyle schlichen davon, die Hände in den Taschen ihrer zueinanderpassenden Jeans vergraben.

Amber sprang vom Tisch, hakte sich bei John ein und drehte sich zu Olivia, Peanut und Jezebel um. «Rex hat furchtbare Angst vor Clowns», erklärte sie, sobald sie außer Hörweite waren. «Es überrascht mich nicht, dass er sich in die Hose gemacht hat.»

Peanut legte den Kopf zur Seite. «Hast du nicht eben gesagt, du seist dir ganz sicher, dass das Video manipuliert wurde?»

Amber ignorierte sie. «Aber ich bin so erschüttert.» Sie wackelte mit Kopf und Schultern, als hätte man ihr einen elektrischen Schlag versetzt. «Ich meine, als Nächste könnte ich dran sein. Könnt ihr euch das vorstellen?»

John blickte sie verdutzt an und versuchte offenbar, eine Antwort zu formulieren. Olivia wusste, dass ihm so etwas wie «Ja, und das hättest du auch verdient» auf der Zunge lag, und sie konnte sehen, wie er diesen ersten Impuls unterdrückte und sich etwas überlegte, was mehr zu seiner Rolle passte.

«Du?», sagte er schließlich. «Ein Opfer von DGM? Aber du bist Amber Stevens!»

Amber strahlte. «Die bin ich!», flötete sie, als wäre die Tatsache, Amber Stevens zu sein, eine Auszeichnung, die einem von einer höheren Macht verliehen wurde, und kein stinknormaler Name, den man ihr bei der Geburt gegeben hatte.

«Du bist praktisch die Königin dieser Schule.» John lächelte, er war zufrieden mit sich. «Jeder blickt zu dir auf.»

«Das tun sie, nicht wahr?» Es war keine Frage.

John biss sich auf die Lippe wie ein flirtendes Schulmädchen und blickte verträumt zum Himmel auf. «Ich habe es jedenfalls immer getan.»

Olivia musste grinsen. Wenn Bree diese Vorstellung sehen könnte, würde sie sich totlachen. Oder jemanden verprügeln. Oder beides.

Amber drückte Johns Arm und lächelte zu ihm hoch. «Du bist so süß.» Sie wandte sich zu Jezebel, Peanut und Olivia um. «Habe ich euch nicht immer gesagt, dass John total süß ist?»

«Nein», entgegnete Peanut unschuldig.

Amber runzelte die Stirn. «Das habe ich sehr wohl, Peanut.» Sie sah Olivia an. «Oder etwa nicht?»

«Äh, klar?» Olivia konnte sich das Fragezeichen am Ende nicht verkneifen. Zum Glück fiel Amber auch das nicht auf. Jezebel schob sich den letzten Bissen ihres Sandwiches in den Mund, und wie auf Kommando schallte die Schulglocke über den Hof. Die Mittagspause war zu Ende.

Amber griff ihre Tasche. «Theater-Zeit!»

Olivia lächelte. Da hatte sie auf so vielen Ebenen recht.

«Bringst du mich hin?» Amber hakte sich wieder bei John unter, wie eine Debütantin, die beim Ball darauf wartet, auf die Tanzfläche geführt zu werden.

John seufzte. «Klar.» Er marschierte davon, Amber am Arm, die sich scheinbar hartnäckig an ihm festgesaugt hatte. Der Enthusiasmus, den er ausstrahlte, war der eines Soldaten auf selbstmörderischer Mission.

«Dem Himmel sei Dank», murmelte Peanut. Sie stopfte die Reste ihres Mittagessens in ihren Rucksack, und Olivia fiel auf, dass sie kaum etwas gegessen hatte.

«Alles okay mit dir?», fragte sie, als sie zum Theatersaal spazierten

Peanut warf ihr einen schnellen Seitenblick zu. «Ja.»

Warum so nervös? «Du hast kein Mittagessen gegessen.» Olivia zwang sich zu einem Lachen. «Noch immer die Darmreinigung?»

«Darmreinigung?», wiederholte Peanut offensichtlich verwirrt.

Olivia machte sich eine mentale Notiz, nie eine von Mrs. Dumbrowskis Reinigungskuren auszuprobieren. Sie hatten Peanuts Hirn zu Brei verwandelt.

Sie setzten sich zu den anderen in eine der mittleren Reihen. Als es zum Unterrichtsbeginn läutete, sprang in gleicher Sekunde Mr. Cunningham auf die Bühne und fing aufgeregt an zu sprechen. «Alle setzen, bitte, setzt euch!»

Olivia sah, dass er den großen Fernseher auf die Bühne gerollt hatte.

«Ich habe heute aufregende Neuigkeiten!», verkündete er, als es leiser geworden war. Er wedelte mit einer DVD. «Ich habe das Video von der Premiere zurückerhalten!»

Olivia richtete sich in ihrem Sitz auf. Endlich! Die Polizei war das Video vermutlich mehrmals durchgegangen und hatte nach Hinweisen im Zusammenhang mit dem Angriff auf Margot gesucht. Aber woher sollten sie wissen, worauf sie achten mussten?

«Ich habe es gestern nach dem Unterricht auf der Polizeiwache abgeholt», rief Mr. Cunningham, «aber ich habe es mir noch nicht angesehen. Diese Freude wollte ich mit euch allen teilen. Nun, ich weiß, dass wir mit gemischten Gefühlen an den Ausgang unserer Premiere zurückdenken. Aber lasst uns die tragischen Ereignisse, die sich an diesem Abend abgespielt haben, für einen Moment vergessen.» Er machte eine Geste in Logans Richtung. «Und denen gegenüber Respekt zeigen, die besonders an den Folgen leiden.»

«Danke, Mann», sagte Logan. Sein Gesichtsausdruck war hart.

«In diesem Sinne präsentiere ich Ihnen ...» Mr. Cunningham ging rückwärts von der Bühne, «*Der zwölfte Bezirk.*»

Er verschwand in den Kulissen, und das Licht wurde gedimmt. Das bläulichen Leuchten des Fernsehers flackerte auf den Gesichtern des Theaterkurses. Einige Sekunden rauschte der Bildschirm, dann begann das Video.

Olivia konnte den Saal sehen, in dem sie gerade saß. Der Vorhang war geöffnet, und die Kulissen zeigten eine Szene aus dem New York der 70er Jahre. Man hörte das Publikum, das auf den Beginn der Vorstellung wartete, gedämpft plaudern. Olivia hielt den Atem an, als das Licht erlosch und der Bildschirm schwarz wurde. *Das war's?*

Musik dröhnte aus den Lautsprechern, aber es war nicht der Rocksong von Bangers and Mosh, der das Stück eröffnet hatte. Es war ein funkiges, von einer lahmen Pfeifenorgel gespieltes Lied, wie man es auf alten Karussells hört.

«Hey!», rief Shane aus. «Das ist nicht unsere Band. Haben Sie uns auf der DVD überspielt?»

Bevor Mr. Cunningham antworten konnte, erschien ein Foto auf dem Fernseher. Es war die Nahaufnahme eines hölzernen Schildes, auf dem in gelber Handschrift die Worte «Camp Shred» geschrieben standen. Nach ein paar Sekunden wurde es von einem anderen Foto ersetzt. Dieses war von weiter weg aufgenommen und zeigte das Camp-Shred-Schild mitten in einem Wald, inmitten einiger Zelte. Es schien sich um ein Sommercamp zu handeln.

Olivias Hände wurden kalt. Hatte jemand aus Versehen den einzigen Beweis überspielt, den DGM hatte?

Ein Untertitel wanderte ins Bild.

```
Camp Shred, Jones Gulch, Kalifor-
nien - Juni 2005
```

«Oh mein Gott!», stöhnte Amber.

Die Fotos wechselten nun immer schneller, jedes wurde nur ein paar Sekunden lang eingeblendet. Die meisten zeigten eine Gruppe von zehn- oder elfjährigen Kindern, die an verschiedenen Gruppenaktivitäten teilnahmen – Kanu fahren, schwimmen, wandern, basteln. Alle waren eher pummelig, manche sogar an der Grenze zur Fettleibigkeit.

Ein Mädchen war auf jedem Foto deutlich zu sehen. Ihr gewelltes braunes Haar kam Olivia beängstigend vertraut vor.

Die Slideshow stoppte bei einer Nahaufnahme des Gesichts des Mädchens. Das süße Bild ihrer lächelnden Pausbacken leuchtete auf dem Bildschirm.

Olivia begriff erst, als Amber auf die Füße sprang, dass das dicke Mädchen auf dem Foto ihr verdammt ähnlich sah.

«Wie könnt ihr es wagen!», schrie Amber niemand Bestimmtes an. Bevor Olivia sie aufhalten konnte, stürmte sie den Mittelgang hinunter und aus dem Saal.

Sie verpasste das letzte Bild auf dem Fernseher. Schwarze Schrift auf weißem Grund.

```
Freundlicherweise zur Verfügung ge-
stellt von DGM
```

DREIUNDZWANZIG

Ed starrte fassungslos auf sein Handy. Es war wirklich unglaublich. Nicht dass DGM zwei Streiche an einem Tag gespielt hatte, schockierte ihn so, sondern die Tatsache, dass er nicht gewusst hatte, dass Amber Stevens in einem Camp für Fette gewesen war. Er nahm das als persönlichen Affront seitens dieser DGM-Trittbrettfahrer. Schließlich wühlte er selbst auf Margots Bitte hin seit sechs Monaten in Ambers Vergangenheit herum, und er hatte nicht den geringsten Hinweis auf die Camp-Shred-Geschichte gefunden. Gut, das war vermutlich in der fünften Klasse gewesen, bevor ihre Familie nach Menlo Park gezogen war. Und natürlich hatte gerade Amber, deren Ruf als gemeine Oberzicke darin begründet lag, dass sie sich schon seit der Junior High über das Gewicht anderer Leute lustig machte, Himmel und Hölle in Bewegung gesetzt, um zu verhindern, dass jemand von ihrer übergewichtigen Vergangenheit erfuhr. Trotzdem: Ed bildete sich etwas darauf ein, schlauer – und gewiefter – zu sein als ungefähr jeder andere auf dieser Schule, und die Tatsache, dass die neue DGM-Version Erfolge auf einem Gebiet feierte, auf dem er offensichtlich versagt hatte, versetzte ihm einen gewaltigen Stich.

Seufzend steckte er sein Telefon wieder in die Tasche und verließ den Raum, in dem eigentlich sein Englischkurs stattgefunden hätte. Wenn Margot hier wäre und das sehen könnte. Ed war sich ziemlich sicher, dass ihr dieses hübsche kleine Filmchen ein Lächeln ins Gesicht zaubern würde.

Die Flure der Bishop DuMaine waren voll, überall tummelten sich Schüler. Pater Uberti hatte den Unterricht für den Rest des Tages ausgesetzt, nachdem das Video von Amber über den DuMaine-Server an jede Mailadresse der Schule gegangen war. Er wollte, dass alle das Schulgelände augenblicklich räumten, da polizeiliche Ermittlungen zu den neuesten DGM-Anschlägen ins Haus standen.

Um Ed herum rannten Schüler schwatzend und lachend in alle Richtungen. Überall leuchteten Bildschirme. Die Mobiltelefone und Tablets, die nicht von dem Amber-Zusammenschnitt erhellt waren, spielten das Video von Rex und dem Clown ab. Lehrer wuselten durch die Flure und versuchten die Schüler dazu zu bewegen, ihre Schwätzchen zu unterbrechen und nach Hause zu gehen. Aus der Ferne hörte Ed die Pfiffe der Sportlehrer und das Heulen der Polizeisirenen.

Sie alle hatten DGM nach Bree Deringers Selbstanzeige für tot gehalten. *Was für Idioten.*

Nun blieb nur eine Frage: Wer würde für diese neuen DGM-Verbrechen ins Visier geraten?

Und was noch wichtiger war: Wie sollte Ed sicherstellen, dass nicht er es sein würde?

Als einziger Schüler, der nicht wie gebannt auf sein Handy starrte, konnte Ed gut über die Menge hinwegsehen und Ausschau nach jemandem halten, der ihm helfen konnte, diese Frage zu beantworten. Es dauerte nicht lange, bis er Kitty Weis großgewachsene Gestalt entdeckte, die mit entschlossenen Schritten und heftig wippendem Pferdeschwanz den Flur entlangging. Ed beschleunigte sein Tempo.

«Hola, Miss Vizepräsidentin der Schülerschaft», sagte er, als er sich von hinten an sie herangeschlichen hatte.

«Auf ein Wort?»

Kitty sah sich nicht einmal zu ihm um. «Keine Zeit, Ed. Ich muss mich mit Kyle und Tyler treffen. Sie nehmen mich mit zu Rex.»

«Falls es deiner Aufmerksamkeit entgangen sein sollte», er musste fast rennen, um mit ihr Schritt zu halten, «wir sitzen alle in einem Boot, und dieses Boot sinkt. Der alte P. U. wird die ganze Schule auseinandernehmen, um herauszufinden, wer hinter diesen Streichen steckt, und glaubst du wirklich, diese Frischlinge haben sich so gut abgesichert wie ihr hartgesottenen Kriminellen? Es ist nur eine Frage der Zeit, bis sie geschnappt werden, und dann kannst du nur beten, dass sie nicht singen wie süße Vögelchen und euch verraten.»

Kitty blieb abrupt stehen, und Ed rannte mit voller Wucht in sie hinein. Kurz blieb ihm die Luft weg. Bevor er sich wieder gefangen hatte, griff Kitty so heftig nach seinem Arm, dass er glaubte, seine Adern müssten gleich platzen, und zerrte ihn aus der nächstgelegenen Tür in den verlassenen Innenhof vor den Jungs-Umkleiden.

«Was zum Teufel stimmt eigentlich nicht mit dir?», zischte sie durch zusammengebissene Zähne. Ed hatte Kitty noch nie so sauer gesehen. «Versuchst du, alles dafür zu tun, dass man uns verhaftet?»

Ed lächelte und rieb über seinen tauben Oberarm «Natürlich nicht. Ich schütze mich selbst, indem ich euch schütze, ist doch klar.»

«Natürlich.» Sie hielt Ed ihren Finger vors Gesicht. «Und woher wissen wir, dass du dich nicht selbst schützt, indem du uns ans Messer lieferst?»

«Das wisst ihr nicht.» Ed grinste breit. «Ihr müsst mir einfach vertrauen.»

«Täusch dich da nur nicht», sagte Kitty und funkelte böse auf ihn herab. «Ich vertraue dir nämlich kein bisschen.»

In diesem Augenblick wurde die Tür aufgestoßen, und Logan trat in den Hof. Instinktiv sprangen Ed und Kitty auseinander und taten so, als seien sie nicht Sekunden zuvor noch in eine hitzige Auseinandersetzung vertieft gewesen.

«Hey», sagte Logan und blickte zwischen ihnen hin und her.

Ed setzte sofort eine leutselige, freundliche Miene auf. «Logan, Alter.» Er hielt seine Hand zum Abklatschen hoch.

Logan sah Eds erhobene Hand an, machte aber keine Anstalten einzuschlagen. «Wie geht's deiner Tante Helen?»

Ed spürte, wie sein Gesicht heiß wurde.

Kitty hob eine Augenbraue. «Tante Helen?»

«Frag nicht.» Ed äugte zu Logan hinüber und fragte sich, ob er es ernst meinte oder ob er ihn nur auf die Schippe nahm. «Ihr geht's gut», sagte er langsam.

«Oh», Logan lächelte ihn an. «Schön! Hey, Kitty, kann ich mit dir sprechen? Unter vier Augen?»

«Alles, was Sie Miss Wei sagen möchten», sagte Ed wie ein hochengagierter Schauspielagent, «können Sie ruhig vor mir sagen. Ich habe Exklusivrechte an allen Interviews und …»

«Ed!», blaffte Kitty. Sie hatte definitiv keinen Sinn für Humor. «Hau ab.»

«Na gut.» Er wollte unbedingt hören, was Logan Kitty mitzuteilen hatte, aber was sollte er tun? Wenn er sich weigerte zu gehen, würde Kitty nur noch zorniger werden, und das war das Letzte, was er wollte. Er konnte ja immer noch versuchen zu lauschen. Mit einem theatralischen Seufzen schleppte Ed seinen Rucksack langsam auf die Tür der Jungen-Umkleide zu und formte mit der linken Hand lustlos eine Pistole. «Ich bin dann mal – gegen meinen Willen – weg.»

Kitty wäre Ed am liebsten hinterhergelaufen und hätte ihn ins Gesicht geboxt, als er da vom Hof schlich. Wie konnte sie es nur jemals für eine gute Idee gehalten haben, ihn bei DGM aufzunehmen?

«Sorry», sagte Logan. Sein normalerweise so fröhliches Lächeln sah gezwungen aus. «Ich wollte euch nicht unterbrechen.»

«Glaub mir, du hast uns nicht unterbrochen.»

«Ach, gut.» Logan verlagerte sein Gewicht von einem Fuß auf den anderen und wieder zurück, als wäre ihm die Situation unangenehm. «Ich weiß gar nicht, ob du überhaupt die richtige Ansprechpartnerin bist, aber ich habe deine Rede heute Morgen gehört. In Leadership. Und, na ja, da dachte ich, du hörst mir vielleicht zu.»

Er sah nervös aus, wie ein Typ mit einem Geheimnis. War es möglich, dass Logan etwas über DGM oder den Mörder wusste?

«Klar», sagte Kitty lächelnd. «Was gibt's denn?»

«Es geht um Olivia Hayes. Kennst du sie?»

Kitty kämpfte mit aller Macht dagegen an, bei der Erwähnung von Olivias Namen irgendeine Regung zu zeigen. Sie brauchte einen Augenblick, um sich die Beziehung vor Augen zu rufen, die Olivia und sie nach außen hin zueinander hatten.

Du weißt, wer sie ist, weil sie das beliebteste Mädchen der Schule ist, und du bist mit ihrem Exfreund zusammen. Nichts weiter.

«Jeder kennt Olivia Hayes.»

Logan lachte angespannt. «Klar. Entschuldige. Also, ich mache mir Sorgen, dass sie vielleicht etwas mit alldem zu tun haben könnte.»

Kitty versteifte sich. «Was meinst du damit?»

«Zum Beispiel …» Logan fuhr sich mit den Fingern durch sein halblanges blondes Haar. Seine Brauen waren konzentriert zusammengezogen, als müsste er sich mit einem schwierigen Gedanken auseinandersetzen. «Vor ein paar Tagen haben wir über den Abend geredet, an dem Margot …» Er verstummte, und Kitty sah, wie ein schmerzlicher Ausdruck über sein Gesicht huschte.

«Den Premierenabend?», schlug sie vor und gab acht, nichts preiszugeben, das sie eigentlich nicht wissen konnte.

Logan schluckte. «Ja. Also, ich habe Olivia erzählt, dass ich an dem Abend etwas Seltsames gesehen habe. Als ich auf der Bühne war. Zwei Typen im Publikum, die, also, die überhaupt nicht dorthin gehörten.»

Die Gertler-Zwillinge.

«Hast du das der Polizei gesagt?»

Logan nickte. «Ja, aber ich glaube nicht, dass dieser Sergeant mich besonders ernst genommen hat.» Er schüttelte den Kopf. «Jedenfalls habe ich das Olivia erzählt, vor ungefähr zwei Tagen. Und dann bin ich gestern Abend zu diesem Surfladen gefahren, in dem diese Typen arbeiten, nur um mir ein paar neue Boards anzusehen, und er war leer.»

Kitty warf ihm einen schrägen Blick zu. «Was meinst du damit, leer?»

«Also, die Tür war nicht abgeschlossen, das Licht war an, aber es war niemand da.» Logan fuhr sich wieder mit der Hand durchs Haar. «Ich habe die Frau im Laden nebenan gefragt, die hatte aber nichts Besonderes gesehen. Sie rief den Besitzer an, der ziemlich sauer war, glaube ich, weil der Laden eben unbeaufsichtigt war. Ich habe meine Nummer dagelassen, falls jemand etwas hört, und jetzt hatte ich heute Morgen diesen Sergeant auf meiner Mailbox. Er bittet mich, aufs Revier zu kommen und ein paar Fragen über ihr Verschwinden zu beantworten ...»

«Sie sind verschwunden?», platzte Kitty heraus.

Logan zuckte mit den Schultern. «Schätze, ja. Und eben nur einen Tag nachdem ich Olivia von meiner Beobachtung erzählt habe. Findet du das nicht irgendwie seltsam?»

Es war irgendwie seltsam. Weit mehr, als Logan klar sein konnte.

«Dann habe ich mir nach diesem Video heute Morgen gedacht», fuhr Logan fort, «dass ich mir mal dieses Maine-Men-Treffen ansehen sollte. Weißt du, wenn diese DGM-Sache irgendwie mit dem zusammenhängt, was Margot passiert ist, möchte ich helfen.»

«Klar.»

«Und als ich deine Rede gehört habe, dachte ich ...» Er

seufzte schwer. «Da dachte ich, dass du mir vielleicht zuhörst.»

Äh. Wie sollte sie Logan im Hinblick auf Olivia beruhigen, ohne ein DGM-Geheimnis preiszugeben?

«Ich bin sicher, es ist nur ein Zufall.»

«Ja, vermutlich.» Logan wuchtete sich seinen Rucksack über die Schulter und wandte sich zur Tür. «Wie auch immer, danke, dass du zugehört hast.»

«Gern geschehen», sagte Kitty und sah ihm hinterher, als er vom Hof verschwand.

Kitty tippte langsam die Zahlenkombination zu ihrem Schließfach ein. Sie konnte es immer noch nicht glauben. Die Gertler-Zwillinge waren verschwunden? Was bedeutete das? Dass sie die Mörder waren? Dass sie nicht die Mörder waren? Ihre Gedanken überschlugen sich, während sie das Maine-Men-Shirt aus dem oberen Fach holte und daraufstarrte. Sosehr sie die Vorstellung auch verabscheute, dieses Ding anzuziehen, musste sie sich doch auch eingestehen, dass es sie wahrscheinlich in die Lage versetzen würde, DGM zu helfen, Margot und Bree zu helfen und für alle, die ihr wichtig waren, Sicherheit zu schaffen.

Es schien die Sache im Großen und Ganzen wert zu sein.

«Also ist es wahr.»

Kitty fuhr mit dem blauen Shirt in den Händen herum und sah sich Donté gegenüber. Seine Miene war angespannt, seine Augen ungewöhnlich dunkel, und Kitty spürte die heiße Wut, die ihr entgegenstrahlte.

«Du bist den Maine Men beigetreten.»

192

Verdammt. Hatte Mika es ihm gesagt? «Ich kann das erklären», setzte Kitty an.

«Wie denn? Hat dir das Shirt gefallen? Steht dir die Farbe?»

Sie hatte Donté noch nie so wütend erlebt. Er blieb immer ruhig und gelassen, selbst in schwierigen Situationen. Sie hatte von ihm noch nie ein böses Wort gehört, weder über seine Exfreundinnen noch über Basketballspieler rivalisierender Teams. Doch jetzt sah er Kitty an, als wären all seine Gefühle für sie blankem Zorn gewichen, und das machte ihr Angst.

«Ich weiß, was du von den Maine Men hältst», sagte sie und versuchte, das Zittern ihrer Stimme zu unterdrücken. Sie fürchtete, gleich in Tränen auszubrechen.

«Das sind Arschlöcher.»

«Aber es gibt einen Grund dafür, dass ich das mache.»

«Und der lautet?»

Ich kann es dir nicht sagen. Wie sollte sie Donté erklären, dass sie es war, die DGM ins Leben gerufen hatte und für all die Heldentaten vor Ronnys Tod verantwortlich war? Sie hatte so hart dafür gearbeitet, ihre Freunde und Familie aus der Sache herauszuhalten. Denn wenn sie Donté ihr Geheimnis verriet und Pater Uberti merkte, dass er ihm Informationen verheimlichte, wurde er möglicherweise von der Schule geworfen, und damit hätte er jede Chance auf ein Basketball-Stipendium verloren. Sie würde die Schuld daran tragen, sein Leben zerstört zu haben. Und das konnte sie nicht noch einmal. Deswegen hatte sie ihn angelogen und im Unklaren gelassen. Und selbst jetzt, wo ihr seine Wut über die Maine-Men-Angelegenheit so hart entgegenschlug, dass sie es kaum aushalten konnte, brachte sie es nicht über sich, seine Zukunft aufs Spiel zu setzen.

«Ich kann es dir im Moment nicht erklären.» Sie senkte den Blick. «Du musst mir einfach vertrauen.»

«Dir vertrauen?»

«Ja», sagte Kitty und sah ihm in die Augen. «So wie ich dir vertrauen soll. Darum hast du mich doch erst gestern gebeten, oder?»

«Das ist etwas anderes», entgegnete er heftig.

«Inwiefern?»

«Das verstehst du nicht.»

Diese Doppelmoral gefiel Kitty nicht. «Ich soll dir also blind vertrauen, wenn du behauptest, es sei mit unserer Beziehung alles in Ordnung, aber wenn ich dich bitte, mir in dieser Maine-Men-Sache zu vertrauen, ist das nicht möglich?»

Donté stieß seinen Finger in das immer noch verpackte Shirt. «Sie stehen für alles, was ich an dieser Schule hasse.»

«Ich doch auch!», rief Kitty.

«Warum bist du dann beigetreten?»

Sie sagte nichts. Sie hatte ihn bereits einmal darum gebeten, ihr zu vertrauen. Das sollte reichen. Es hatte gereicht, als er sie um dasselbe gebeten hatte.

«Ich muss los.» Sie wandte sich wieder zu ihrem Schließfach um.

«Ja», knurrte er. «Du hast sicher Termine.»

Aus dem Augenwinkel sah Kitty Donté den Flur hinunterstürmen. Sie kämpfte mit den Tränen und fragte sich, ob das die letzten Worte gewesen waren, die sie jemals miteinander sprechen würden.

VIERUNDZWANZIG

Kitty presste die Arme an den Körper, zog die Schultern hoch und versuchte, sich so dünn wie möglich zu machen. Sie saß eingezwängt zwischen Kyle und Tyler im Führerhaus von Kyles Pick-up-Truck. «Seid ihr euch sicher, dass es den Cavanaughs nichts ausmacht, wenn ich einfach so bei ihnen reinplatze?»

«Jo», sagte Kyle. Er bog so schnell um eine Ecke, dass Kitty nun doch unsanft gegen Tyler geschleudert wurde. «Normalerweise sind sie nicht zu Hause, also spielt es eigentlich keine Rolle.»

«Und ich habe Rex geschrieben, dass wir dich mitbringen», fügte Tyler hinzu. «Geht also alles klar.»

Kitty konnte sich kaum vorstellen, dass Rex von einem Mädchen als neuem Mitglied der Maine Men begeistert war, und sie verstand auch nicht ganz, warum Kyle und Tyler sie so bereitwillig in seinen Inner Circle aufgenommen hatten, aber sie wollte diese Chance nutzen. «Hat er gefragt, warum?»

«Nö», sagte Tyler.

«Oh.»

«Aber ich habe ihm geschrieben, dass du diejenige warst, die diese phantastische Idee mit dem neuen DGM hatte», erklärte Kyle. «Davon musste ich ihm sofort erzählen.» Er sah sie an und lächelte. «Rex wird total aufgeregt sein.»

Dieser Ausflug zu Rex nach Hause löste in Kitty gemischte Gefühle aus. Als Kyle und Tyler darauf bestanden hatten, sie zu ihrem Besuch bei ihrem Anführer mitzunehmen, hatte sie zunächst abgelehnt. Aber die beiden wollten Rex in den neuen Plan einweihen und fanden, Kitty müsste unbedingt dabei sein. Obwohl der Besuch ihr die Chance gab, sich nach der Rolex umzusehen, die Amber angeblich Ronny DeStefano gegeben hatte, war der Ausblick, gleich bei Rex zu Hause zu sein, beinahe so ekelerregend wie die Tatsache, dass sie jetzt tatsächlich ein blaues Maine-Men-Shirt trug. Beides verursachte ihr zusammen mit Kyles fragwürdigen Fahrkünsten heftige Reiseübelkeit.

Die Bremsen kreischten, und Kittys Kopf flog unsanft nach vorn, als der Pick-up ruckartig vor einem zweistöckigen, säulengeschmückten Herrenhaus zum Stehen kam.

Tyler und Kyle öffneten in perfekter Symmetrie ihre Türen und sprangen auf den Gehweg, während Kitty auf der Sitzbank in Kyles Richtung nachrückte. Ihr war noch immer schwindelig von der Fahrt, und sie seufzte erleichtert auf, als ihre Füße festen Boden berührten. Mit wackeligen Knien folgte sie Tyler und Kyle die breiten Stufen zur Eingangstür hinauf.

Kyle drückte die Türglocke. Aus dem Haus hörte Kitty das elektronische Geläut von Beethovens «Ode an die Freude». Sie warteten ein paar Sekunden, dann drückte Tyler erneut.

«Beeil dich, Alter», sagte er in das Beethoven-Stück hinein, als könnte Rex ihn hören.

Wieder warteten sie. Wieder geschah nichts.

Kitty bekam ein ungutes Gefühl im Magen. So gern sie

es auch auf ihre Übelkeit geschoben hätte, so konnte sie doch die Tatsache nicht ignorieren, dass irgendetwas sich auf unheimliche Weise falsch anfühlte.

Kyle trat ein paar Schritte vom Eingang zurück und legte den Kopf in den Nacken. «Rex!», rief er zum ersten Stock hinauf. «Wir sind's. Mach die Tür auf.»

«Vielleicht schämt er sich», sagte Kitty vorsichtig. «Wegen des Videos.»

Tyler schnippte mit den Fingern und richtete dann seine Zeigefinger auf sie. «Guter Punkt.» Er streckte die Hand aus und drückte die Türklinke herunter. Mit einem Klicken schwang die Haustür auf.

«Wie nett», sagte Kyle hinter ihnen. Er rannte an Tyler vorbei in die Eingangshalle. «Rex! Was soll der Scheiß, Mann? Schläfst du?»

«Rex, Alter, hör auf, an dir rumzuspielen», rief Tyler, als er seinem geistigen Zwilling ins Haus folgte. «Und zieh dir die Hose hoch!»

Kyle wandte sich grinsend um und streckte ihm die Faust hin. «Der war gut, Alter.»

Tyler erwiderte die Ghettofaust und machte sich auf den Weg die Treppe hinauf. «Lass uns in seinem Zimmer nachsehen.»

Kitty blieb auf der Türschwelle stehen, als die Jungs nach oben rannten. Haustür nicht abgeschlossen, Haus totenstill. Irgendetwas daran flößte ihr kalte Angst ein, als hätte sie gerade eine Szene in einem Horrorfilm betreten.

Du bist albern. Kitty trat sich die Schuhe an der Fußmatte ab und verdrängte ihre Furcht. Kyle und Tyler kannten Rex besser als jeder andere, und sie schienen sich bisher keine Sorgen zu machen. Die letzten Wochen hatten Kitty einfach überempfindlich gemacht.

Sie straffte die Schultern und betrat die Eingangshalle der Cavanaughs.

Die Einrichtung kam ihr augenblicklich bekannt vor. Anscheinend war seit Rex' dreizehntem Geburtstag nicht viel verändert worden. Die Eingangshalle war ein riesiger Raum mit sechs Meter hoher Decke, Goldfarbe und Marmor und einer Treppe in doppelter Breite, die sich auf der linken Seite emporschwang. Daneben führte ein säulengesäumter Durchgang ins Wohnzimmer. Sie konnte den von geblümten Vasen flankierten Kamin sehen und ein kleines Stück des glitzernden Kronleuchters. Es war der Schauplatz von Rex' Blamage.

«Sein Handy ist hier!», rief Tyler oben.

«Ernsthaft?» Schnelle Schritte waren zu hören.

«Ja. Schau selber.»

Kurze Stille. «Sieh mal im Gästezimmer nach», sagte Kyle dann. «Ich geh ins Zimmer seiner Eltern.»

«Okay.» Tyler flitzte über die imposante Galerie im ersten Stock. «Rex! Das ist nicht witzig! Komm schon, wir müssen reden.»

In ihren Stimmen lag jetzt eine Dringlichkeit, von der eben noch nichts zu merken gewesen war. So normal es zu sein schien, dass Rex nicht die Tür geöffnet hatte, machte irgendetwas die beiden jetzt spürbar nervös. Das flaue Gefühl in Kittys Magen kehrte zurück, viel stärker als noch vor ein paar Minuten. Sie wollte diesem Haus, dieser Situation entfliehen, sich draußen verstecken und Kyle und Tyler allein nach ihrem Freund suchen lassen. Stattdessen starrte sie einfach weiter ins Wohnzimmer.

Sie brauchte mehrere Minuten, um zu begreifen, warum. Da war etwas auf dem Boden hinter dem Flügel. Etwas, das dort nicht hingehörte.

Kitty blinzelte, ihre Augen stellten den Gegenstand scharf. Es war ein Schuh, ein brauner Oxforder, wie er von einem Großteil der männlichen Schüler auf der Bishop DuMaine getragen wurde. Nein, nicht nur ein Schuh. Es waren zwei. Kitty ging ein paar Schritte weiter in das Wohnzimmer hinein, eine unsichtbare Kraft zog sie auf den Flügel zu.

Es waren nicht bloß Schuhe – es hingen Beine daran. Und ein Oberkörper.

Kittys Verstand schrie ihr zu, nicht weiterzugehen, wegzusehen, aber ihr Körper hatte seinen eigenen Willen. Bevor sie überhaupt begriff, was sie tat, näherte sie sich der Gestalt auf dem Boden, bis sie volle Sicht darauf hatte.

Da lag ein regungsloser Körper, ein schwarzer Ledergürtel war um den Hals gelegt worden und schnitt in die Kehle.

Kitty kannte diesen Körper. Es war Rex Cavanaugh.

FÜNFUNDZWANZIG

Jemand klopfte heftig an Brees Zimmertür und weckte sie aus ihrem Nickerchen.

«Wir müssen los», blaffte Olaf aus dem Flur. «Komm ins Auto. Olaf fährt.»

Sie sprang aus dem Bett, schob die Füße in ihre schwarzen Bikerstiefel und zog einen gestreiften Pullover über ihr zerknittertes Vintage-Kleid. Die Aussicht auf ihre erste Gruppentherapiesitzung entlockte ihr ungefähr so viel Begeisterung wie ein Zahnarztbesuch. Wobei sie sich einen Termin beim Zahnarzt sogar sehr viel weniger anstrengend vorstellte, als eine Stunde jammernden Mädchen dabei zuzuhören, wie sie über ihr Leben abkotzten, und dabei so zu tun, als würde sie sich «aktiv an ihrer Rehabilitation beteiligen».

Und, Bree, wie fühlst du dich mit den Entscheidungen, die du getroffen hast?

Wie ich mich dabei fühle, all diesen Arschgeigen und Fieslingen eine Lektion erteilt zu haben? Verdammt großartig, ehrlich gesagt.

Sie traf Olaf unten an, wo er ihr die Haustür weit aufhielt.

«Wird die Alarmanlage nicht losgehen, sobald ich da durchgehe?», fragte sie.

«Olaf hat die Alarmanlage ausgeschaltet.»

Natürlich hatte er das.

Bree kletterte auf den Rücksitz des Escalade. Ihre Augen waren noch so müde, dass sie den braunen Umschlag erst bemerkte, als sie sich halb daraufsetzte.

Sie war eigentlich nicht überrascht. Im Grunde hatte sie seit ihrer Entlassung aus der Jugendhaft damit gerechnet, einen weiteren dieser verhassten Umschläge zu erhalten. Es war nichts weiter als ein Wunschtraum gewesen, dass der Mörder sie nach ihrem Bekenntnis wirklich in Ruhe lassen würde. Und Bree wurde das Gefühl nicht los, dass der Beinahe-Unfall und der Brand im Lager nur ein Vorspiel dessen gewesen waren, was er als Nächstes für sie geplant hatte.

Mit zusammengebissenen Zähnen öffnete sie den Umschlag und zog ein Blatt Papier heraus. Eine schlichte Botschaft:

```
        Ich werde alles zerstören,
                was du liebst.
```

Sie starrte noch immer auf den Zettel, als Olaf aus der Einfahrt ausparkte. Gedankenverloren zog sie den Gurt über ihren Schoß und steckte ihn in das Gurtschloss.

Er rastete ein.

«Hast du den Anschnallgurt repariert?», fragte sie und beobachtete Olafs Gesicht im Rückspiegel.

«War er kaputt?», entgegnete er.

Bree blickte misstrauisch zu dem Gurtschloss hinunter. Die Kratzer, die sie vor zwei Tagen darauf entdeckt hatte, nachdem sie beinahe von der Straße gedrängt worden waren, waren verschwunden. Das Schloss war vollständig ersetzt worden.

Offenbar wollte der Killer sämtliche Beweise für einen Mordversuch beseitigen. Bree grub ihre Finger in das Sitzpolster. Das konnte nur eines bedeuten.

Er würde es wieder versuchen.

Das Gebäude, in dem sich Dr. Walters normales Büro befand, war weniger bedrohlich als das Jugendgefängnis, und von all dem Alarmschnickschnack, den Bree erwartet hatte, war nichts zu sehen. Sie stieg in den ersten Stock hinauf, und Olaf folgte ihr auf dem Fuße, nur für den Fall, dass ihr die Idee käme zu fliehen.

Genau wie der Aufenthaltsraum im Jugendknast war das Wartezimmer auch hier grauenhaft heiter. Die Wände waren in einem blassen Orange gestrichen, und der Raum war in einer Mischung aus freundlichen IKEA-Möbeln und buntem Spielzeug in netter Kindergarten-Wohlfühl-Atmosphäre eingerichtet. Ein niedriger Tisch mit Plastikstühlen im Stil von Wachsmalstiften leuchtete farbenfroh in der Mitte, darauf eine Holzeisenbahn und jede Menge Duplosteine. Die Erwachsenenstühle, die an drei Seiten des Zimmers an der Wand aufgereiht standen, waren mit blütenbedrucktem Stoff bezogen, der zu den Wänden passte. Auf jedem der drei niedrigen Tische am Ende der Stuhlreihen stand eine Lampe in Form einer Ananas, die umgeben war von Teenager-Zeitschriften. Bree sah die *Teen Vogue* und die *J-14*, die beide strahlende, zur Perfektion retuschierte Fotos der Herzensbrecher der Stunde auf dem Cover hatten.

Das alles löste einen akuten Brechreiz in ihr aus.

«Kann ich Ihnen helfen?», fragte eine heitere Frau an der Rezeption.

«Bree Deringer», sagte Bree und begegnete ihrem übertriebenen Enthusiasmus mit offensivem Desinteresse.

«Ah!», machte die Frau und sah auf einem Klemmbrett nach. «Sie kommen zur Gruppentherapie.»

«Leider», sagte Bree leise.

Die Frau musterte Olaf, der stumm mit hinter dem Rücken verschränkten Händen in der Tür stand, sodass die definierten Muskeln um seine Brust sich deutlich unter seinem engen Hemd abzeichneten, und ihr Körper wurde schlaff. Ihre Augen wanderten vom Gesicht des Bodyguards zu seinen Bauchmuskeln und wieder zurück, langsam und genüsslich, als wollte sie jedes Quäntchen Olaf in sich aufnehmen. Dann fuhr sie sich mit einem Finger über ihr Kinn; Bree war sich sicher, dass sie sich Sabber abwischte.

«Und wie kann ich *Ihnen* helfen?», fragte die Frau ihn schließlich mit heiserer Stimme.

Olaf deutete lediglich mit dem Kinn auf Bree, wie immer ganz der Neandertaler.

«Er ist mit mir hier», sagte Bree und lächelte knapp. «Big Brother is watching you.»

«Ja …», sie schien ihren Blick noch nicht lösen zu können. «Ihr Bruder ist … big.»

Igitt.

Die Frau zeigte geistesabwesend einen langen Gang hinunter. «Zimmer B am Ende des Flurs.»

Naturgewalt Olaf fordert ein weiteres Opfer.

Zimmer B war die vierte Tür links, und als Bree näher kam, nahm sie schwach Bewegung dahinter wahr. Stühle wurden auf dem Teppichboden zurechtgerückt, Taschen geöffnet, Jacken verstaut. Bevor sie eintrat, holte sie tief Luft. *Wird schon schiefgehen.*

Sieben oder acht Stühle standen mitten in einem fensterlosen Konferenzraum im Kreis. Dr. Walters war noch nicht da, aber vier andere Mädchen hatten bereits ihre Plätze eingenommen und dabei je einen leeren Stuhl zwischen sich frei gelassen. Bree hatte ebenfalls gehofft, keine direkte Sitznachbarin zu haben, aber dieses Glück war ihr wohl nicht vergönnt. Ohne mit irgendjemandem Blickkontakt aufzunehmen, suchte sie sich einen freien Platz auf der gegenüberliegenden Seite des Raumes aus, zwischen einer winzigen Blondine, die an ihrem Handy herumdaddelte, und einem kurvigen hispanischen Mädchen, das ein Bein untergeschlagen hatte, die Arme achtlos über die Stuhllehne hängen ließ und düster in die Luft starrte. Ihre Körpersprache sagte unmissverständlich: «Du kannst mich nicht brechen!», und Bree hoffte, wenn sie neben einer solchen Persönlichkeit saß, würde vielleicht weniger Aufmerksamkeit auf sie entfallen.

Ihre unmittelbaren Sitznachbarinnen ignorierten sie, und auch die anderen Mädchen, beide braunhaarig, blickten unbeteiligt auf den Boden beziehungsweise auf ihr Handy.

«Guten Morgen, die Damen!» Dr. Walters fegte in einem geblümten Rock ins Zimmer, der locker um ihre Beine schwang, als sie sich in der Mitte des Kreises einmal um sich selbst drehte und sich dann in einen Stuhl gegenüber von Bree fallen ließ. «Und, wie geht es uns allen heute Nachmittag?»

«Gut», murmelten zwei bis drei Teilnehmerinnen, aber da Bree sich dem nicht anschließen konnte, blieb sie still.

Dr. Walters schien an den Antworten ohnehin nicht besonders interessiert zu sein, sie richtete sich mit ihrem Block in der Hand gemütlich auf ihrem Stuhl ein und lächelte in die Runde. «Bree, schön, dich zu sehen.»

Alle Augenpaare wandten sich Bree zu, als hätten die anderen Mädchen eben erst bemerkt, dass sie da war.

«Willkommen in deiner neuen, von der Abteilung für Jugendstraftaten des Santa-Clara-County-Gefängnisses mandatierten Therapiegruppe.» Dr. Walters deutete nacheinander auf die anderen Mädchen. «Das sind Kaylee, Emma, Heather und Jacinta.»

Bree hoffte, dass man sie die Namen später nicht abfragen würde.

Dr. Walters warf einen Blick auf ihre Uhr. «Wir geben unserer Zuspätkommerin noch eine weitere Minute», sagte sie, «bevor wir ohne sie ...»

In diesem Augenblick flog die Tür auf, und ein großes Mädchen mit kastanienbraunem Haar stürmte ins Zimmer. «Entschuldigen Sie, dass ich zu spät komme, Dr. Walters», keuchte sie.

Dr. Walters drehte sich zu ihr um, dann sah sie wieder zu Bree. «Und das letzte Mitglied unserer Gruppe, liebe Bree, ist Tamara.»

Bree spürte, wie die Farbe aus ihrem Gesicht wich. Sie hätte keine Vorstellung der Zuspätkommerin durch Dr. Walters gebraucht, sie erkannte ihre ehemalige Schulkameradin sofort.

Es war Tammi Barnes, die DGM-Zielperson Nummer sechs.

SECHSUNDZWANZIG

In den nächsten zehn Minuten bekam Bree nichts von dem mit, was Dr. Walters sagte. Sie konnte nur Tammi Barnes anstarren.

Es war ein Einsatz gewesen, an den Bree sich gut erinnerte, eine der befriedigendsten DGM-Aktionen überhaupt. Tammi hatte wenige Monate zuvor den Posten als Kapitänin des Cheerleading-Teams übernommen, sie war eine vorbildliche Schülerin, freundlich und aufgeschlossen den Lehrern gegenüber, der Mittelpunkt einer großen und bunt gemischten Gruppe von Freunden – und ein riesengroßes Miststück den jungen Nachwuchs-Cheerleaderinnen gegenüber, die gern in ihr Team wollten. DGM entdeckte, das Tammi hinter einem erniedrigenden Ritual, einer Art Aufnahmeprüfung für die neuen Cheerleaderinnen, steckte. Sie zwang die hoffnungsfrohen Schülerinnen, die gerade frisch auf die Senior High gekommen waren, den Mitgliedern der Football-Schulmannschaft Blowjobs zu geben – nur dann wurden sie ins Team aufgenommen. Die Footballspieler füllten danach Wertungslisten aus, die in der gesamten Schülerschaft zirkulierten, und jeder Typ auf der Bishop DuMaine wusste, welches Mädchen im Blasen ein A und welches ein F bekommen hatte.

Es war eine harte Nuss gewesen, einen Racheplan zu schmieden. Tammi lebte mit ihrer Mom, ihrem Stiefvater und zwei Schwestern ein scheinbar perfektes Leben. Sie bekam niemals Ärger, brach keine Regeln, und so wie es aussah, hatte sie auch keine Geheimnisse. Wahnsinnig stolz war sie auf ihre Tanzkünste, was sie jeden wissenließ, der es hören wollte oder nicht.

Tammi war in Beverly Hills aufgewachsen, bevor ihre Mutter zum zweiten Mal geheiratet hatte und die ganze neue Familie nach Palo Alto gezogen war. Sie behauptete, dass sie, als sie noch in L. A. lebte, eine Art Tanz-Wunderkind gewesen sei, das von den besten Lehrern unterrichtet und für Musikvideos, Film- und Fernsehauftritte gebucht wurde. Tammi erzählte jedem bereitwillig, dass der einzige Grund dafür, dass sie noch keine professionelle Tänzerin war, darin liege, dass ihre Mutter ihr bis zu ihrem achtzehnten Geburtstag verboten habe, auch nur zu einem einzigen Vortanzen zu gehen.

Und dieser Mythos blieb unwidersprochen, bis DGM gegenteilige Beweise ausgrub. Die Tiny Dancer Hip Hop Academy in Hollywood, Kalifornien betrieb eine kleine Online-Datenbank ihrer aktuellen und ehemaligen Schüler, einschließlich der dreizehnjährigen Tamara Barnes. Margot gelang es, die Datenbank zu hacken und ein Video von Tammi herunterzuladen, das sie bei einer Aufführung der Academy zeigte. DGM postete das Video auf einer Website namens «Tänzer oder Trampel», auf der User Tanzvideos bewerten und teilen konnten. Das wirklich grauenhafte Video von Tammi und ihrer Adaption von Beyoncés «Single Ladies»-Choreographie wurde schnell eines der am meisten geklickten und am schlechtesten bewerteten Hits der Website.

Und DGM sorgte dafür, dass jeder auf Bishop DuMaine davon wusste.

Aber Tammi Barnes hatte die Blamage verdient. Sie war ein skrupelloses Miststück, noch gefährlicher als Amber, weil sie neben ihrer Macht auch noch einen halbwegs funktionierenden Verstand hatte und geübt darin war, ihren dunklen Charakter wie ein Chamäleon zu tarnen.

Und jetzt saß sie da in Brees Gruppentherapiesitzung. Was zum Teufel war mit ihr passiert?

«Wollen wir anfangen?», fragte Dr. Walters. «Gut. Denkt daran, alles, was in dieser Runde besprochen wird, ist zu einhundert Prozent vertraulich. Wenn ihr dabei erwischt werdet, dass ihr etwas, das ihr hier in der Gruppentherapie erfahren habt, draußen weitergebt, verletzt ihr damit die Bedingungen für eure Haftunterbrechung oder eure Bewährungsauflagen. Versteht ihr die Bedeutung dieser Absprache?»

«Ja», murmelten alle. Dieses Mal passte Dr. Walters auf und sah jede von ihnen direkt an. Ihr Blick blieb am Stuhl ihr gegenüber hängen.

«Ja», beeilte Bree sich zu sagen, als sie begriff, dass ihr Schweigen hier als Zustimmung nicht ausreichte.

«Gut.» Dr. Walters blätterte ein paar Seiten in ihrem Block um und nahm ihren Stift zur Hand.

«Tamara, wir haben gegen Ende der letzten Sitzung hervorragende Fortschritte gemacht, also würde ich gern dort weitermachen, wo wir das letzte Mal aufgehört haben.»

«Okay», sagte Tammi mit einem freundlichen Lächeln.

«Wir haben über deinen Stiefvater gesprochen und die verbalen und körperlichen Misshandlungen, denen du zu Hause ausgesetzt warst. Kannst du uns mehr darüber erzählen?»

Tammi saß bewegungslos da. «Ich glaube, ich hatte erwähnt, dass mein Stiefvater ein Problem mit Spielsucht hatte?»

Dr. Walters nickte.

«Gut», sagte Tammi. «Also, letzten Sommer hatte er all unsere Ersparnisse verzockt und stand kurz davor, das Haus zu verlieren. Deshalb hat er eine Menge Geld auf das siebte Spiel der NBA Finals gesetzt.» Sie schüttelte den Kopf und lachte leise in sich hinein. «Er hat uns geschworen, er könnte so das verlorene Geld zurückbekommen. Er müsste nur diesen einen großen Gewinn einfahren, um seine Schulden zu begleichen, und danach würde er aufhören.» Tammi senkte den Blick in ihren Schoß und verstummte.

«Und was ist passiert?», hakte Dr. Walters nach.

Tammi zuckte mit den Schultern. «Er hat verloren.»

Von diesem Punkt an wurde die Geschichte immer schlimmer. Bree merkte, wie sich alles in ihr zusammenzog, als Tammi leidenschaftslos berichtete, wie ihr Stiefvater Stunden später betrunken und wütend nach Hause kam. Tammi hatte ihre Schwestern in ihr gemeinsames Zimmer geholt und hoffte, dass er einfach einschlafen würde. Stattdessen hörte sie, wie ihre Mutter in der Küche vergeblich versuchte, ihn zu besänftigen, hörte, wie der Streit eskalierte. Dann der dumpfe Schlag, mit dem er ihre Mutter gegen die Wand oder zu Boden schleuderte.

«Meine Schwestern begannen zu weinen», sagte Tammi und starrte in die Mitte des Kreises. «Ich habe versucht, sie zu beruhigen, denn ich wollte nicht, dass er uns hörte und auch verprügelte. Aus der Küche drangen schlimme Geräusche zu uns hoch. Meine Mom flehte ihn an aufzuhören, aber es ging immer weiter. Da ist plötzlich etwas in mir durchgedreht. Was glaubte dieses Arschloch eigentlich, wer er ist? Was gab ihm das Recht, meine Mom zu schlagen?»

«Und was hast du dann getan?», fragte Dr. Walters.

Tammi schluckte. «Ich habe den Softballschläger meiner Schwester aus ihrem Schrank geholt. So einen aus Metall mit Gummigriff. Dann habe ich meine Schuhe abgestreift, damit er mich nicht kommen hört, bin die Hintertreppe hinunter und durch den Wäscheraum. Habe mich von hinten an ihn herangeschlichen. Ich habe nicht mal geschaut, wie es meiner Mom ging, damit sie mich nicht aufhalten konnte, denn das hätte sie natürlich getan. Ich habe ausgeholt und ihn, so fest ich konnte, auf den Kopf geschlagen.»

Bree kämpfte mit den Tränen. Letztes Jahr noch hatte Tammi Barnes für sie alles verkörpert, was auf der Bishop DuMaine schrecklich war. Sie war eine der einflussreichen Schülerinnen gewesen, die alle Schwächeren und weniger Privilegierten demütigen. DGM hatte in Tammis Vergangenheit gewühlt und ein kleines, aber wirksames Stück Material zutage gefördert, auf das sie ihre Rache gegen sie gründen konnten. Aber auf dieses Familiengeheimnis waren sie nicht gestoßen.

Hätte es eine Rolle gespielt? Wenn sie herausgefunden hätten, dass Tammis Stiefvater ein Monster war, hätten sie sie dann doch nicht dafür bestrafen wollen, dass sie ein Dutzend neue Schülerinnen dazu gezwungen hatte, Footballspielern einen zu blasen? Wahrscheinlich hätten sie es trotzdem getan. Aber möglicherweise erklärte das, wieso Tammi in der Schule so ein fieses Biest gewesen war. Sie hatte versucht, am einzigen Ort Macht auszuüben, an dem sie das Gefühl hatte, Macht zu besitzen.

Tammi blickte zu Dr. Walters auf. Ihre Augen waren zu Schlitzen verengt, und sie klang unsicher und verwirrt, als sie wieder zu sprechen begann. «Er ist nicht gestorben, aber ich wollte ihn umbringen. Das wollte ich wirklich. Ist das schlimm?»

«Wir sind nicht hier, um zu beurteilen, was gut ist und was schlecht ist», sagte Dr. Walters, «sondern um darüber zu sprechen, wie wir uns fühlen, und Wege zu finden, in Zukunft mit unseren Gefühlen zurechtzukommen.»

«Ich war wütend.» Tammi blickte wieder ins Leere. «Wirklich wütend. Und als er dann bewusstlos auf dem Boden lag und meine Mom sich schreiend über ihn warf, habe ich mich zum ersten Mal in meinem Leben stark gefühlt. So als hätte ich die Kontrolle über etwas.»

«Und woher, glaubst du, kam dieses Gefühl?», fragte Dr. Walters. «Du hast früher einmal gesagt, dass du dir deinem Stiefvater gegenüber immer sehr hilflos vorgekommen bist. Was hat sich an diesem Tag für dich verändert?»

Tammi schwieg. Dr. Walters wartete geduldig, und Bree hielt vor Spannung den Atem an. Das siebte Spiel der NBA Finals musste Mitte Juni stattgefunden haben, nur wenige Wochen nach dem DGM-Streich gegen Tammi in ihrem Abschlussjahr.

«In der Schule war vorher etwas Schreckliches passiert», begann sie schließlich wieder zu sprechen.

Bree biss die Zähne zusammen. Hatte das, was DGM ihr damals angetan hatte, sie so fertiggemacht und letztlich dazu geführt, dass sie hier gelandet war?

211

Tammi blickte auf. «Oder – eigentlich stimmt das nicht. Es war nicht schrecklich. Ich meine, damals war es das. Ich fühlte mich total gedemütigt.» Sie lächelte verlegen. «Aber ich war ein echtes Biest in der Schule. Eine der Schlimmsten. Ich mache niemandem einen Vorwurf, der sich mit dieser Aktion an mir gerächt hat. Ich hatte es verdient.»

Bree blieb der Mund offen stehen. Tammi Barnes übernahm die Verantwortung für ihr Verhalten? Es war, als hätte sich die Welt in nur wenigen Sekunden auf den Kopf gedreht. Bisher waren die DGM-Zielpersonen für Bree Kriminelle gewesen, und DGM war der Heldenbund, der das Böse verfolgte. Es fiel ihr unglaublich schwer, zu begreifen, dass Tammi selbst ein Opfer sein könnte.

«Und was war nach diesem Ereignis in der Schule?», ermunterte Dr. Walters sie.

«Ich glaube, es hat mir gezeigt, dass Leute sich wehren können, wenn man sie zu Opfern macht. Dass *ich* mich wehren kann. Als ich mit diesem Softballschläger in die Küche ging, habe ich auch im Namen anderer gehandelt. Es war mir egal, was mit meinem Stiefvater passierte, ich wollte nur sicherstellen, dass er niemals mehr jemanden verletzen konnte.»

«Danke, Tammi», sagte Dr. Walters. «Ich weiß, du hast schwierige Monate hinter dir, seit deine Mutter dich hinausgeworfen hat. Wie läuft es in der Wohngruppe?»

Brees Gedanken überschlugen sich. Es war alles ihre Schuld. Sosehr Tammi die anderen Schülerinnen auch schikaniert hatte, zu Hause war sie selbst ein Opfer gewesen. Die DGM-Aktion gegen sie hatte wie ein Katalysator

212

gewirkt und dazu geführt, dass sie sich ebenfalls gewehrt hatte. Tammi hatte an der Bishop DuMaine erst vor wenigen Monaten ihren Abschluss gemacht. Seitdem hatte sie ihre Familienangehörigen verteidigt, indem sie ihrem Stiefvater den Schädel eingeschlagen hatte, war verhaftet und aus dem Haus geworfen worden und musste jetzt in einer Wohngruppe wohnen.

Alles nur wegen DGM und dem, was sie ihr angetan hatten.

«Bree, hörst du mich?»

Brees Kopf schoss hoch. Sie war in Gedanken versunken gewesen und hatte nichts mitbekommen.

«Hm?», antwortete sie lahm.

«Die nächste Sitzung ist morgen, und wir nehmen unser Gespräch dort wieder auf, wo wir es jetzt geschlossen haben. Bree, bereite dich darauf vor, uns deine Geschichte zu erzählen.»

Schöne Scheiße.

Olaf stand immer noch an genau derselben Stelle, an der sie ihn eine Stunde zuvor zurückgelassen hatte. Er sagte kein Wort, als Bree zusammen mit den anderen Mädchen aus dem Therapiezimmer kam, er hielt ihr lediglich die Tür auf, damit sie in den hellen Sonnenschein hinaustreten konnte.

Es war, als lösten sich ihre Therapiegenossinnen im Tageslicht direkt in Luft auf, so eilig hatten sie es, wegzukommen. Ein paar schlagende Autotüren und startende Motoren später waren Bree und Olaf die Einzigen, die noch auf dem Parkplatz standen. Doch als Bree ihrem Bodyguard gerade zum Wagen folgen wollte, sah sie Tammi, die allein an der Bushaltestelle vor dem medizinischen Versorgungszentrum wartete.

«Hey!», rief Bree und winkte, um Tammis Aufmerksamkeit zu erregen. «Sollen wir dich nach Hause fahren?»

Sie war sich nicht sicher, warum sie das tat. Schuldgefühle, Neugierde, ein Gefühl von Verantwortung für Tammis Schicksal und allem voran ein tiefes, verzweifeltes Bedürfnis zu erfahren, wie sich Tammis Leben in den letzten Monaten entwickelt hatte.

Tammi drehte sich um und blickte Bree ein paar Sekunden lang an, dann glitt ihr Blick zu dem schwarzen SUV und dem Gorilla, der am Steuer saß.

«Ist das dein Dad?», fragte sie.

Bree schnaubte. «Nein. Nur ein Chauffeur.»

Tammi blickte sie weiter forschend an. «Du warst auf der Bishop DuMaine.»

Tammi Barnes erkannte sie wieder? Das war ungefähr so realistisch, als würde die Königin von England den fünften Stallknecht eines ihrer seltener bewohnten Sommerschlösser wiedererkennen. Es passte nicht zu der hochnäsigen, egozentrischen Zicke, die Bree in Erinnerung hatte.

«Ja», sagte Bree nach einer kurzen Pause.

«Ich habe im Juni meinen Abschluss gemacht», erzählte Tammi.

Ich weiß.

Tammi überlegte kurz. «Ich wohne gleich an der Newbridge Street. Ist das zu weit weg?»

«Nein, nein», sagte Bree, ohne sich mit Olaf abzustimmen. «Steig ein.»

Tammi kletterte auf den Rücksitz und nannte Olaf die

Adresse. Ohne zu antworten, gab er sie in das Navi ein und parkte den SUV aus.

«Nettes Auto», sagte Tammi und musterte die Ledersitze und die Premium-Ausstattung.

«Gehört meinem Dad», antwortete Bree, um den Besitz von etwas so Protzigem von sich zu weisen.

«Wird der Chauffeur auch mitgeliefert?»

Bree lächelte. «Rundum-sorglos-Paket.»

«Oh.»

Sie verstummten. Nur der örtliche Radiosender trällerte im Hintergrund. Bree dachte angestrengt nach. Sie wollte Tammi nach ihrer familiären Situation fragen, danach, was nach dem DGM-Streich mit ihr passiert war, was in nächster Zeit passieren würde, aber sie hatte keine Ahnung, wie sie anfangen sollte. Sie wusste mehr über Tammi, als sie jemals preisgeben durfte. Das ist eben so, wenn man eine Woche im Garten von jemandem kauert und die Mülltonnen durchsucht. Doch anscheinend war die eine Sache, die Bree dabei nicht herausgefunden hatte, die wichtigste von allen.

«Und was machst du jetzt so?», fragte Bree. Irgendwie musste sie ja eine Unterhaltung anfangen. «Wo du deinen Abschluss hast, meine ich.»

«Ich bin auf Bewährung», sagte Tammi. «Also muss ich mich regelmäßig bei meinem Bewährungshelfer melden und dreimal die Woche zu Dr. Walters gehen.»

«Großer Spaß.»

«Und ich arbeite in der Mall. In einem kleinen Laden, der Accessoires verkauft und so.»

In der Sorte Laden, in der du vor einem Jahr noch dein ganzes Geld ausgegeben hättest.

«Klingt cool», sagte Bree lahm.

«Eigentlich nicht so. Aber es macht mir nichts aus. Wenigstens bin ich von niemandem mehr abhängig. Ich kann für mich selber sorgen, und keiner sagt mir, was ich zu tun habe. Das fühlt sich gut an.»

Bree nickte. Diesen Punkt konnte sie nachvollziehen. Noch nie in ihrem Leben hatte sie sich befreit gefühlt, weder von den Erwartungen ihres Vaters noch von der belastenden Beziehung zu ihrer Mutter. Andererseits hatte sie auch noch nie arbeiten, nie ihr eigenes Geld verdienen müssen. Würde es sich gut oder schrecklich anfühlen, wenn sie ihren Eltern sagte, sie sollten sich ein für alle Mal zum Teufel scheren?

«Es ist ziemlich mutig», sagte Bree mit einem Lächeln. «Ganz allein zu sein.»

Tammi hob eine Augenbraue. «Mutig? Nein. Mutig ist etwas, wofür man sich entscheidet. Ich habe doch gar keine Wahl.»

Olaf brachte den Wagen vor einer roten Ampel zum Stehen, und Bree war ganz übel zumute. Tammi hatte recht. Sie hatte keine Wahl. Wohingegen Bree so viele Möglichkeiten gehabt hatte, ihr wurden die besten Startbedingungen ins Leben gegeben, wie ihr Vater immer sagte. Und was hatte sie daraus gemacht?

«Ich schätze, du bist …»

«Könnten Sie das bitte lauter drehen?», unterbrach Tammi sie und deutete auf das Autoradio.

Ohne ein Wort drehte Olaf die Lautstärke hoch.

«Die Schülerin der Santa Clara High School wird seit gestern vermisst. Wendy Marshall wurde zuletzt in einem schwarzen Lexus IS 250 aus dem Jahr 2012 in der Gegend

Menlo Park gesehen. Die Polizei bittet alle Bürger mit Hinweisen auf ihren Verbleib um sofortige Kontaktaufnahme. Das war Valerie Fujiyama für KZXY News.»

«Wow», sagte Tammi. «Kennst du sie noch aus der Schule?»

«Ja ...» Bree ließ sich im Sitz zurücksinken, ihre Hände zitterten. «Ich glaube schon.»

Wendy Marshall, DGM-Zielperson Nummer eins, war verschwunden. Das musste ein seltsamer Zufall sein, oder nicht?

«Hier wohne ich», sagte Tammi. Olaf hielt vor einem Haus aus dem frühen zwanzigsten Jahrhundert, das dringend einen Gärtner, ein paar Maulwurfsfallen und einen Anstrich nötig gehabt hätte. Eine verrostete Hollywoodschaukel stand auf der Eingangsterrasse, und die Abfalltonne seitlich am Haus quoll über. Das hier hatte mit dem Farmhaus mit vier Schlafzimmern, in dem Tammi früher zu Hause gewesen war, nichts gemeinsam.

«Danke fürs Fahren.» Tammi sprang auf den Gehweg. «Wir sehen uns morgen!»

«Ja», sagte Bree. «Morgen.»

Morgen musste sie ihre DGM-Geschichte vor Tammi ausbreiten. Großartig.

SIEBENUNDZWANZIG

Olivia war völlig aufgelöst, als sie endlich zu Hause ankam. Peanut, die sie normalerweise mitnahm, war nach dem Unterrichtsabbruch spurlos verschwunden, womit Olivia gezwungen war, den Bus zu nehmen. Was auch völlig in Ordnung gewesen wäre, wenn nicht jeder einzelne Unterstufenschüler, der mit öffentlichen Verkehrsmitteln nach Hause fuhr, entweder Rex' Geburtstag oder Ambers Fetten-Camp auf dem Display gehabt hätte. Sie war förmlich vom DGM umgeben gewesen.

Die Ereignisse der letzten Tage machten sie jetzt noch schwindelig: die neuen Streiche, das Feuer im Lager, die Umschläge. Es hatte sich angefühlt, als würde der gesamte Bus sie verhöhnen, und mit jeder Sekunde hatte sie sich mehr danach gesehnt, diesem Horror endlich zu entkommen. Sie wollte nur noch in ihr Zimmer rennen, sich mit ihrem geheimen Vorrat Süßigkeiten vollstopfen und für den Rest der Nacht unter die Bettdecke kriechen.

«Livvie!»

Als Olivia die Haustür öffnete, kam ihre Mom quer durch das Wohnzimmer auf sie zugeschossen und brachte sie mit ihrer stürmischen Umarmung beinahe zu Fall. Sie drückte ihre Tochter so fest an sich, dass diese erschrocken nach Luft schnappte. «Du glaubst nicht, was heute passiert ist!», rief sie aufgeregt. Sie trat einen kleinen Schritt zurück und umfasste Olivias Schultern.

«Man hat mir angeboten ...» Sie machte eine wirkungs-
volle Pause und riss dann dramatisch die Augen auf, um
ihre Kundgebung noch theatralischer zu machen. «Man
hat mir angeboten, ein Soloprogramm am Broadway zu
spielen!»

Olivia legte den Kopf zur Seite. «Aber wir sind in Kalifornien.»

Ihre Mom schnalzte mit der Zunge. «Das weiß ich doch,
du Dummerchen. Die Probeaufführung von *Der Fluch der
Lady* wird in San José laufen. Charles sagt ...»

«Charles?»

Sie lachte. «Der Produzent. Er sagt, man hat uns bereits
eine einmonatige Spielzeit im HERE Arts Center in SoHo
zugesagt. Kannst du das glauben?»

Genau genommen konnte Olivia das überhaupt nicht
glauben. «Wie?»

Olivias Mom fasste nach ihrer Hand, zog sie quer durch
den Raum und drückte sie aufs Sofa. «Ich habe heute in
der Mittagsschicht gearbeitet, und da hat mich dieser Typ
an der Bar angesprochen. Eher jung, attraktiv. Er sagte,
ich käme ihm bekannt vor, aber weißt du, mit diesem
Spruch probiert es jeder, wenn er die Barfrau aufreißen
will. Ich sagte also: ‹Klar, sicher›, aber blieb abweisend
cool. Schließlich schnippte er mit dem Finger und sagte:
‹*Was ihr wollt* 1998 im Public. Stimmt's?›»

«Er hat sich nach siebzehn Jahren noch an dich erinnert?»

«Wieso, ist das komisch?», fragte ihre Mom schnippisch. «Ich hatte damals einen Bombenerfolg, meine Re-
zensionen waren unglaublich. ‹*June Hayes verzaubert als
Olivia ...*›»

«‹Ein phantastisches, anregendes neues Gesicht im Public Theatre›», vervollständigte Olivia das Pressezitat. «Ich weiß. Es kommt mir nur vor wie …» *ein etwas unglaubwürdiger Zufall?*

«Sei nicht neidisch», sagte ihre Mutter und zog eine Flunsch wie eine Zehnjährige. «Du bist nicht die Einzige in dieser Familie mit großen schauspielerischen Ambitionen. Wie, glaubst du, hat es sich für mich angefühlt, dass Fitzgerald Conroy gesehen hat, in was für einem Loch wir hier leben und wie ich zu meinem beschissenen Job als Barkeeperin aufgebrochen bin? Aus mir hätte jemand Großes werden sollen.»

Olivia fiel der erregte Tonfall ihrer Mutter auf, die Art, wie ihr Blick hektisch durchs Zimmer huschte. Sie steckte im Auftrieb einer ihrer manischen Phasen, vermutlich ausgelöst durch Fitzgeralds Besuch, und jetzt hatte irgendein angeblicher Produzent die Flamme noch angeheizt, indem er ihr das Blaue vom Himmel herunter versprochen hatte. Olivia musste ganz vorsichtig sein.

«Und, äh, wann beginnen die Proben?», fragte sie in dem Versuch, die Situation zu deeskalieren.

«Heute Abend!» Ihre Mom rannte aufgeregt zu ihrer Tasche und zog ein dickes, spiralgebundenes Skript heraus. «Und dann jeden Abend in den nächsten zwei Wochen.»

Jeden Abend? In Olivias Kopf schrillten die Alarmglocken. «Hast du im Shangri-La denn immer die Mittagsschicht?», fragte sie hoffnungsvoll.

«Mittagsschicht?» Ihre Mom lachte. «Ich brauche diesen schrecklichen Job an der Bar nicht mehr. Das hier ist unser Ticket in ein neues, großartiges Leben, Livvie!

Zurück nach New York! Zurück zu den Cocktails nach dem Auftritt in der Bar Centrale, dann bis drei Uhr nachmittags schlafen und alles wieder von vorne.»

«Mom», sagte Olivia langsam. Sie hatte Angst, die Worte laut auszusprechen. «Hast du gekündigt?» *Bitte sag nein.*

«Natürlich!»

Das Zimmer begann sich um Olivia zu drehen. Konnte dieser Tag noch schlimmer werden? «Und wie sollen wir die Miete bezahlen?»

Ihre Mom packte sie wieder bei den Schultern. «Wir haben doch bald jede Menge Geld! Sobald die Proben vorbei sind, bekomme ich siebentausend die Woche! *Die Woche*, Livvie! Stell dir das mal vor!» Ihre Mom vollführte eine kleine Pirouette, dann tänzelte sie in die Küche und schenkte sich aus einer Filterkanne ein Glas Wasser ein.

Siebentausend die Woche. So gerne Olivia die Bereitschaft ihrer Mutter geteilt hätte, an diesen plötzlichen Geldregen zu glauben, es schien ihr alles zu gut, um wahr zu sein. Und bisher hatte sie mit ihrem Gefühl meistens richtiggelegen.

Sie folgte ihrer Mutter in die Küche und lehnte sich gegen den Tresen. «Sag mal», sie versuchte, so entspannt und neutral zu klingen wie möglich, «hast du denn schon einen Vertrag gesehen?»

«Also bitte. Es ist ein Geschäft, das auf gutem Ruf basiert.»

Ich hab's mir gedacht. «Also hast du noch keinen Vertrag gesehen.»

Ihre Mom sah sie herausfordernd an. «Nein», sagte sie schnippisch. «Ich habe noch keinen Vertrag gesehen.»

«Vielleicht solltest du Charles darum bitten?» Olivia musste diese siebentausend pro Woche und die garantierte Spielzeit am Broadway schwarz auf weiß sehen, bevor sie dieser verrückten Geschichte Glauben schenken konnte.

«Weißt du was, Livvie, mir gefällt deine Einstellung nicht.»

«*Dir* gefällt *meine* Einstellung nicht?», fuhr Olivia sie an. Wer war hier eigentlich das Kind und wer die Erwachsene?

Sofort tat ihr Ausbruch ihr leid. Das Gesicht ihrer Mutter wurde hochrot, und ihre Augen glühten vor Wut.

«Ein Mal Standing Ovations, und du glaubst, du bist schlauer als ich?», brüllte sie. «Ich habe mich in New York an die Spitze gearbeitet, Schätzchen, und dann habe ich das alles für dich aufgegeben, für dich und dieses erbärmliche Leben hier. Wie kannst du es wagen, mir diesen einen Erfolgsmoment zu versauen? Du bist ein egoistisches kleines Miststück!»

«Mom, es tut mir leid. So habe ich das nicht gemeint.»

Aber es war zu spät. Ihre Mom stürmte aus der Küche, schnappte sich ihr Skript und ihre Handtasche vom Sofa und riss die Haustür auf.

«Wohin gehst du?», fragte Olivia.

«Ich lerne meinen Text für die Probe», sagte ihre Mom, ohne sie anzusehen. «Warte nicht auf mich.»

Olivia stand ein paar Sekunden bewegungslos da und starrte die Tür an, die hinter ihrer Mutter ins Schloss gefallen war. Sie machte sich Sorgen, sie war wütend, und aus irgendeinem Grund hatte sie unglaubliche Schuldgefühle. In einer Sache hatte ihre Mom recht – sie hatte ihre

Karriere für Olivia aufgegeben. Viele Schauspielerinnen in ihrer Lage hätten das Baby nicht bekommen oder es zumindest nicht behalten. Wo würde ihre Mom heute stehen, wenn sie Olivia nicht hätte? Wäre sie eine Tony-Gewinnerin? Eine Oscar-Preisträgerin? Stattdessen saß sie hier fest, pleite und von der Welt vergessen.

Olivias Blick wanderte durch die schäbige Wohnung und blieb am Wohnzimmertisch hängen, wo beinahe ein Dutzend Pillenfläschchen kreuz und quer verteilt lagen. Sie war sich beinahe sicher, dass es gestern noch nicht so viele gewesen waren.

Plötzlich kamen ihr die Stimmungsschwankungen ihrer Mutter seit dem Wochenende merkwürdig vor. Sie rannte zum Tisch, schnappte sich alle Fläschchen bis auf die beiden, die sie von früher erkannte, und nahm sie mit in ihr Zimmer. Sie hatte keine Ahnung, woher ihre Mutter all diese Tabletten hatte, aber in den letzten Tagen hatte sich an ihrem geistigen Zustand definitiv etwas verändert, und das konnte nur an diesen Pillen liegen. Olivia würde sie bei sich aufbewahren, bis sie mit Dr. Kearns gesprochen und herausgefunden hatte, was los war.

Als sie in ihrem Zimmer nach einem Versteck suchte, hörte sie ein lautes Klopfen an der Haustür. Ihre Mom musste ihre Schlüssel vergessen haben. Olivia ließ die Pillenfläschchen auf ihr Bett fallen und eilte zurück ins Wohnzimmer, um ihr zu öffnen.

Nur dass da nicht ihre Mutter vor der Tür stand.

«Amber!», rief Olivia überrascht. Amber gehörte absolut nicht zu den Leuten, denen sie zugetraut hätte, hier mitten am Nachmittag anzuklopfen. «Was machst du hier?»

Ohne zu antworten, drängte sich Amber an Olivia vorbei in die Wohnung. «Hier wohnst du also», sagte sie und musterte den kleinen Raum. «Ich wusste nicht, dass es ein Zweizimmerapartment ist.»

Olivia versteifte sich. Sie war öfter bei Amber gewesen, als sie zählen konnte, und sie kannte die Villa mit den vielen Schlafzimmern genau. Die fünfundsiebzig Quadratmeter, auf denen Olivia und ihre Mutter lebten, hätten wahrscheinlich komplett in Ambers Zimmer hineingepasst.

Olivia schämte sich für ihren Lebensstil und hatte immer Angst gehabt, dass ihre Freunde erfahren würden, wie arm sie und ihre Mom wirklich waren. Aber das würde sie Amber nicht zeigen.

«Mehr können wir uns nicht leisten», sagte sie leichthin. «Meine Mom arbeitet ja schon zwei Schichten am Tag, um die Miete zu bezahlen.»

«*Hat* gearbeitet», korrigierte Amber. «Vergangenheit. Stimmt's?» Sie wandte sich um und sah Olivia zum ersten Mal direkt ins Gesicht. «Ich bin ihr vor dem Haus in die Arme gelaufen, und sie hat mir erzählt, dass sie jetzt in einem Broadway-Stück mitspielt?»

«Die Probeaufführung dafür ist in San José», sagte Olivia selbstsicher. Sie war nicht willens, Amber die Scham sehen zu lassen, die sie wegen des Größenwahns ihrer Mutter empfand. «Bevor es dann am Broadway gezeigt wird. Meine Mom ist am Public Theatre in New York ein bekanntes Gesicht, also passt diese Rolle perfekt zu ihr.» Okay, leichte Übertreibung. Aber das wusste Amber ja nicht.

«Verstehe.»

Olivia holte tief Luft. Sie war die Spielchen leid. «Amber, wieso bist du hier?»

Amber trat einen Schritt auf sie zu. «Ich will dich um einen Gefallen bitten.»

«Mich?», fragte Olivia überrascht. In der komplizierten Geschichte ihrer Freundschaft hatte Amber noch niemals zugegeben, irgendetwas von irgendjemandem zu brauchen. Vielleicht hatte die Demütigung heute sie doch tiefer getroffen, als Olivia klar war.

«Ich weiß, dass Rex und ich nicht mehr zusammen sind», sagte Amber und überhörte die Frage. «Aber ich bitte dich, nicht mit ihm auszugehen.»

Olivia lachte laut. Sie konnte es nicht zurückhalten. «Ich will doch gar nicht mit Rex ausgehen.»

Amber trat noch einen Schritt auf sie zu und blickte ihr prüfend ins Gesicht. «Bist du dir da sicher?»

Wieso konnte sie immer noch nicht glauben, dass Olivia an ihrem Exfreund nicht im Geringsten interessiert war? «Absolut.»

«Ich frage, weil ich mich noch gut an den Abend am Lagerfeuer erinnere. Ich habe gesehen, wie du Rex geküsst hast.»

Verdammt. Dieses blöde Lagerfeuer. Olivia bereute ihre betrunkene Idee, mit Rex herumzuknutschen, um Donté eifersüchtig zu machen, zutiefst. Diese Aktion hatte ihr nichts als Ärger eingebracht.

«Amber, ich weiß, was du an dem Abend gesehen hast», setzte sie an. Sie musste endlich reinen Tisch machen. Es sich von der Seele reden. «Aber es ist nicht so, wie du denkst. Ich war nur wegen …»

Ein schrilles, altmodisches Klingeln ließ sie zusammenfahren. Amber musste ihr Handy auf volle Lautstärke gestellt haben. Sie zog es aus ihrer Tasche und nahm den Anruf schnell entgegen.

«Was ist, Kyle? Ich habe keine Zeit.»

Olivia hörte nur gedämpfte, unverständliche Silben. Der einzige Hinweis auf ihren Inhalt war Ambers Reaktion. Sämtliche Farbe wich aus ihrem Gesicht, die Hand, mit der sie das Telefon hielt, begann unkontrolliert zu zittern, und ihre Augen wurden glasig. Ihr Arm sank herunter, das Telefon fiel klappernd zu Boden.

«Amber?», schrie Kyle so laut, dass Olivia ihn hören konnte. «Amber, bist du noch da?»

«Was ist passiert?», fragte Olivia. «Amber, was ist los?»

Amber ließ sich auf die Armlehne des Sofas sinken, sagte aber kein Wort.

Olivia griff nach dem Telefon auf dem Boden. «Kyle? Hier ist Olivia. Was ist passiert?»

«Gott sei Dank, du bist bei ihr», rief er.

«Kyle, *was ist passiert?*»

ACHTUNDZWANZIG

Bree hielt es kaum aus. Sie war in ihrem Zimmer, es dauerte noch über eine Stunde, bis John kam, und sie versuchte verzweifelt, an etwas anderes zu denken als an ihre Begegnung mit Tammi Barnes.

Alles, woran sie geglaubt hatte, war plötzlich in sich zusammengefallen. Sie hatte sich selbst für eine Heldin gehalten oder wenigstens für eine Vertreterin der Gerechtigkeit, die versuchte, die Starken und die Schwachen etwas mehr auf Augenhöhe zu bringen. Stattdessen hatte sie Tammi auf den Weg in den Knast gebracht. Sie hatte ihr Leben zerstört. Und wie viele andere gab es da noch? Coach Creed und Ronny DeStefano waren tot. Nun war Wendy Marshall verschwunden. Trug Bree auch daran die Schuld?

Und dann Christopher. Sein Tod würde sie für immer verfolgen.

Ernsthaft, sie war eine Gefahr. Vielleicht sollte sie einfach auf diese Klosterschule gehen, wie ihr Dad es ihr immer androhte. Sie würde der Welt einen Dienst erweisen, wenn sie sich an einem Ort einschloss, an dem sie kein Unheil mehr anrichten konnte.

Ein lauter Schlag am Fenster ließ sie aus ihrer Selbstverachtung hochschrecken.

Johns gedämpfte Stimme drang durch die Scheibe. «Lässt du mich rein, oder soll ich hier übernachten?»

Bree sprang vom Bett hoch und riss das Fenster auf. «Was machst du so früh hier?»

John stemmte die Hände in die Hüften und sah beleidigt zur Seite. «Wenn du mich nicht sehen willst, kann ich auch wieder gehen.»

«Nein!» Mehr als alles andere auf der Welt wollte sie John sehen. «Aber die Schule ist doch noch gar nicht aus. Hast du Sport geschwänzt?»

«Der Unterricht wurde mitten in der vierten Stunde unterbrochen.»

«Was?»

«Rapunzel, wirf dein Haar herunter.» John wurde ungeduldig. «Wir haben viel zu besprechen.»

Zwanzig Minuten später saß Bree völlig entgeistert auf ihrem Bett und starrte John an. «Rex und Amber, beide am selben Tag? Wer auch immer das gemacht hat, ist entweder unglaublich gerissen oder schmerzhaft dumm.»

«Was meinst du damit?», fragte John.

Bree zuckte mit den Schultern. «Den Streich zu spielen, das ist leicht. Aber danach nicht erwischt zu werden, das ist das eigentlich Schwierige. Diese neue DGM-Gruppe hat nach nur ein paar Tagen Planung zwei Einsätze fast gleichzeitig durchgezogen. Das wird nicht gut ausgehen.»

«Ich frage mich, wer dahintersteckt.» John legte sich neben ihr auf die Seite und stützte den Kopf in die Hand. «Eine Person? Zwei?»

«Mindestens», sagte Bree. Sie dachte an die verschiedenen Rollen, die sie, Olivia, Margot und Kitty bei ihren DGM-Aktionen eingenommen hatten. Kundschafterin, technischer Support, Recherche, Einbrecherin, Lockvogel, falsche Fährte. Sie hätten keinen ihrer Einsätze mit weniger als vier Leuten durchführen können. «Für uns war vier die perfekte Anzahl.» Sie hielt inne und rief sich den aktuellen Status mit den zwei Neuzugängen ins Gedächtnis. «Sechs sind natürlich noch besser.» John lächelte zu ihr auf. «Du bist die DGM-Meisterin.» «Genau.» Ein Zitat aus *Star Wars* kam ihr in den Sinn. «Nur eine Meisterin des Bösen.»

«Du gibst dir nicht die Schuld an Tammi Barnes, oder?» «Wie sollte ich nicht?» Sie ließ sich auf ihre Decke fallen. «Die DGM-Aktion gegen sie war der Katalysator für alles, was mit ihr passiert ist. Aus einem normalen Teenager ist ein obdachloser Teenager geworden, der fast jemanden erschlagen hätte. Und alles wegen mir.»

«Bree ...» John rückte näher an sie heran. «Ist dir jemals der Gedanke gekommen, dass du ihr geholfen haben könntest? Sie mag mittellos sein und in einer Wohngruppe leben, aber das ist im Vergleich zu ihrer vorherigen Situation vielleicht eine Verbesserung.»

«Hör auf, mir so was zu sagen, nur damit ich mich besser fühle.»

«Jaja, ich merk's schon», sagte John schulterzuckend. «Du brauchst die Schuldgefühle eben, bist ein waschechtes katholisches Mädchen.»

Bree blickte ihn finster an. Sie wusste, dass er recht hatte.

«Aber wenn du dich in diese Sache jetzt reinsteigerst, hast du damit auch nichts wiedergutgemacht. Weder das, was sie getan hat, noch das, was du selbst getan hast.»

Sie musste zugeben, dass er damit auch nicht ganz unrecht hatte.

John beugte sich vor und küsste Bree, weich und langsam, und alle Gedanken an Tammi Barnes verblassten. Sie streichelte seine Wange, ihre Finger fuhren die kantigen Linien seines Kiefers nach. Sie war so viel ruhiger, wenn John bei ihr war. Er war der einzige Mensch auf der Welt, dem sie etwas bedeutete, der ihr wirklich zuhörte, und sie wusste, er würde immer für sie da sein, wenn sie ihn brauchte.

Sie ließ ihre Hand in seinen Nacken gleiten, und sein Kuss wurde tiefer. Jetzt, in diesem Augenblick brauchte sie ihn. So sehr.

John verlagerte sein Gewicht, und Bree ließ die Hände seinen Rücken hinuntergleiten und zog seine Hüften näher zu sich heran. Er stöhnte leise, sein Atem vibrierte auf ihren Lippen, dann bewegte sich sein Kopf nach unten, er küsste ihr Kinn, ihren Hals, ihr Schlüsselbein. Sie hob die Arme über den Kopf, damit er ihr das Kleid ausziehen konnte und …

Ein lautes Klopfen an der Tür ließ sie beide aufschrecken.

«Bree?», sagte ihre Mom. «Bist du da drin?»

«Scheiße!», flüsterte Bree. Ihre Mom hatte ihr Zimmer nicht ein einziges Mal betreten, seit sie aus dem Jugendknast entlassen worden war. Wieso gerade jetzt? Sie blickte zum Fenster, aus dem noch immer die Strickleiter hing. Verdammt, sie hatten vergessen, sie hochzuziehen. Hatten die Nachbarn sie bemerkt und ihre Mom angerufen?

John ließ sich von ihr herunter auf den Boden rollen und begann unter das Bett zu kriechen.

«Nein!», zischte Bree. Sie zeigte zum Fenster.

«Keine Zeit», flüsterte er, und schon war sein dünner Körper unter ihr verschwunden.

«Bree, hast du mich gehört?» Ihre Mom drückte auf die Türklinke. «Warum ist die Tür abgeschlossen?»

Das Letzte, was Bree heute noch gebrauchen konnte, war, dass John die betrunkene Mrs. Deringer erlebte. Aber sie hatte keine Wahl. Sie flitzte zum Fenster und zog die Vorhänge zu, dann schloss sie schnell die Tür auf.

«Heeey, Mom», sagte sie, eine Hand lässig in die Hüfte gestützt. «Was gibt's?»

Ihre Mutter stand im Flur und spähte über Brees Schulter hinweg ins Zimmer. «Warum hast du so lange gebraucht, um mir aufzumachen?»

«Ich habe geschlafen.» Um das zu veranschaulichen, streckte Bree sich ausgiebig und täuschte ein herzhaftes Gähnen vor.

«Mhm.» Der Blick ihrer Mom huschte durchs Zimmer und ruhte einen Moment auf den zugezogenen Vorhängen. Bree hielt den Atem an. «Und warum war die Tür abgeschlossen?»

«Es wohnt ein fremder Typ hier im Haus», erklärte Bree. «Meine Tür ist immer abgeschlossen.»

Ihre Mom schnaubte belustigt. «Olaf ist doch kein Fremder.» Sie schlüpfte an Bree vorbei ins Zimmer und blickte sich weiter suchend um. «Er gehört praktisch zur Familie.»

«Klar.» Bree verschränkte die Arme vor der Brust. «Und ich bin sicher, deine Gefühle für ihn sind rein mütterlicher Natur.»

Ihre Mutter drehte sich mit hochgezogenen Augenbrauen zu ihr um. «Das sind sie tatsächlich.»

Ein Windstoß ließ den Vorhang flattern und ein Stück Strickleiter aufblitzen. Unauffällig bewegte sich Bree in die gegenüberliegende Ecke des Zimmers, um den Blick ihrer Mutter vom Fenster abzulenken. Doch die beachtete sie nicht weiter. Sie schlenderte herum und musterte die Bandposter an den Wänden. An der Kommode blieb sie stehen und ließ ihren Blick über die gerahmten Fotos schweifen. Sie alle zeigten Bree und ihren Bruder Henry in verschiedenen Stadien ihrer Kindheit bis zu seinem Highschool-Abschluss. Bree fragte sich, ob die Tatsache, dass kein einziges Bild ihrer Eltern es in die kleine Galerie geschafft hatte, ihrer Mom überhaupt auffiel.

Nach einem letzten interessierten Blick auf den Schreibtisch setzte sie sich schließlich auf Brees Bett. «Ich wollte unsere Unterhaltung von gestern wieder aufnehmen.»

«Gibst du mir mein Telefon zurück?», fragte Bree.

«Nein.»

«Kann ich ins Internet?»

«Nein.»

«Darf ich Gäste haben?»

Ihre Mom spitzte die Lippen. «Das darf ich nicht zulassen.»

Bree biss die Zähne aufeinander. «Dann haben wir nichts zu besprechen.»

«Bree», sagte ihre Mom. Sie klang beinahe betrübt. «Ich weiß, du hältst mich für eine entsetzlich schlechte Mutter ...»

Weil du eine entsetzlich schlechte Mutter bist.

«... und glaubst, ich hätte dich hier in Menlo Park zurückgelassen. Aber hast du dir jemals überlegt, dass du ohne mich vielleicht besser dran bist?»

Jeden Tag.

Ein leises Summen ertönte unter dem Bett. Johns Telefon! Er stellte es sofort auf lautlos, aber Bree hielt den Atem an.

Ihre Mom hatte offenbar nichts bemerkt. «Mir ist klar», fuhr sie fort, «dass ich nicht sonderlich ... mütterlich gewesen bin. Aber du musst dir vor Augen halten, Bree, dass ich dazu erzogen wurde, egoistisch zu sein. Immer zuerst an mich selbst zu denken. Mir ging es hier so miserabel, als ich die pflichtschuldige Politiker-Gattin spielen musste. Ich wollte das nicht, und ganz sicher wollte ich nicht, dass du mich so siehst und am Ende noch genauso wirst.»

Bree schnaubte. «Versuchst du mir einzureden, du hättest mir einen Gefallen damit getan, nach Frankreich abzuhauen und mich hier zurückzulassen?»

«Auf gewisse Weise, ja.»

Gute Frau, du bist von allen guten Geistern verlassen. Bree hätte es gern ausgesprochen, aber eine Diskussion mit ihrer Mutter würde nur dazu führen, dass sie noch länger auf dem Bett sitzen blieb, unter dem John sich versteckte. Es war besser, mitzuspielen.

«Weißt du was, Mom? Du hast recht. Ich denke, du hast die richtige Entscheidung getroffen.»

«Tust du das», sagte sie trocken.

«Voll und ganz.» Bree nahm ihre Mutter bei der Hand und zog sie vorsichtig, aber bestimmt vom Bett hoch. Dann legte sie ihr einen Arm um die Schulter und führte sie zur Tür. «Wir haben in meiner Therapiestunde heute darüber gesprochen, wie man Gefühle verarbeitet und nach konfliktfreien Lösungen sucht. Und deshalb wäre es jetzt wohl das Beste für mich, ein bisschen Zeit für mich zu haben, um darüber nachzudenken, was du gesagt hast.»

«Okay.»

Bree schob sie hinaus in den Flur. «Wir sehen uns beim Abendessen. Tschüs!»

Sie schloss die Tür, drehte den Schlüssel um und ließ die Stirn gegen das glatte, kühle Holz der Tür sinken. «Puh. Das war knapp.»

John schob sich unter dem Bett hervor und richtete sich auf. «Das tut mir leid.»

Sie drehte sich um und lächelte. «Es ist ja nicht deine Schuld, dass du eine Nachricht bekommen hast.»

«Das meine ich nicht.» Er ging auf sie zu und zog sie in seine Arme. «Ich meine das mit deiner Mom.»

«Oh.»

«Warum hast du mir nicht erzählt, dass sie in Frankreich lebt?»

Bree schwieg.

«Und wenn dein Dad die ganze Zeit in Sacramento ist, bedeutet das ja, dass du sonst ganz allein in diesem Haus wohnst. Ist das überhaupt legal?»

Bree zuckte mit den Schultern. «Es gibt ja noch Magda.»

«Wen?»

«Die Haushälterin.»

Er nahm ihr Gesicht in seine Hände und hob es zu sich an. «Du hättest es mir sagen sollen.»

«Wie denn?», platzte es aus ihr heraus. «Übrigens, John, meine Eltern haben mich beide im Stich gelassen, und mein Bruder ist im College. Ich bin die Zurückgelassene, ist das nicht toll?» Sie schüttelte den Kopf. «Nicht gerade die richtige Konversation beim Mittagessen.»

Er beugte sich zu ihr herunter. «Von jetzt an», sagte er sanft, «erzählst du mir so was, okay?»

Sie nickte. «Okay.»

Johns Handy summte erneut. «Mist, das habe ich ganz vergessen.» Er zog es aus seiner Hosentasche und öffnete die Nachricht. Er las, dann sank er fassungslos auf den Schreibtischstuhl.

«Was ist?», fragte Bree.

Johns Körper war in sich zusammengefallen, als hätte jemand ihn geschlagen. «Oh mein Gott.»

«Was ist los? Wer schreibt dir da?»

Er blickte zu ihr auf. In seinen haselnussbraunen Augen stand Furcht.

NEUNUNDZWANZIG

Kitty zitterte dreißig Minuten nach Eintreffen der Polizei immer noch am ganzen Körper. Ihr war nicht kalt. Oder vielleicht doch? Sie konnte es nicht sagen. Alles fühlte sich so taub an. Sie saß auf halbem Weg die Treppe hinauf gegen die Wand gelehnt, mit dem Rücken zum Wohnzimmer.

Sie war sich nicht sicher, wie viel Zeit vergangen war, seit Kyle und Tyler ins Wohnzimmer gerannt kamen und Kitty über dem leblosen Körper von Rex Cavanaugh angetroffen hatten. Sie konnte nicht sprechen, konnte nicht schreien, konnte nicht einmal wegsehen, bis Kyle sie bei den Schultern packte und aus dem Raum führte. Einer der beiden musste 911 angerufen haben, denn sie erinnerte sich an das Geräusch von Sirenen. Dann viele Menschen, die durch die Haustür herein- und wieder hinauswuselten, hysterische Stimmen aus der Ferne, gleichzeitig wütend und ängstlich.

Kyle und Tyler waren verschwunden. Vielleicht hatte man sie aufgefordert zu gehen? Oder wurden sie gerade von der Polizei befragt? Sie hatte keine Ahnung. Bisher hatte niemand etwas von ihr gewollt. Sie hätte vermutlich auf sich aufmerksam machen sollen, jemandem Bescheid geben, dass sie ebenfalls hier war, dass sie diejenige war, die die Leiche gefunden hatte, aber ihr fehlte die Energie, sich von dem weichen Teppichboden auf den Stufen hochzurappeln. Sie lehnte den Kopf gegen die Wand und schloss die Augen. Wenn sie ganz leise war, würde vielleicht niemand bemerken, dass sie hier war.

In ihrer Nähe sprachen Leute miteinander, ihre Worte waren undeutlich und verschwommen. Dann hörte sie Schritte, entschlossen und klar auf dem Marmorboden. Eine gebieterische Stimme drang durch den weißen Nebel.

«Dr. Choudhary, haben wir einen Todeszeitpunkt?»

Kitty kannte diese Stimme. Sie wagte nicht, sich zu rühren, doch sie öffnete die Augen und spähte in die Eingangshalle hinunter. Sergeant Callahan stand mit dem Rücken zu ihr. Er hatte die Hände in die Hüften gestützt und sprach mit zwei Frauen, die identische weiße Overalls trugen.

«Die Leiche liegt hier schon seit einiger Zeit», sagte die linke, die Dr. Choudhary sein musste, und zog ihre Gummihandschuhe aus. «Ich würde schätzen, der Todeszeitpunkt liegt zwischen acht und zehn Uhr heute Morgen.»

Die Leiche? Er hat einen Namen. Kitty verabscheute Rex, dennoch stieß ihr die Art und Weise, wie die Rechtsmedizinerin über ihn sprach, unangenehm auf. Aber vielleicht war das einfach ihre Methode, den nötigen Abstand zu wahren. Immerhin sah sie jeden Tag Tote.

Sergeant Callahan nickte. «Ein Unfall?»

Dr. Choudhary zog eine Augenbraue hoch. «Nicht wenn er sich nicht selbst das Genick gebrochen hat.»

«Bitte?»

«Der Bluterguss rund um seinen Hals ist post mortem entstanden, außerdem gibt es Anzeichen eines Kampfes.»

«Sie sagen also, es war Mord.»

Sie nickte. «Wenn ich raten müsste, würde ich sagen, der Mörder hat das Opfer von hinten überrascht und versucht, es mit einem Gürtel zu strangulieren. Das Opfer kämpfte dagegen an, was zu den Schürfwunden am Hals geführt haben dürfte. Das Genick ist wahrscheinlich beim Kampf gebrochen. Der Tod ist unverzüglich eingetreten. Erst danach wurde der Gürtel festgezogen.»

Dass Rex keines natürlichen Todes gestorben war, überraschte Kitty nicht. Sie rief sich sein lebloses Gesicht vor Augen – violett und aufgequollen, die Augen geöffnet, der Mund in einem stillen Schrei erstarrt. Blanke Angst lag in seinem Ausdruck.

Ihre Hände begannen wieder zu zittern.

Sergeant Callahan atmete tief ein und ließ die Luft dann langsam und kontrolliert entweichen. «Sonst noch etwas?»

«Wir haben am Opfer einige unterschiedliche Haarproben sichergestellt. Sie gehen jetzt zur Analyse ins Labor.»

Unterschiedliche Haarproben? Kitty war keine Expertin, aber es kam ihr eigenartig vor, dass Rex, der schon nach der ersten Stunde aus der Schule geflüchtet war, heute mit genügend Leuten in Kontakt gewesen sein sollte, um so viele Haare auf sich anzusammeln.

«Und eine letzte Sache noch.» Dr. Choudhary nickte ihrer Assistentin zu, die eine Plastiktüte in die Luft hielt. «Das hier haben wir in seiner Hemdtasche gefunden.»

«Das kann nicht wahr sein.» Sergeant Callahan nahm ihr die Tüte ab und hielt sie gegen das Licht. Kitty stockte der Atem. Sie konnte die weiße Karte mit der schlichten schwarzen Schrift von der Treppe aus gut erkennen: DGM.

«Sagt Ihnen das was?», fragte Dr. Choudhary.

«Leider ja.» Sergeant Callahan steckte sich die Tüte in die Jackentasche. «Von hier an übernimmt die Spurensicherung. Rufen Sie mich an, wenn Sie noch etwas anderes finden.»

«Sie bleiben nicht hier?»

Er schüttelte den Kopf. «Ich muss mich um einen Vermisstenfall kümmern. Heute Morgen hat panisch eine gewisse Mrs. Gertrude Hathaway angerufen. Sie behauptete, ihr neunzehnjähriger Sohn Xavier sei gestern Abend aus seinem Zimmer entführt worden.»

Kittys Augen weiteten sich. Xavier Hathaway wurde ebenfalls vermisst?

«Noch einer?», fragte auch Dr. Choudhary. «Meinen Sie, das hängt zusammen?»

«Bin mir nicht sicher.» Sergeant Callahan wandte sich zur Tür. «Aber ich schließe nichts aus.»

Ed saß in seinem Wagen und las noch einmal Olivias Textnachricht.

Rex Cavanaugh war tot.

Er rekapitulierte, was Olivia und Kitty ihm erzählt hatten: über Ronny DeStefano, der Christopher fallengelassen hatte, nachdem dieser ihm ein Liebesgeständnis machte, über Coach Creed, der Christopher das Leben in Archway zur Hölle gemacht hatte, und über Rex Cavanaugh, der mit Christopher ein Geheimnis geteilt und ihn deswegen erbarmungslos schikaniert hatte.

Er dachte an Christopher Beeman und stellte sich vor, wie er sich im Heizungsraum der Archway Military Academy die Schlinge um den Hals legt. Nun waren drei der

Menschen, die ihn in den Selbstmord getrieben hatten, ebenfalls tot.

Vielleicht gab es auf der Welt ja doch so etwas wie Gerechtigkeit?

Er überprüfte auf seinem Telefon die Uhrzeit, legte es dann auf den Beifahrersitz und griff nach einem winzigen Fernglas in seinem Schoß. Dann lehnte er sich unauffällig aus dem Fenster und richtete es auf ein Haus am Ende der baumgesäumten Straße, an der er parkte.

Es müsste jede Minute so weit sein.

Nach zwei Tagen Observierung war ihm die Nachbarschaft mittlerweile fast vertraut – die prächtigen Gärten und weitläufigen Rasenflächen, die naturholzfarbenen oder weiß gestrichenen Zäune, die ein Grundstück vom nächsten abtrennten, die Luxus-SUVs in jeder Auffahrt. Das Haus, das er durch sein Fernglas betrachtete, glich exakt seinen Nachbarn, es stach in keiner Weise heraus. Aber das war nur die Oberfläche. Innen, das wusste Ed, war dieses Haus von einer Tragödie gezeichnet.

Ein dunkelgrauer Sedan kam um die Kurve am Ende der Straße gefahren und rollte auf die Auffahrt von Brant und Wanda Beemans Villa in Palo Alto. Ed beobachtete in gespannter Erwartung, wie Wanda aus ihrem Auto stieg, zur Haustür ging und dann mitten in der Bewegung erstarrte.

Er konnte ihre Gedankengänge förmlich sehen, als sie fassungslos vor der Haustür stand, die Ed sorgfältig aufgebrochen und weit offen stehen gelassen hatte. *Habe ich vergessen, die Tür abzuschließen? Es sieht nicht so aus, als wäre jemand eingebrochen. Aber ich bin mir ziemlich sicher, dass ich abgeschlossen habe. Ist Brant früher von seiner Geschäftsreise nach Hause gekommen? Nein, der Flug von L. A. ist mit Verspätung gestartet.*

Ed hielt den Atem an. Würde sie mitspielen? Würde sie den Köder schlucken? Nach ein paar Sekunden zog Wanda ihr Handy heraus und eilte zurück zu ihrem Wagen.

Bingo.

Wenn Ed richtiglag, und er war äußerst zuversichtlich, rief Wanda Beeman in diesem Augenblick genau die befreundete Person oder das Familienmitglied an, das vor zwanzig Jahren auf der Polizeischule seinen Abschluss gemacht hatte. Er war beim Einbrechen äußerst vorsichtig vorgegangen – er wollte nicht, dass es so aussah, als sei das Haus ausgeraubt worden, denn dann hätte Mrs. Beeman ohne nachzudenken 911 gewählt. Nein, er wollte einen verstörenden, aber wahrscheinlich harmlosen Zwischenfall schaffen. Sie konnte sich nicht ganz sicher sein, dass sie die Tür hinter sich geschlossen und zugesperrt hatte, aber sie konnte auch nicht einfach davon ausgehen, dass sie es vergessen hatte. Und da sie nicht den Notruf verstopfen wollte, rief sie die Person an, die sie im örtlichen Gesetzesvollzug kannte.

Ed hoffte inständig, dass sein Plan funktionierte. Er hatte im Verzeichnis des lokalen Polizeiapparats keine Beemans finden können, und das hier war seine letzte und vermutlich beste Chance, in diesem Punkt weiterzukommen.

Sollte die Polizei wirklich in diese Mordfälle verwickelt sein, wäre das natürlich der absolute Wahnsinn. Aber ein Polizist mit persönlichen Verbindungen zu Christopher Beeman? Der hätte plausible Beweggründe.

Endlich bog ein Wagen um die Ecke. Ed duckte sich in

den Fahrersitz, als eine schwarz-weiße Polizeilimousine vor dem Haus der Beemans hielt. Er spähte vorsichtig durch sein Fernglas. Nach einem Moment öffnete sich die Fahrertür, und der Beamte stieg aus. Er sah die Straße hinunter und gab Ed den unverstellten Blick auf sein Gesicht frei.

«Oh. Scheiße.»

DREISSIG

Kitty sah sich in Olivias kleinem Wohnzimmer um, dem heutigen DGM-Treffpunkt. Sie hoffte sehr, dass ihre Teamkameraden bei ihren Ermittlungen mehr Erfolg gehabt hatten als sie.

«Sind wir alle bereit?», fragte sie in die Runde.

Ed the Head grinste sie an. «Bereit, fähig und willens.»

Olivia nickte, ihre Miene war finster.

John beugte sich vor und sprach in Kittys Telefon, das auf dem Wohnzimmertisch lag. «Kannst du uns hören, Bree?»

Brees Stimme knisterte durch den Lautsprecher. «Klar und deutlich.»

«Gute Idee, dein Handy bei ihr zu lassen», sagte Kitty und lächelte John anerkennend zu. So unangenehm es ihr anfangs gewesen war, dass Olivia ihn eingeweiht hatte, so dankbar war sie jetzt, ihn an Bord zu haben. Sie würden jede Hilfe brauchen, die sie kriegen konnten.

«Oh mein Gott, Leute.» Bree atmete so heftig aus, dass es im Lautsprecher rauschte. «Ihr glaubt nicht, wie gut es gerade tut, euch zu hören.»

«Ich weiß, wie sehr du mich vermisst hast», scherzte Ed.

Bree schnaubte. «Ja, total. Und ich bin mir sicher, das beruht auf Gegenseitigkeit.»

Kitty räusperte sich. «Ihr habt später Zeit zum Plaudern, Kinder. Olivias Mom kommt in ein paar Stunden von der Probe nach Hause. Wir sind etwas in Eile.»

«Wie immer», sagte Ed.

«Kitty», begann Bree mit sorgenvoller Stimme, «die Sache mit dem Lagerhaus deines Onkels tut mir leid. Kommt die Versicherung für alles auf?»

Kitty musste schwer schlucken. Sofort standen ihr die Bilder des Feuers wieder vor Augen, die an der abbrennenden Lagerhalle leuchtenden Worte *Ich bin wieder da*. «Das Feuer wurde als Brandstiftung eingestuft», sagte sie tonlos. «Wenn sie beweisen können, dass mein Onkel es selbst gelegt hat, ist seine Versicherung ungültig, und er muss wahrscheinlich ins Gefängnis.»

«Oh fuck», sagte John.

«Wir finden heraus, wer das getan hat», versicherte Bree. Kitty hörte die Härte in ihrer Stimme und sah direkt den finster entschlossenen Gesichtsausdruck dazu vor sich. «Wir beweisen, dass dein Onkel unschuldig ist.»

«Danke.» Es war süß von Bree, das zu sagen, aber Kitty wollte sich nicht lange damit aufhalten, was für sie persönlich auf dem Spiel stand. Das würde ihnen nicht weiterhelfen. «Also, zur Sache. Die Gerichtsmedizinerin hat es ziemlich deutlich gesagt: Rex ist ermordet worden.»

Ed rutschte auf seinem Stuhl nach vorn. «Und er hatte eine DGM-Karte bei sich.»

Kitty stand auf und begann, hinter dem Sofa auf und ab zu gehen. Sie musste nachdenken, und das bedeutete, dass sie sich bewegen musste. «Rex Cavanaugh, Coach Creed, Ronny DeStefano. Was haben sie gemein?»

Ed the Head schnaubte. «Abgesehen davon, dass sie alle Arschgesichter erster Güte waren?»

«Und eine Verbindung zu Christopher Beeman hatten», fügte Bree hinzu.

«Ich glaube ehrlich gesagt, die Beeman-Verbindung bewerten wir über», sagte Ed. «Wir haben im Zusammenhang mit ihm noch nichts Konkretes gefunden.»

«Sie sind außerdem alle frühere DGM-Opfer», gab John zu bedenken.

«Ach, da wir gerade davon sprechen.» Kitty legte den Kopf in den Nacken und seufzte. «Ich habe Sergeant Callahan sagen hören, dass Xavier Hathaway als vermisst geführt wird.»

Ed verschränkte die Arme vor der Brust. «Gut, dass wir den los sind.»

Kitty beachtete ihn nicht. «Und Logan zufolge sind die Gertler-Zwillinge ebenfalls verschwunden.»

«Was?», entfuhr es Olivia.

Kitty nickte. «Logan hat mir heute Morgen davon erzählt, und ich habe es vorhin überprüft. Gestern Abend waren sie nicht in ihrem Surfladen anzutreffen, da hat man die Polizei gerufen. Es fehlt jede Spur von ihnen.»

Olivia sank auf dem Sofa zusammen. «Oh mein Gott.»

«Logan glaubt, du könntest etwas damit zu tun haben», fuhr Kitty fort und sah Olivia an. «Aber ich habe ihm gesagt, es müsse sich um einen Zufall handeln.»

«Ich habe noch schlechtere Neuigkeiten», meldete sich Bree mit Grabesstimme. «Wendy Marshall wird ebenfalls vermisst.»

«Was?», wiederholte Olivia.

«Ich habe es im Radio gehört.»

«Xavier Hathaway, Wendy Marshall und die Gertler-Zwillinge.» Kitty spürte, wie ihr Herz heftig gegen ihre

Brust zu schlagen begann. Schon als sie von Xavier erfahren hatte, war ihr eigentlich klar gewesen, dass das kein Zufall sein konnte, aber sie hatte es nicht glauben wollen.

«Vier vermisste Personen, die alle mit DGM zu tun haben.»

«Und alles Leute, über die wir diese Woche Nachforschungen angestellt haben.» Ed the Head stieß einen Pfiff aus.

Kittys Gedanken überschlugen sich. Sie zog ein Blatt Papier aus ihrem Seesack, die Liste, die sie erst vor wenigen Tagen mit Ed und Olivia geschrieben hatte, und begann die Namen darauf vorzulesen.

«Nummer eins – Wendy Marshall», sagte sie. «Vermisst. Zwei – Christina Huang, Ostküste. Xavier Hathaway, vermisst. Die Gertlers, vermisst. Melissa Barndorfer, in Europa. Tammi Barnes …» Kitty blickte zu ihrem Handy. «Bree, du bist ihr heute Morgen begegnet, stimmt's?»

«Ja», klang es aus dem Lautsprecher. «Und morgen noch mal.»

«Für den Augenblick führen wir sie also nicht unter den Vermissten.» Kitty wandte sich wieder ihrer Liste zu. «Dann haben wir noch Ronny, Coach Creed und jetzt Rex Cavanaugh.»

«Alle amtlich tot», sprach Ed aus, was auf der Hand lag.

«Wenn unser Mörder also eine ehemalige DGM-Zielperson ist», Kitty sah zu dem Handy auf dem Tisch, «dann ist Tammi die einzig mögliche Verdächtige.»

«Tammi ist es nicht», sagte Bree schnell.

Ed sah überrascht auf. «Woher weißt du das?»

Bree schwieg. Kitty konnte beinahe sehen, wie sie sich auf der anderen Seite der Leitung an ihrem Nagellack herumkratzte.

«Ich glaube einfach nicht, dass sie es ist», antwortete sie schließlich.

«Ich freue mich sehr, dass du in eurer Therapie endlich deine tiefe Liebe zu Tammi Barnes entdeckt hast.» Eds Stimmt triefte von Sarkasmus. «Aber darf ich dich daran erinnern, was sie getan hat, um den Zorn von DGM auf sich zu ziehen? Ich habe diese Blowjob-Punktekarten gesehen. Widerlich.»

Olivia sah ihn von der Seite an. «Hast du nicht sogar Wetten angenommen, welches Mädchen die meisten Punkte bekommen würde?»

«Ich bin Geschäftsmann.» Ed zuckte mit den Schultern. «Ach, und wie hat Tammi noch mal ihren Stiefvater angegriffen? Mit einem Baseballschläger?»

«Genau so, wie auch Ronny umgebracht wurde», sagte Olivia langsam.

«Sie hat es nicht getan», wiederholte Bree wütend.

Ed hob die Brauen. «Würdest du dein Leben darauf verwetten?»

«Okay, Schluss jetzt», unterbrach sie Kitty. Das alles brachte sie nicht weiter. «Wenn Tammi wirklich nichts damit zu tun hat, sollte sie vorsichtig sein. Sie könnte die Nächste sein, die verschwindet.»

«Ich rede morgen mit ihr.» Bree klang etwas beschwichtigt.

«Vergesst Amber nicht», sagte Olivia. «Sie ist ebenfalls eine Zielperson, und ihr ist bisher nichts passiert.»

«Tammi Barnes und Amber Stevens», sinnierte Ed. «Opfer oder Killer? Mehr dazu heute um elf.»

«Hm ...» John starrte an die Decke.

«Was?», fragte Kitty.

Er legte einen langen Arm hinter seinen Kopf und umfasste die Stuhllehne. «Ich habe nur gedacht, es muss doch einen Weg geben, wie wir das zu unserem Vorteil nutzen können.»

«Was meinst du?»

«Na ja», er richtete sich wieder auf und sah in die Runde. «Ihr wusstet doch bisher nie genau, wann und wo der Killer als Nächstes zuschlagen würde, oder? Wenn wir davon ausgehen, dass Amber oder Tammi das nächste Opfer ist, haben wir die Chance, ihm eine Falle zu stellen.»

«Du meinst, wir sollten eine der beiden als Köder einsetzen.» Ed stützte die Ellenbogen auf die Knie und rieb sich die Hände. «Der Plan gefällt mir jetzt schon.»

Kitty sah sowohl Vorteile als auch Risiken in Johns Idee. Auf der einen Seite konnten sie den Mörder so vielleicht tatsächlich aus seinem Versteck locken. Auf der anderen gefährdeten sie das Leben mindestens eines Menschen. «Mir gefällt die Vorstellung, in die Offensive zu gehen, aber …»

«Ja, super», unterbrach Bree. «Weil das beim letzten Mal so toll funktioniert hat.»

«Was es letztes Mal nicht *deine* Idee?»

«Ist doch egal.»

«Ich glaube nicht, dass wir Amber dazu überreden können, uns zu helfen», gab Olivia zu bedenken. «Außer natürlich, wenn John sie fragt.»

«Nein, zum Teufel, das macht er nicht», sagte Bree.

«Hast du eine bessere Idee?», fragte Ed.

Bree schwieg kurz. «Tammi. Ich glaube, ich kann Tammi dazu bringen, dass sie es macht.»

248

«Ich wünschte, Margot wäre hier», jammerte Olivia. «Sie würde wissen, was zu tun ist.»

«*Was würde Margot tun*», überlegte John. «Super Gedanke. Vielleicht sollten wir uns das tätowieren lassen.»

Kitty überlegte. Was *würde* Margot tun? Es war eine nützlichere Frage, als John vielleicht klar war. Margot schlug immer den direkten, logischen Weg ein. Machte nichts Verrücktes, nichts, was keine handfeste Aussicht auf Erfolg hatte. Sie wog die Vor- und Nachteile gegeneinander ab, machte Schwachpunkte aus, berechnete unterschiedliche Teilstücke eines jeden Plans. Wieso konnten sie nicht dasselbe tun?

«Okay.» Kitty setzte sich, ihr Körper war angespannt. «Bree, sieh zu, was du bei Tammi erreichen kannst. Falls es nicht klappt, gehen wir zu Plan B über.»

«Plan B?», fragte Bree. «Was zum Teufel ist Plan B?»

«Plan B», sagte Kitty langsam, «ist der Plan, bei dem wir eine fette Show abziehen.»

EINUNDDREISSIG

Brees Puls beschleunigte sich, als Olaf den SUV auf den Parkplatz vor Dr. Walters' Praxis lenkte. In den nächsten sechzig Minuten sollte sie ihre Geschichte erzählen, durfte dabei aber auf gar keinen Fall erwähnen, dass sie etwas mit DGM zu tun gehabt hatte, musste Dr. Walters' Erwartungen an eine «adäquate Teilnahme am Gruppengespräch» erfüllen und außerdem herausfinden, ob Tammi Barnes ihr dabei helfen würde, einen Killer zu überführen.

Kein Problem.

Tammi saß bereits auf einem Stuhl im Gesprächskreis, als Bree den Therapieraum betrat. Sie lächelte und deutete mit dem Kopf auffordernd auf den Stuhl neben sich. Bree atmete tief durch. *Wird schon schiefgehen.*

«Hey», sagte Tammi mit einem vorsichtigen Lächeln. «Wie geht's?»

Bree zuckte mit den Schultern. «Alles beim Alten.» Sie streckte das Bein aus, damit Tammi ihre Fußfessel sehen konnte. «Gibt nicht viel zu tun, wenn man den ganzen Tag zu Hause eingesperrt ist.» *Was für ein Unsinn.*

«Du kannst also gar nicht raus?»

«Nur um hierherzukommen.»

«Für wie lange noch?»

Bis mein Dad mir die Leine abnimmt. «Bis zu meiner Anhörung.»

250

Tammis Augen weiteten sich. «Wow. Was hast du angestellt?»

«Äh ...» Mist. *Super gemacht, du Trottel.* Sie war noch keine dreißig Sekunden da, und schon hatte sie selbst die Unterhaltung begonnen, die sie unbedingt hatte vermeiden wollen. «Es war ziemlich blöd, ehrlich gesagt.»

Tammi hob die Brauen. «So blöd, wie es blöd ist, ein Auto zu klauen? Oder so blöd, wie es blöd ist, seinen Stiefvater mit einem Softballschläger niederzuschlagen?»

«Das würde ich eher mutig nennen als blöd.» Mutig auf eine Weise, die Bree bewunderte. Ein Bild von Tammi tauchte vor ihrem inneren Auge auf, wie sie über dem bewusstlosen Körper ihres Stiefvaters stand. Bree erschrak, als sich der Körper plötzlich in den von Ronny DeStefano verwandelte.

«Okay, hallo, alle miteinander!», flötete Dr. Walters, als sie ins Zimmer schwebte. «Ich freue mich zu sehen, dass wir heute alle pünktlich sind. Wollen wir gleich anfangen?» Sie setzte sich auf einen leeren Stuhl, wobei sich ihr voluminöser Bauernrock um sie bauschte, und öffnete ihr Notizbuch. «Ich glaube, Bree ist heute die Erste, nicht wahr?»

Bree nickte und atmete langsam und tief ein. *Du schaffst das.* «Können wir über meine Eltern sprechen?», fragte sie. Vielleicht konnte sie so Kontrolle über die Unterhaltung gewinnen und sie etwas steuern.

Dr. Walters' Gesicht erhellte sich, ihre Augen glänzten. Bree war davon ausgegangen, dass ein Gespräch über ihre Mommy- und Daddy-Probleme jede Therapeutin begeistern würde, und offenbar hatte sie nicht falschgelegen.

«Natürlich!», sagte Dr. Walters. «Womit möchtest du anfangen?»

Bree schluckte, dann setzte sie zu ihrem Monolog an, den sie den ganzen Morgen über immer wieder im Kopf durchgegangen war. Sie begann mit ihrem Vater und damit, dass seine politische Karriere immer von höchster Priorität in seinem Leben gewesen war und alle seine Entscheidungen bestimmt hatte, angefangen bei der Wahl seiner Ehefrau (einer Erbin mit bekanntem Nachnamen) über seinen Wohnort (ein Bezirk, in dem die Familie seiner Frau, wie er sagte, einen astreinen Ruf und große Bekanntheit genoss) bis hin zu den Schulen seiner Kinder (etablierte katholische Einrichtungen mit einer langen Geschichte erfolgreicher Weitervermittlungen von Schülern an Ivy League Colleges). Dann kam sie auf ihre Mutter zu sprechen, die verwöhnte, infantile Gesellschaftslöwin, die ihr Leben als Ehefrau und Mutter so sehr verabscheute, dass sie sich nach Südfrankreich abgesetzt hatte, sobald ihr geliebter Sohn zum College abgereist war.

Die Abgründe ihrer familiären Situation ergaben eine großartige Geschichte, das musste Bree anerkennen. Was sie erzählte, klang wie das Drehbuch für die Verfilmung einer Familientragödie. Und das Beste daran: Es stimmte alles, jedes kleinste Detail. Ihr trauriges Leben als vernachlässigtes Kind eines Politikers war hervorragendes Therapiematerial, und Dr. Walters hing an ihren Lippen, machte sich endlos Notizen und fragte Bree wiederholt, wie sie sich bei alldem fühle, wie ihre häusliche Situation ihre Entscheidungen beeinflusse, was sie sich von der Therapie erhoffe.

Bree ließ sich auf das Gespräch ein und stürzte sich kopfüber in ihre Einsamkeit und ihren Zorn, von ihrer Familie verlassen worden zu sein. Zuerst bemühte sie sich tatsächlich noch, ihre Gefühle hochzuspielen, ihren Groll für ihr Publikum zu übertreiben, so wie sie es geübt hatte. Doch als sie von der Highschool-Abschlussfeier ihres Bruders berichtete, strömten lange begrabene Erinnerungen auf sie ein, und sie hörte sich mit bebender Stimme erzählen, ohne dass sie auf das, was sie sagte, noch irgendwie einwirken konnte. Dieser ehrliche Stolz, den beide Eltern gezeigt hatten, wie sie um Henry jr. herumscharwenzelt waren und sich bei einem noblen Empfang im Country Club vor ihren politischen Freunden und gesellschaftlichen Kontakten mit seinem Abschluss als Jahrgangsbester geschmückt hatten. Sie erinnerte sich daran, wie klein sie sich gefühlt hatte, wie ungenügend. Es war, als bestünde ihr Familienverbund aus ihren Eltern und ihrem perfekten Bruder und als wäre sie selbst nur irgendein Balg, das man vor einigen Jahren auf der Türschwelle gefunden hatte und nicht wegschicken wollte.

Bree liebte ihren Bruder. Obwohl ein Altersunterschied von vier Jahren sie trennte, waren sie sich in ihrer Kindheit sehr nah gewesen. Er war lustig und freundlich und liebevoll, alles, was ihre Eltern nicht waren. Als Bree über Henry jr. sprach, wurde ihr Gesicht ganz heiß. Ihre Augen brannten, als sie mit Mühe die Tränen zurückhielt, und ihre Emotionen drohten sie zu überwältigen. Sie merkte, wie sie immer mehr die Kontrolle verlor.

Und deshalb ging sie in die Falle.

«Meinst du denn, Bree, dass dieses verzweifelte Bedürfnis nach Aufmerksamkeit und Anerkennung seitens deiner Eltern dich dazu veranlasst hat, dich mit DGM einzulassen?»

Brees Kopf schnellte hoch, als sie ihren Leichtsinn bemerkte. Sie hielt den Atem an. Sie konnte spüren, wie Tammis Körper neben ihr ganz steif wurde, konnte hören, wie sie erschrocken Luft holte.

«Ich …»

Dr. Walters' Stoppuhr piepte. Das war wohl das schlechteste Timing der Weltgeschichte.

«Und damit können wir am Montag weitermachen. Vielen Dank, die Damen.»

Tammi sprang von ihrem Stuhl auf und stürzte zur Tür hinaus, bevor Bree auch nur ein Wort sagen konnte.

Verdammt.

Bree rannte den Flur hinunter in die Eingangshalle und sah Tammi gerade noch durch den Haupteingang verschwinden.

«Tammi!», rief sie.

«Wo gehst du hin?», fragte Olaf, als Bree an ihm vorbeisprintete.

Doch sie hielt nicht an, um sich zu erklären. Tammi eilte bereits die Straße hinunter. Sie musste sie einholen.

«Warte!», schrie Bree.

Tammi wurde weder langsamer, noch warf sie einen Blick zurück, als Bree so hinter ihr herbrüllte. Sie ging weiter, als wäre sie taub, so schnell sie konnte, aber ohne ins Laufen zu verfallen.

«Du musst mir zuhören», bettelte Bree, als sie sie beinahe eingeholt hatte.

«Wieso?», fragte Tammi über die Schulter. Ihr Tonfall

254

war kalt. «Damit du mich wieder öffentlich zum Volltrottel machen kannst?»

Scheiße. Das war so nicht geplant gewesen. Bree sah ihren Plan zu Staub zerfallen. Nachdem Dr. Walters sie als DGM-Mitglied geoutet hatte, konnte sie wohl kaum einfach fragen: «Hey, du hasst mich wahrscheinlich, aber möchtest du vielleicht den Lockvogel für einen Mörder spielen?» Nein, sie musste es anders probieren. Sie holte tief Luft. «Tammi, es könnte sein, dass du in Gefahr bist.»

«Ich lebe in einer offenen Wohngruppe», sagte Tammi und lachte bitter auf. «Viel gefährlicher kann es wohl kaum werden.»

«Wendy Marshall», keuchte Bree. «Xavier Hathaway. Maxwell und Maven», sie musste nach Luft schnappen, «Gertler.»

Tammi hielt abrupt an und wandte sich halb zu Bree um. «Was ist mit denen?»

«Sie sind alle verschwunden.»

Tammi starrte auf den Asphalt, sie schien über Brees Worte nachzudenken. «Warum erzählst du mir das?»

Ja, warum erzählte sie es Tammi? Es bestand schließlich immer noch die Möglichkeit, dass sie die Mörderin war. Und obwohl Bree tief in ihrem Herzen nicht daran glaubte, dass Tammi für drei Morde, einen versuchten Mord und vier Entführungen verantwortlich war, durfte sie nicht vergessen, dass sie immerhin versucht hatte, ihren Stiefvater umzubringen. Außerdem hatte DGM ihr Leben ohnehin zerstört. Was hatte sie noch zu verlieren? Und wie verführerisch musste es sein, sich an ihren Feinden zu rächen?

Aber das konnte Bree einfach nicht glauben. Diese

Tammi Barnes war ein anderer Mensch als das Mädchen, das sie von der Highschool kannte. Und Bree war bereit, ihre Hand dafür ins Feuer zu legen, dass Tammi keine Mörderin war.

«Hör mal», sagte sie schließlich. «Alle, die in dieser Gegend wohnen und Opfer von DGM waren, sind entweder tot oder verschwunden.»

Tammis Miene war finster. «Und da hattest du das Bedürfnis, mich zu warnen, ja? Aus reiner Herzensgüte?»

«Tammi», sagte Bree, bemüht, sie nicht noch mehr zu verärgern. «Ich will nur, dass du aufpasst. Wer immer das gerade tut, ist …» Verrückt? Wahnsinnig? «Gefährlich.»

Anstelle eines ängstlichen oder besorgten Ausdrucks breitete sich ein Grinsen auf Tammis Gesicht aus. Plötzlich sah sie Bree direkt an. «Ich weiß, was gefährlich ist.» Ihre Stimme war so kratzig, dass sich Brees Nackenhaare aufstellten. «Und du hast nicht die leiseste Ahnung.»

Dann drehte sie sich um und verschwand um eine Ecke.

Okay. Bree hatte vielleicht falschgelegen. Tammi war gruseliger, als sie gedacht hatte.

Ein Hupen ertönte, als Olaf den schwarzen SUV neben ihr zum Stehen brachte. «Steig ein!», knurrte er. «Oder soll Olaf dich tragen?»

«Nein.» Bree öffnete die Tür und kletterte auf den Rücksitz. «Olaf», sagte sie schnell. «Du musst diesem Mädchen folgen, mit dem ich gerade geredet habe. Sie ist auf die Maple eingebogen. Kannst du …»

Olaf fuhr los und raste so schnell an der Maple Street vorbei, dass Bree nicht einmal einen Blick in die Straße erhaschen konnte.

«Was soll das?», fuhr sie ihn an und kämpfte mit ihrem

Gurt. «Es ist wirklich wichtig. Ich muss herausfinden, wohin sie gegangen ist.»

«Nach Hause», sagte Olaf.

«Olaf. Es geht um Leben und Tod.»

Anstatt wie sonst sofort zu antworten, hielt Olaf inne und warf ihr über die Schulter einen Blick zu. Für einen Sekundenbruchteil dachte sie, der Gorilla könnte dieses eine Mal vielleicht etwas Menschlichkeit an den Tag legen und ihr entgegenkommen.

«Olaf hat Anweisungen», sagte er stattdessen.

«Ja», murmelte Bree und sank in ihren Sitz zurück. «Darauf wette ich.»

Noch während er sie zügig nach Hause fuhr, den Blick konzentriert auf den Verkehr gerichtet, zog Bree Johns Handy aus dem BH und schickte schnell und leise eine Nachricht.

Zeit für Plan B.

ZWEIUNDDREISSIG

Olivia bekam ihre Nervosität nicht unter Kontrolle. Sie saß auf der Tribüne und versuchte, ruhig zu bleiben, aber ihre Beine wippten unkontrolliert auf und ab. Es war die dritte Schülerversammlung innerhalb eines Monats. Die letzten beiden waren echte Publikumshits gewesen: erst der DGM-Streich an Coach Creed, und dann hatte sich Bree vor der gesamten Schule und dem halben Menlo Park Police Department schuldig bekannt. Und heute? Heute würde es nicht weniger aufregend werden.

Die Turnhalle allerdings gab ein anderes Bild ab als sonst. Olivia ließ ihre Augen über die Tribüne schweifen, während die letzten Schüler und Lehrer ihre Plätze einnahmen. Wenn sich die gesamte Schule versammelte, platzte die große Halle normalerweise aus allen Nähten, doch heute waren die Tribünen und die Bänke in der Mitte kaum halbvoll. Drei Tote reichten den meisten Eltern, und so waren beinahe die gesamten Freshman-Jahrgänge und auch viele Schüler aus den höheren Schuljahren nicht zum Unterricht erschienen.

Egal. Es waren immer noch genügend Zuschauer für das, was Olivia vorhatte.

Sie schluckte und überschlug die Beine, um sie ruhig zu stellen. Würde alles klappen? Oder waren sie gerade dabei, den nächsten großen Patzer zu begehen?

258

«Was ist los mit dir?», fragte Jezebel genervt. «Du bist so zappelig.»

«Hast du Amber gesehen?», fragte Olivia, anstatt zu antworten.

«Nö.»

Wo steckt sie bloß? Olivia griff in ihre Beuteltasche und tastete nach ihrem Handy, bis ihr einfiel, dass es nicht da war. Das gehörte zu den neuen Sicherheitsmaßnahmen auf dem Schulgelände. Da sowohl Rex' Video als auch Ambers kleines Filmchen online die Runde gemacht hatte und jeder Schüler mit einem Handy oder Tablet beides innerhalb von Sekunden hatte streamen können, war es Pater Ubertis erste Maßnahme gewesen, alle Mobiltelefone und kabellosen Endgeräte auf dem Schulgelände zu verbieten. Olivia war deshalb gezwungen gewesen, ihr Handy bei Peanut im Auto zu lassen, und sie hoffte inständig, dass es Kitty und Ed gelungen war, ihre Telefone zu verstecken, bevor die Polizei sie konfiszierte.

Olivia schlug ihre Beine andersrum übereinander, woraufhin Jezebel neben ihr vorwurfsvoll aufstöhnte. Dann wurde ihre Aufmerksamkeit vom Geschehen auf der anderen Seite der Turnhalle angezogen, wo Kyle und Tyler gerade durch die Tür traten. Sie trugen schwarze Armbinden über ihren Maine-Men-Poloshirts, ein Tribut an ihren gefallenen Kameraden. Den ganzen Vormittag über hatten sie die Stoffstücke auf dem Schulgelände verteilt, und zu Olivias Erstaunen hatte sich die Geste wie ein Buschfeuer verbreitet. Selbstverständlich hatten alle Maine Men die Binde umgelegt, aber auch zahlreiche andere Schüler machten mit. Sie alle zeigten sich betroffen. Rex Cavanaugh war auf der Bishop DuMaine zwar immer eher gefürchtet als verehrt worden, aber letzten Endes war er einer von ihnen gewesen. Und er war hinterrücks ermordet worden.

Hinter Tyler und Kyle trat Pater Uberti ein, gefolgt von einem halben Dutzend Priestern – Abgesandten des Erzbistums. Zwei von ihnen trugen den gleichen schwarzen Talar mit der gleichen sandfarbenen Gürtelkordel wie der alte P. U. Sie mussten wohl Mitglieder seines Ordens sein. Der Rest hatte die üblichen schwarzen Hosen, Jacketts und Hemden mit gestärkten weißen Kragen angezogen. Alle blickten ernst und bedächtig.

Pater Uberti ging langsamer als sonst, ihm fehlte die übliche großspurige Aufgeblasenheit. Seine Schultern hingen herunter, er strich sich immer wieder über den Bart und wirkte dabei beinahe manisch. Zum ersten Mal, seit Olivia auf diese Schule gekommen war, sah Pater Uberti unsicher aus.

Mit einem leisen Räuspern griff er nach dem Mikrophon. «Aus der auffällig geschrumpften Zahl der Anwesenden schließe ich», begann er geradeheraus, «dass die Neuigkeit von Mr. Cavanaughs Tod bereits öffentlich geworden ist.»

Er machte eine kurze Pause, und Olivia fiel die totale Stille in der Halle auf.

Jezebel stieß ihr mit dem Ellenbogen in die Seite und wies mit dem Kinn zur Tür. «Da ist sie.»

Olivia sah Amber im Türrahmen stehen, ihre makellos spiralförmigen Locken glänzten im morgendlichen Sonnenlicht. Sie trat ein und sah sich suchend um. Olivia konnte sehen, wie rot ihr Gesicht war und wie steif und verkrampft ihr Körper wirkte, als könnte sie ihren Zorn kaum bezähmen. Ihr Blick glitt über die Tribüne. Dann entdeckte sie Olivia.

«Du Miststück!» brüllte sie. Alle Köpfe in der Halle fuhren zu Amber herum, die ihren Arm ausstreckte und auf Olivia zeigte. «Das ist deine Schuld!»

Olivia blickte hinter sich, als meinte Amber möglicherweise jemand anderen. «Was?»

Amber stürmte in die Mitte der Turnhalle. «Tu nicht so, als wüsstest du es nicht!»

Olivia stand auf, die Hände in einer ratlosen Geste erhoben, während sie die hölzerne Treppe hinunterstieg. «Ich habe wirklich keine Ahnung, wovon du redest, Amber.»

Amber wartete unten an der Treppe auf sie. «Ach, das hast du nicht?»

«Nein, ich …»

Ambers Hand schoss hoch und versetzte Olivia eine schallende Ohrfeige. Der Schlag zog schmerzhaft in ihr Fleisch, seine Wucht ließ Sterne vor ihren Augen tanzen. Die Schüler in der Turnhalle schnappten kollektiv nach Luft.

«Miss Stevens!», rief Pater Uberti ins Mikrophon. «Wie können Sie es wagen, eine andere Schülerin zu schlagen!»

Doch Amber beachtete ihn nicht. «Ich weiß, dass diese Fotos von dir kamen. Wie kannst du es wagen?», kreischte sie.

Olivia richtete sich wieder auf und legte sich die kalte Hand an die Wange. «Ich hatte nichts damit zu tun, Amber!»

«Ich weiß aber, dass du es warst!»

«Miss Hayes, Miss Stevens!» Pater Uberti klang hilflos. «Setzen Sie sich augenblicklich auf Ihre Plätze!»

«Es stimmt aber nicht!», schrie Olivia zurück. «Ich wusste ja nicht mal, dass du in einem Camp für Fette warst!»

Das war der Punkt, an dem es kippte. Olivia sah mit Befriedigung, wie Ambers Gesicht knallrot wurde und sie aggressiv die Zähne bleckte. Dann stürzte sie sich ohne Vorwarnung auf Olivia und packte ihren Hals.

Olivia kam hart auf dem Hallenboden auf, über ihr Amber, die sie in einem tödlichen Würgegriff hielt. Sie kämpfte wie eine Löwin gegen ihre ehemalige beste Freundin, wehrte sich mit aller Kraft, bis sie schließlich auf Amber lag. Olivia hatte längst beide Sandalen verloren, ihr Kleid war ihr bis zu den Hüften hochgerutscht.

Das Publikum feuerte sie an, als sei es zu einem Ringkampf in die Turnhalle gekommen und nicht zu einer Schülerversammlung, und ihre begeisterten Schreie schienen Amber noch anzuspornen. Sie brüllte, löste ihre Hände endlich von Olivias Hals und griff stattdessen nach ihrem koboldhaft kurzem Haar, bekam einen Zentimeter davon zu fassen und riss Olivia daran von sich herunter. Olivia versuchte, sich mit den Armen abzufangen, und traf Amber mit dem Ellenbogen am Kopf. Amber heulte auf und fiel zur Seite, dabei ließ sie Olivias Haar los, sodass diese in der Lage war, wieder auf die Füße zu kommen. Sie wollte sich wieder auf Amber stürzen, aber jemand griff um ihre Taille und zog sie zurück.

«Was zum Teufel ist dein Problem?», schrie sie Amber an und stemmte sich gegen Kyles Arm.

Tyler half Amber vom Boden hoch und zog ihr die Arme auf den Rücken.

«Du bist mein Problem!», schrie sie. «Ich hasse dich!»

«Ich hasse dich auch!»

Pater Uberti schritt durch die Halle zu ihnen herüber, die Priester des Erzbistums im Schlepptau. «Was in Gottes Namen stimmt mit Ihnen beiden nicht?»

Amber erschlaffte in Tylers Griff. «Sie hat angefangen.»

«Ich?» Olivia schnappte nach Luft. «Sie hat mich angegriffen, Pater Uberti. Grundlos.»

«Von wegen grundlos!», zischte Amber und wandte sich an den Priester. «Sie hat DGM von den Fotos von mir erzählt.»

Olivia kniff die Augen zusammen. «Ich habe keine Ahnung, wovon sie spricht.»

«Sie wollen DGM finden?» Amber zeigte auf Olivia. «Dann fragen Sie sie!»

Pater Ubertis Augen wanderten von Amber zu Olivia und wieder zurück. «In mein Büro. Beide.»

«Nein», sagte Amber. Ihre Stimme war immer noch laut, aber ruhig. «Wissen Sie was, Pater Uberti? Ich werde nicht in Ihr Büro kommen.» Sie entwand sich Tylers Griff. «Ich gehe nach Hause.»

Und ohne ein weiteres Wort rauschte sie aus der Turnhalle.

DREIUNDDREISSIG

Kitty lehnte sich im Fahrersitz zurück, den Schlüssel bereits ins Zündschloss gesteckt, und ließ den Seiteneingang der Schule nicht aus den Augen.

«Bist du sicher, dass das klappt?», fragte John von der Rückbank.

«Nein.»

«Na, bestens.»

Sie schwieg. Ihr Magen vollführte ohnehin einen Rückwärtssalto nach dem anderen, sie brauchte nicht auch noch daran erinnert zu werden, dass ihr Plan B nicht gerade die ausgereifteste Strategie in der Geschichte geheimer Missionen war.

Bevor ihre Angst sie jedoch völlig wahnsinnig machen konnte, flog die Tür auf, und Amber kam die Treppe herunter auf den Parkplatz gerannt. Ihr Gesicht war blutrot, die Bluse zerknittert, die Haare ein wirres Durcheinander. Es sah aus, als hätte sich Amber den Catfight des Jahrhunderts geliefert.

«Ich will unbedingt die andere Beteiligte sehen», murmelte John.

Sie hörten das Quietschen von Reifen auf dem Asphalt, und bevor Kitty auch nur den Schlüssel im Zündschloss ihres alten Camry umdrehen konnte, hatte Amber ihren Mercedes ausgeparkt.

Sekunden später erschien «die andere Beteiligte».

Olivia hüpfte beschwingt die Treppe herunter. Wie bei Amber war ihr Kleid zerknittert, und ihre kurzen Locken sahen aus wie ein Rattennest. Sie eilte zu Kittys Wagen und ließ sich anmutig auf den Beifahrersitz sinken.

«Wie ist es gelaufen?», fragte Kitty.

Ein befriedigtes Lächeln erhellte Olivias feine Züge. «Es war unglaublich.»

Kitty hielt die Hand hoch, und Olivia klatschte sie begeistert ab.

«Das war die beste Leistung als Schauspielerin, die Amber jemals abgeliefert hat», fügte sie hinzu. «Mit Abstand.»

«Ja», sagte John. «Weil sie nicht wirklich geschauspielert hat.»

Kitty grinste. «Und Olivia auch nicht.»

Es war bemerkenswert einfach gewesen, Amber an Bord zu holen – solange John mit von der Partie war.

Kitty selbst war in ihrer neuen Funktion als Anführerin der Maine Men auf Kyle und Tyler zugegangen. Sie hatte vorgeschlagen, dass sie in den Angriffsmodus wechseln und die Mörder selbst fangen sollten, und ihnen ihre Idee erläutert, Amber als Köder einzusetzen.

In der Zwischenzeit hatte John Amber per Textnachricht rekrutiert, indem er seine Sorge um ihre Sicherheit hochgespielt und den Wunsch geäußert hatte, etwas zu unternehmen. Er konnte Amber sogar dazu bringen, die inszenierte Schlägerei selbst vorzuschlagen.

Kyle, Tyler und Amber erschien der heutige Plan wie ihre eigene Idee. Niemand verdächtigte DGM.

Keine schlechte Arbeit für einen einzigen Vormittag.

«Fahr ihr hinterher», sagte Olivia. Sie fummelte an ihrem Sitzgurt herum und versuchte sich anzuschnallen. «Aber nicht allzu nah, du weißt schon.»

«*Fly casual?*», schlug John vor.

Olivia drehte sich mit hochgezogenen Brauen zu ihm um. «Erwartest du von mir, dass ich weiß, was das heißt?»

«Nö.»

«Kurs halten.» Kitty löste die Handbremse. John und Bree waren nicht die Einzigen, die sich mit *Star Wars* auskannten.

Im Rückspiegel sah sie John anerkennend nicken. «Sehr gut.»

«Es kommt mir manchmal vor, als würdet ihr eine Sprache sprechen, die ich nicht verstehe», beschwerte sich Olivia.

John beugte sich zu ihr vor. «Olivia. Was ist die beste Filmreihe, die je gedreht wurde?»

«*American Pie?*», tippte Olivia.

John schüttelte entgeistert den Kopf. «Ich glaube, ich kann nie wieder mit dir sprechen.»

«Umso besser.» Olivia drehte sich wieder nach vorn. «Können wir Gas geben und Amber einholen?»

Kitty nahm die Verfolgung von Ambers schwarzem Mercedes Coupé auf und versuchte angestrengt, Olivias gutgemeinte Hinweise vom Beifahrersitz zu ignorieren. *Die Ampel schaffst du noch. Sie wechselt die Spur. Pass auf, da ist ein Fußgänger. Du fällst zu weit zurück. Jetzt bist du zu nah dran.*

«Wieso müssen wir sie eigentlich verfolgen, Kojak?», fragte John, als sie über eine tieforange Ampel und dann über eine Kreuzung rasten. «Warst du nicht eine Million Mal bei ihr zu Hause?»

Kitty spürte, wie Olivia sich neben ihr verspannte. «Ich will nicht, das ihr etwas zustößt», sagte sie leise.

John schnaubte. «Auf dem Schulweg?»

Doch niemand stieg auf seine Witzelei ein. Kitty wusste ganz genau, weswegen Olivia so besorgt war, und auch John musste begreifen, dass das Risiko hier sehr real war. Als sie vor einer roten Ampel hielten, begegnete sie seinem Blick im Rückspiegel. «Denk dran, wozu er fähig ist.»

Amber war vier oder fünf Wagen vor ihnen, als die Ampel wieder grün wurde. Olivias Wegbeschreibung zufolge hätte sie an dieser Kreuzung abbiegen müssen, doch stattdessen fuhr sie weiter geradeaus.

«Was macht sie?», fragte Kitty überrascht.

Olivia biss auf ihrer Unterlippe herum. «Ich weiß nicht. Bleib aber hinter ihr.»

Kitty folgte der Autoschlange und versuchte, das glänzend schwarze Coupé im Auge zu behalten, für den Fall, dass Amber ihren Fehler bemerkte und mitten auf der Straße umdrehte. Sie waren beinahe eine Meile weit gefahren, dann bog ihr Wagen auf den Parkplatz des *Coffee Clash* ein.

«Sie will einen Latte macchiato?», fragte John ungläubig, als Amber die Treppe zum Café hinaufeilte. «Jetzt?»

«Eine iced triple-shot nonfat Vanille Soja Latte mit zwei Süßstoff», korrigierte ihn Olivia.

«Das ist ja lächerlich.» Kitty fuhr in eine Parklücke am Straßenrand und ließ ihren Blick über den Parkplatz schweifen. Es standen noch andere Autos dort, außerdem parkte ein silberner SUV ein Stück entfernt an der Straße. Für einen Freitagnachmittag war es ziemlich leer, und

Kitty konnte durch die Glastüren in das Café hineinblicken, in dem Amber gerade ihr Getränk bezahlte.

«Wenigstens wissen wir, dass ihr niemand folgt», sagte Olivia. «Das ist schon etwas wert.»

Kitty spitzte die Lippen. «Vermutlich.»

Zwei Minuten später schlenderte Amber mit ihrem Iced Coffee aus dem *Coffee Clash*, stieg in ihren Wagen ein und rollte aus der Parklücke. Ohne ein Wort nahm Kitty wieder die Verfolgung auf. Sie waren drei Blocks weit gefahren, als ihr ein Wagen auffiel, der ihnen ebenfalls mit wenig Abstand folgte. Es war derselbe silberne SUV, der auch vor dem Café geparkt hatte.

Amber fädelte sich auf die linke Abbiegespur ein, doch anstatt ihr zu folgen, wechselte Kitty auf die rechte Spur, ohne den SUV aus den Augen zu lassen. Wahrscheinlich war sie nur paranoid, aber sie wollte sichergehen.

«Was machst du?», fragte Olivia, als sie an Ambers Wagen vorbeifuhren.

Kitty sah in den Rückspiegel. «Ich überprüfe etwas.»

«Folgt uns jemand?» Olivia wandte sich auf ihrem Sitz um und sah durch die Heckscheibe nach hinten.

«Ich weiß nicht», antwortete Kitty. Der SUV war nicht mehr hinter ihnen. Sie fuhren ein paar Blocks in angespanntem Schweigen, dann atmete Kitty langsam aus. «Ich glaube, es ist alles gut.»

Olivia sank erleichtert in ihren Sitz zurück. «Dem Himmel sei Dank.»

Auf der nächsten Kreuzung wendete Kitty und schlug wieder die grobe Richtung von Ambers Haus ein.

«War es ein silberner SUV, den du im Verdacht hattest?», fragte John von der Rückbank.

268

«Ja», sagte Kitty. «Wieso?»

«Weil da gerade einer eine Kehrtwende gemacht hat und uns folgt.»

«Bist du dir sicher?», fragte Olivia.

Ohne auf eine Antwort zu warten, trat Kitty das Gaspedal durch. Der alte Camry schoss nach vorne, und die Drehzahl wanderte in den roten Bereich. Kitty überholte im Zickzack die anderen Wagen und wechselte dabei die Spuren wie eine Rennfahrerin. Wenn der SUV ihnen wirklich folgte, musste er es mit ihrem Tempo und ihrer Fahrweise aufnehmen. Entsetzt beobachtete sie im Rückspiegel, wie der silberne Wagen ebenfalls beschleunigte und an mehreren Autos vorbeibrauste, um mit ihr mitzuhalten.

«Shit.»

«O mein Gott!», schrie Olivia. «Er ist es!»

Ob es wirklich der Killer war, der ihnen in diesem Augenblick durch die Straßen von Menlo Park folgte, konnte Kitty nicht sicher sagen. Logische Erwägungen sprachen dagegen, aber die logischen Verknüpfungen ihres Gehirns funktionierten gerade nicht. Der Panikreflex hatte übernommen.

«Könnt ihr das Nummernschild lesen?», fragte Kitty.

John lehnte sich über die Rückbank. «Sieht nach Kalifornien aus, aber ich sehe die Zahlen nicht. Er ist zu weit weg.»

«Verdammt!»

Kitty suchte die Straße nach einem Fluchtweg ab. Ihr Blick fiel auf einen großen Lieferwagen zwei Blocks vor ihr auf der rechten Spur.

«Haltet euch fest», rief sie. Der Motor heulte auf, als

sie noch mehr Geschwindigkeit aus ihrem alten Auto herausholte. Sie raste über eine gelbe Ampel und überholte den Lieferwagen, dann setzte sie sich knapp vor ihn, trat auf die Bremse und bog gefährlich schlingernd nach rechts in eine Seitenstraße ab. Wenn sie Glück hatten, hatte ihr Verfolger sie für einen Sekundenbruchteil aus den Augen verloren, als Kitty vor dem Lieferwagen auf die andere Spur gefahren war, und deshalb nicht gesehen, dass sie die Hauptstraße verlassen hatten.

Mit rasender Geschwindigkeit düste Kitty durch die engen Straßen und hoffte, dass niemand gerade rückwärts von seiner Auffahrt rollte oder auf die Straße trat. Dann bog sie schwungvoll in irgendeine Auffahrt ein und stellte sofort den Motor ab.

«Alle abtauchen!», befahl sie.

Kitty und Olivia duckten sich in die Vordersitze, während John sich hinten flach ausstreckte.

«Glaubst du, wir haben ihn abgehängt?», flüsterte Olivia.

«Ich hoffe es.» Selbst wenn er gesehen hatte, wie sie in die Nebenstraße verschwunden waren, verließ sich Kitty nun auf die Tatsache, dass ihr gesichtsloser Camry ein ziemlich verbreitetes Auto war und derjenige, der ihnen folgte, hoffentlich nicht bemerken würde, dass sie hier in einer Auffahrt parkten.

«Ich verstehe das nicht», sagte John. «Ich dachte, wir wollten den Mörder dazu bringen, bei Amber aufzutauchen, um ihn zu enttarnen. Wieso haben wir versucht, ihn abzuhängen?»

Das war im Grunde eine gute Frage. Doch Kitty konnte die erbärmliche Angst nicht erklären, die sie bei der Vorstellung gepackt hatte, dass der Mörder sie verfolgte. Es hatte sich angefühlt wie ein instinktiver Fluchtreflex.

Bevor sie antworten konnte, hörte sie ein Geräusch, das ihr das Blut in den Adern gefrieren ließ. Einen Wagen, der hinter ihrem hielt.

Sie duckte sich noch tiefer und hielt den Atem an, als eine Wagentür geöffnet und dann zugeschlagen wurde. Vielleicht waren es einfach die Hausbesitzer? Schritte auf Beton, als jemand auf ihr Auto zukam, dann klopfte es neben ihr ans Fenster.

«Was macht ihr denn hier?», fragte jemand.

Diese Stimme kannte Kitty. Sie setzte sich auf und sah sich dem hübschen Gesicht von Logan Blaine gegenüber, der sie durch die Scheibe hindurch verwirrt musterte.

VIERUNDDREISSIG

Olivia stieß den Atem aus, den sie angehalten hatte, dann öffnete sie die Beifahrertür und stolperte aus Kittys Wagen. «Logan!»

Hinter ihm stand sein silberner SUV, vor dem sie noch vor wenigen Sekunden auf der Flucht gewesen waren.

Anstatt wie sonst zu lächeln, blieb Logans Gesicht verschlossen, er sah sie aus schmalen Augen düster an. «Was zum Teufel läuft hier?»

Kitty öffnete ebenfalls die Tür, kletterte aus dem Fahrersitz und stellte sich vor Logan. «Alles in Ordnung», sagte sie in dem Versuch, ihn zu besänftigen «Ich kann alles erklären.»

Olivia hatte keine Ahnung, wovon sie sprach. «Was denn erklären?»

Logan zog sein Handy aus der Hosentasche. «Ich sollte die Polizei rufen. Denen erzählen, was ihr so treibt.»

«Hey, bleib entspannt.» John legte die Hand auf Logans Arm.

«Entspannt?», fuhr Logan ihn an und schüttelte seine Hand ab. «Deine Freundin hat versucht, meine Freundin umzubringen. Sag mir nicht, ich soll entspannt bleiben!»

John schüttelte den Kopf. «Das stimmt so nicht.»

Logan sah Olivia an. «Und dir habe ich von diesen Gertler-Jungs erzählt, und dann sind sie verschwunden.»

«Logan», sagte Kitty ruhig, die Hände in einer besänftigenden Geste erhoben. «Du verstehst nicht.»

«Da hast du verdammt recht, ich versteh's nicht!»

Doch Olivia verstand vollkommen. Logan dachte offenbar, sie wären diejenigen, die hinter den Morden steckten und Margot attackiert hätten. Diese Situation war so lächerlich, zumal sie noch vor zwanzig Sekunden geglaubt hatten, der Mörder säße am Steuer von Logans SUV. Olivia brach in Lachen aus.

«Echt jetzt?», fragte John und drehte sich zu ihr um.

«Tut mir leid», keuchte Olivia und hielt sich den Bauch. «Ich kann nichts dagegen tun. Er denkt, wir wären die Mörder!»

«Und inwiefern ist das witzig?», fragte Logan vollkommen ernsthaft.

«Weil wir dachten, *du* wärst der Mörder», sagte John.

Logans Augen weiteten sich. «*Ich?*»

«Na ja, eigentlich derjenige, der uns verfolgt hat», erläuterte Kitty. «Übrigens, warum hast du uns verfolgt?»

«Äh ...» Logan kratzte sich am Kinn. «Weiß ich eigentlich gar nicht genau. Ich habe die Schlägerei in der Turnhalle gesehen, und dann ist Olivia Amber nach draußen nachgegangen. Ich habe sie in dein Auto einsteigen sehen und ...»

«Und da dachtest du, wir würden alle unter einer Decke stecken und Amber wäre als Nächstes dran», vervollständigte Kitty seinen Gedanken.

«Tut ihr das nicht?»

«Doch.» Olivia umrundete den Wagen und nahm Logan am Arm. «Aber nicht so, wie du denkst. Wir und du – wir stehen alle auf derselben Seite.»

«Derselben Seite wovon?», fragte Logan.

Olivia zog ihn mit sich auf seinen SUV zu. «Komm», sagte sie. «Ich erkläre es dir unterwegs. Wir haben einen Termin.»

«Ihr setzt also Amber als Köder ein, um Rex' Mörder zu finden?», fragte Logan, als er seinen Wagen am Fuß des Hügels parkte, auf dem Ambers Haus stand.

«Ja, das ist der Plan», sagte Olivia. Sie hatte ihn auf der Fahrt so gut es ging ins Bild gesetzt, die zentrale Information jedoch ausgelassen, nämlich die Tatsache, dass sie, Kitty und Margot Mitglieder von DGM waren. Es war wahrscheinlich besser, ihn ohne Margots Erlaubnis erst mal nicht einzuweihen.

Logan starrte auf sein Lenkrad. «Wenn das derselbe Typ ist, der Margot angegriffen hat …» Seine Stimme versagte, und Olivia sah, wie sich die Muskeln an seinem Kiefer anspannten, als er wütend die Zähne zusammenbiss.

«Dann übergeben wir ihn bald der Polizei», beendete sie sanft seinen Satz für ihn.

«Und Margot ist in Sicherheit», fügte er leise hinzu.

Olivia konnte beobachten, wie sich die unterschiedlichsten Gefühle in Logans Gesichtszügen spiegelten. Die fest zusammengepressten Lippen verrieten seine Wut, die zusammengezogenen Augenbrauen zeigten seine Sorge, und in seinen forschenden braunen Augen waren Einsamkeit und Verwirrung zu lesen. Olivia konnte nichts weiter sagen, ohne zu viele DGM-Geheimnisse preiszugeben, und so tätschelte sie nur seine Hand und öffnete die Autotür. «Komm mit.»

Als Olivia und Logan aus dem Wagen stiegen, hielt Kitty gerade hinter ihnen an der Bordsteinkante.

«Alter», sagte John und sah Logan an. «Wenn du nicht gerade jemanden verfolgst, fährst du echt wie meine Oma.»

Logan lächelte vorsichtig, die Sorge von eben schien für den Moment verblasst. «Meine Mom hat gedroht, mir das Auto wegzunehmen, wenn ich einen Strafzettel kassiere. Also versuche ich so zu fahren wie sie.» Sein Lächeln wurde breiter. «Wenn ich mir nicht gerade ein Autorennen liefere.»

Kitty legte ihre Hand auf Olivias Arm und wandte sich in Richtung des Hügels. «Welches Haus ist es?»

«Hier entlang.»

Olivia und Kitty eilten voraus in die Richtung, die Olivia vorgab. «Was hat er gesagt?», flüsterte Kitty, als sie sich ein Stück von den Jungs abgesetzt hatten.

Olivia sprach leise und schnell. «Er denkt, dass der Angriff auf Margot irgendwie mit den Morden zusammenhängt, aber er weiß nicht, wie.»

«Hast du es ihm gesagt?»

Olivia schüttelte den Kopf. «Ich habe nichts über DGM gesagt. Nur dass wir versuchen, Amber zu schützen.»

«Okay.» Kitty lächelte sie an. «Vielleicht ist ja in ein paar Stunden schon alles vorbei.»

Olivia nickte, dann bog sie in eine steile Auffahrt ein. «Hier ist es.»

Die Jungen schlossen joggend zu ihnen auf, und gemeinsam erklommen sie die letzten Meter zu Ambers Haustür, die aufflog, bevor Olivia die Gelegenheit hatte zu klopfen.

Amber stürzte heraus und warf John die Arme den Hals. «Ich bin so froh, dass du hier bist!», rief sie und drückte ihn fest an sich.

«Äh, ja», sagte John gutmütig. «Wir wollen ja sichergehen, dass dir nichts passiert.»

«Und Kyle und Tyler kommen auch?», fragte Amber, als sie alle die großzügige Eingangshalle betraten.

Kitty nickte. «Sie sollten jeden Moment hier sein.»

Amber lehnte sich wieder an John, der sich zusehends versteifte. «Ich habe so ein Glück, dass mich hier so viele starke Männer beschützen.»

«Und was machen wir jetzt?», fragte Logan und spähte aus dem Fenster.

Kitty folgte seinem Blick. Von hier oben hatte man eine gute Aussicht auf die Einfahrt und die gewundene Straße darunter. Wenn jemand Amber finden wollte, nachdem sie laut verkündet hatte, sie gehe nun allein nach Hause, würden sie ihn dort kommen sehen.

Kitty hoffte inständig, dass der Mörder den Köder geschluckt hatte. Sie blickte in die Runde. «Jetzt warten wir ab.»

Olivia hatte sich hinter dem Sofa zusammengerollt, wo ein großer Plastik-Ficus sie verdeckte, und ließ Amber nicht aus den Augen. Sie lag lässig hingegossen zwischen den Sofakissen und zappte matt auf dem Fernseher herum. Olivia war sich einmal sogar ziemlich sicher, dass sie für eine halbe Stunde eingeschlafen war. Aber obwohl der Nachmittag sich so langweilig hinzog, hatte Amber sich noch nicht ein Mal beklagt, was eigentlich nicht ihrem Naturell entsprach. Sie saß da, wie sie dasitzen sollte, entspannt und ruhig, scheinbar allein in einem hell erleuchteten Haus. Der Köder baumelte an der Angel.

Olivia ihrerseits war ein zappeliges Nervenbündel. Anfangs hatte sie mit Kitty unter dem Fenster auf der gegenüberliegenden Seite des Wohnzimmers gesessen, doch es hatte sie solche Mühe gekostet, still zu sitzen, dass Kitty sie hinter das Sofa verbannt hatte, wo sie mit ihrem Gezappel keine Vorhänge bewegen und sie alle verraten konnte.

Das immer gleiche Fernsehgeplapper war noch schwerer zu ertragen als das Warten selbst, und Olivia war dankbar, als Amber endlich ein Gespräch eröffnete.

«Es kommt niemand», sagte sie leise.

«Das wissen wir nicht.»

«Sie müssten doch längt hier sein.»

«Das wissen wir auch nicht.»

«Das hier nervt.»

Da konnte Olivia zustimmen.

«Er wird schon noch kommen», sagte sie und versuchte zuversichtlich zu klingen. «Und wir werden ihn schnappen.»

Sie hatten Spähposten an jedem Eingang sitzen. Kyle hatte die Schiebetür übernommen, die aus der Küche in den Garten führte, Tyler bewachte den Dienstboteneingang am Wäscheraum auf der anderen Seite des Hauses, und John und Logan kümmerten sich um den Haupteingang und den ersten Stock, der ihnen einen guten Ausblick auf die gesamte Straße bot.

Sie hatten jeden Winkel im Blick, es war jeder Eingang besetzt. Wenn der Mörder sich zeigte, würden sie ihn sehen.

Nur zeigte er sich nicht.

«Ich weiß, Rex konnte ein ziemliches Arschloch sein», begann Amber. «Aber ich habe ihn geliebt.»

Von ihrer Position aus konnte Olivia Ambers Gesicht nicht sehen, aber ihre Stimme klang traurig. Es lag eine ehrliche Verletztheit darin, die Olivia bei ihr noch nie zuvor erlebt hatte.

«Amber, an dem Abend des Lagerfeuers», setzte Olivia an. Das musste sie jetzt loswerden. «Was du da gesehen hast, mit Rex und mir, das war nicht das, was du denkst.»

Sie hielt inne, aber Amber sagte nichts.

«Ich weiß, ich habe dir erzählt, ich hätte mich von Donté getrennt, aber ganz so ist es nicht gewesen. Er hat mit mir Schluss gemacht.»

«Was?»

«Ja», sagte Olivia. «Und deswegen habe ich versucht, ihn eifersüchtig zu machen. Rex war so betrunken, dass er nicht mehr wusste, was er tat, das habe ich genutzt.»

Sie beschloss, die Tatsache unerwähnt zu lassen, dass Rex auch in nüchternem Zustand ein ziemlicher Perversling gewesen war, der sich bei jeder Gelegenheit an sie herangemacht hatte. Er war tot, und Amber verdiente es, sich an ihn erinnern zu dürfen, wie sie es wollte.

«Er wusste, was er tat.» Ambers Stimme war leise. «Was dich betraf, hat er das immer gewusst.»

Olivia war sich nicht sicher, was sie dazu sagen sollte.

Amber holte tief Luft und atmete hörbar aus. «Rex hat ständig über dich geredet. Immer wenn er versucht hat, mich zu etwas zu überreden, das ich nicht tun wollte, hat er erwähnt, wie heiß du aussiehst oder wie talentiert du bist. Und ich habe dann jedes Mal nachgegeben.»

Etwas, das sie nicht tun wollte? Olivia dachte an Ronny DeStefano und wie sie noch vor kurzem geglaubt hatte, Rex und Amber könnten ihn getötet haben.

«Das tut mir leid», sagte sie und meinte es aufrichtig.

Amber lachte trocken und freudlos auf. «Er hat sogar versucht, mich dazu zu benutzen, seine Schulden abzuzahlen.»

«Was?», rief Olivia. Sie konnte nicht an sich halten.

«Pst!», machte Kitty von der anderen Seite des Zimmers.

«Ja», sagte Amber, jetzt mit leiserer Stimme. «Dieser Typ wollte Geld von Rex, damit ...» Sie verstummte, und Olivia fragte sich, ob sie tatsächlich Rex' größtes Geheimnis ausplaudern würde. «Für etwas Bestimmtes halt», sagte sie stattdessen. «Und Rex hat dem Typen anstelle einer Bezahlung eine Nacht mit mir angeboten.»

«Oh mein Gott. Amber.» Olivia war fassungslos. Rex war ein noch schlimmeres Ungeheuer, als ihr klar gewesen war. «Es tut mir so leid.»

«Ich habe es nicht gemacht», sagte Amber. «Habe ihm stattdessen Schmuck gegeben. Aber so war Rex.»

Olivia ging auf alle viere und krabbelte zur Sofaecke. Es war ihr egal, ob man sie von der Straße aus sehen konnte oder nicht, sie musste Amber für einen Moment in die Augen blicken. Es hatte viel böses Blut zwischen ihnen gegeben, aber Olivia hätte einen Kerl wie Rex nicht einmal ihrer schlimmsten Feindin an den Hals gewünscht. Sie begann jetzt erst zu verstehen, wie Ambers Beziehung zu ihm gewesen sein musste.

«Amber», sagte sie und blickte im schwächer werdenden Licht zu ihrer Freundin hoch. «Du hast etwas Besseres verdient.»

Amber lächelte traurig. «Habe ich das?»

«Ja, das hast du», sagte Olivia. «Und vergiss das nie.»

Kitty kauerte auf einem Stuhl hinter den Seidendamastvorhängen im Wohnzimmer. Sie hielt ihre Knie an die Brust gedrückt und lehnte den Kopf gegen die Wand, während die Sonne draußen allmählich in Richtung Horizont wanderte.

Zahlreiche Autos waren bereits an Ambers Haus vorübergefahren. Keines war auch nur langsamer geworden. Sie hatten drei Nannys Buggys vorbeischieben sehen, alle mit dem Handy am Ohr. Zwei Jogger, einer begleitet von einem Hund, der andere nicht. Ein FedEx-Lieferwagen hatte kurz für Aufregung gesorgt, als er vor dem Haus gehalten hatte, doch der Fahrer tippte lediglich auf seinem Navigationsgerät herum, bevor er weiter den Hügel hinaufdonnerte.

In Kittys Jeanstasche vibrierte ihr Handy. Das Geräusch war in der Stille von Ambers Wohnzimmer dermaßen laut, dass sie heftig zusammenfuhr.

«Was ist los?», flüsterte Olivia erschrocken. Sie krabbelte neben Kitty.

Diese schüttelte den Kopf. «Nur das Handy.»

«Oh.»

Die Nachricht stammte von Mika.

Wo steckst du? Das Training hat vor einer halben Stunde angefangen.

Kitty hatte niemandem gesagt, dass sie die Schule schwänzen würde. Gerade lief das Volleyballtraining, und sie standen zwei Tage vor einem wichtigen Turnier. Sie überlegte, ob sie sich irgendeine Lüge über eine Lebensmittelvergiftung oder so etwas ausdenken sollte, damit Mika sich keine Sorgen machte, doch dann traf eine zweite Nachricht ein.

Oder bist du bei einem besonderen Maine-Men-Treffen?

Kitty konnte die Verachtung in Mikas Stimme praktisch hören. Plötzlich war es ihr egal, ob ihre beste Freundin wusste, wo sie war oder nicht. Sie steckte ihr Handy weg.

Fünfzehn Minuten später hagelte es plötzlich Textnachrichten.

Donté: Mika sagt, du warst nicht beim Training. Ist alles okay?

Mika: Ernsthaft, wo bist du? Coach Miles beißt vor Wut auf ihren Nägeln herum.

Coach Miles: Weil Ich hoffe, du hast einen guten Grund, dem Training fernzubleiben. Sonst setze ich dich beim Turnier am Sonntag auf die Bank.

Coach Miles: Dieses Benehmen ist dem NCAA nicht angemessen.

Donté: Ich mache mir Sorgen. Bitte lass mich wissen, dass du in Sicherheit bist.

Coach Miles: Vor allem, nachdem ich dir den Gefallen getan und Vreeland auf Gunn ins Team geholt habe. Ich bin schwer enttäuscht, Wei.

Donté: Kitty?

Es reichte! Sie tippte schnell ein paar Worte, damit Donté nicht die Polizei verständigte und sie als vermisst meldete: Mir geht's gut. Dann schaltete sie ihr Handy aus und steckte es sich wieder in die Hosentasche. Sie musste für etwas weit Wichtigeres als ein Volleyballturnier bereit sein. Menschenleben standen auf dem Spiel, und wenn sie nicht …

Kitty erstarrte. Aus dem Augenwinkel hatte sie eine dunkle Gestalt durch den Vorgarten der Familie Stevens huschen sehen. Sie richtete sich auf.

«Was ist?», fragte Olivia. «Was hast du …»

Kitty hob die Hand, und Olivia verstummte.

Hatte sie wirklich etwas gesehen, oder war es nur eine Täuschung der tiefstehenden Sonne gewesen? Sie starrte auf den Rasen vor dem Haus hinunter und wagte kaum zu atmen.

Minuten fühlten sich wie Stunden an. Zwischen den länger werdenden Nachmittagsschatten spielten ihr ihre Augen Streiche. Jeder Baum, jeder Busch, jeder Briefkasten schien sich zu bewegen, sobald sie den Blick auf etwas anderes richtete. Sie war kurz davor, aufzugeben und sich wieder in ihren Stuhl zurücksinken zu lassen, als sie es erneut sah.

Dieses Mal erkannte sie eindeutig eine dunkle Gestalt, die hinter der Mülltonne hervor über die Straße huschte

und in die Hecke am Rand des Grundstücks abtauch-
te.

Da draußen war jemand.

«Oh mein Gott!», keuchte Olivia.

«Hast du es auch gesehen?»

Bewegung im Stockwerk über ihnen, dann erschien
Johns Kopf oben an der Treppe. «Habt ihr das gesehen?»

«Was gesehen?», fragte Amber schrill.

Kitty wusste genau, was sie fühlte. Panik. Sie waren
zwar in der Überzahl und hatten das Überraschungs-
moment auf ihrer Seite, doch der Typ, der sich da an-
pirschte, hatte drei Menschen getötet. Ambers Angst war
mehr als berechtigt.

«Kyle», sagte Kitty mit gedämpfter Stimme, als ihr klar-
wurde, wohin die Gestalt auf dem Weg war. «Mach dich
bereit.»

«Bin startklar.»

Sie wandte sich gerade rechtzeitig wieder zum Fenster,
um den dunklen Schatten über den Rasen zur Schiebetür
an der Küche flitzen zu sehen. Kitty musste den Impuls
bekämpfen, dorthin zu stürzen und die Tür abzuschließen, die sie für ihren Hinterhalt extra offen gelassen hatten. Sie kauerte hinter dem Vorhang, bereit zum Sprung.
Gleichzeitig sagte ihr ein großer, überlebenswilliger Teil
ihres Bewusstseins, dass sie alle einen schrecklichen Fehler machten.

Ihr Herz pochte so laut in ihrer Brust, dass sie das leise
Klicken des Türgriffs überhörte. Ein Luftzug drang herein, als die Tür lautlos zur Seite glitt und sich dann wieder
schloss. Eine Gestalt mit Kapuze schlich auf Zehenspitzen ins Wohnzimmer.

«Jetzt!», schrie Kyle.

Aus allen Richtungen kamen Körper angeflogen. Kyle, Tyler, Logan und John stürzten sich gleichzeitig auf den Eindringling, brachten ihn zu Fall und begruben ihn unter sich. Olivia rannte zur anderen Wand und schaltete das Deckenlicht ein, wohingegen Kitty eher langsam auf die Füße kam und sich dem Haufen aus verknoteten Gliedern näherte.

«Ich habe ihn!», schrie John.

Logan ächzte. «Das bin ich, Mann.»

«Ich habe 911 angerufen!», rief Kyle. «Die Polizei wird jeden Augenblick da sein. Du brauchst gar nicht erst versuchen zu fliehen!»

«Ich versuche nicht zu fliehen», erklang da eine vertraute Stimme.

«Ed?», fragte Kitty.

Kyle, John und Logan lösten sich voneinander und gaben den Blick auf Ed the Head frei, der auf Tylers Rücken saß und ihn mit einem festen Ringergriff unter Kontrolle hielt.

«Lass mich los!», brüllte Tyler.

«Na gut.» Ed ließ Tyler los, der stöhnend auf die Seite fiel. «Du bist ohnehin kein angemessener Gegner.»

«Was zum Teufel macht er hier?», fragte Amber.

Olivia war leichenblass und zitterte. «Du solltest doch Tammi Barnes im Auge behalten.»

«Was ist los, Ed?» Auch Kitty sah ihn entgeistert an.

Ed rappelte sich auf die Füße. Draußen wurde eine Sirene lauter. Er räusperte sich. «Leute, Tammi Barnes ist verschwunden.»

FÜNFUNDDREISSIG

Sergeant Callahan schlug im Vernehmungsraum so heftig mit den Handflächen auf den Tisch, dass Kitty zusammenzuckte.

«Was habt ihr euch dabei gedacht?», brüllte er. Aus seinen Augen sprach blanke Wut. Die heitere Schonbehandlung, die er minderjährigen Verdächtigen sonst angedeihen ließ, hatte er offenbar aufgegeben.

«Wir haben nur versucht zu helfen», sagte Kyle lahm.

Sergeant Callahan deutete auf Amber. «Indem ihr ihr Leben aufs Spiel setzt?»

«Ähm ...» Kyle sah sich hilflos um, als hoffte er, dass ihm jemand zur Seite springen würde. So viel zu seinen Qualitäten als Wortführer.

«Wir dachten, Sie würden ohnehin nicht auf uns hören», sagte Kitty. Wie immer war es an ihr, das Ruder zu übernehmen. «Und Amber war ja akut nicht in Gefahr, wir waren alle mit ihr im Haus.»

«Glaubst du das wirklich?», fragte Sergeant Callahan. Es war eine Fangfrage, aber Kitty hatte keine andere Wahl, als zu antworten.

«Ja.»

«Dann bist du dümmer, als ich dachte, Kitty. Was, wenn der Mörder mit einer vollautomatischen Waffe aufgetaucht wäre? Was hättet ihr dann gemacht, hm? Wärt ihr durch eure abgeschlossene Nahkampfausbildung fähig gewesen, ihn zu entwaffnen? Ich sage euch, was passiert wäre. Ihr wärt tot, alle miteinander.» Er zeigte nacheinander auf Kitty, Olivia, Tyler, Kyle, John, Amber und Ed. «Jeder Einzelne von euch.»

«Aber der Mörder hat nie eine Schusswaffe benutzt», widersprach Kitty. Sie konnte sich nicht zurückhalten. «Das wäre doch untypisch für ihn, finden Sie nicht?»

Sergeant Callahans Augenbrauen schossen nach oben. «Ich bin froh, dass deine FBI-Ausbildung zur Profilerin dir hier zugutegekommen ist, Kitty. Es ist immer wieder überraschend, wie ihr Kinder glaubt, mehr zu wissen als diejenigen, die jeden einzelnen Tag ihr Leben in diesem Job riskieren.»

«Um zu schützen und zu dienen», vollendete Ed. Seiner Schlagfertigkeit zum Trotz schien ihm die ganze Situation unangenehm zu sein, und er sah etwas nervös aus, wie er da mit den Fingern auf die Tischplatte trommelte.

Sergeant Callahans Handfläche schlug erneut auf den Tisch. «Das hier ist kein Zeitvertreib für langweilige Nachmittage. Es stehen echte Leben auf dem Spiel!»

«Das wissen wir», sagte Kitty. *Besser, als Sie sich vorstellen können.*

«Ja?», fragte Sergeant Callahan. Seine Augen verengten sich, als er sie streng ansah. «Das wisst ihr?» Er hielt inne, und ein böses Lächeln umspielte seine Mundwinkel. «Wenn ich nämlich der Mörder wäre, würdet ihr als Nächste auf meiner Liste stehen.»

Kittys Mund wurde trocken, als Sergeant Callahans Augen ein Loch in ihren Kopf zu brennen schienen. Es war etwas Hartes in diesem Blick, eine Kälte, die Kitty zum ersten Mal gesehen hatte, als er bei ihrer Mutter zu Hause gewesen war. *Wenn ich der Mörder wäre ...*

«Wir haben heute Abend mehr getan als Sie in einem ganzen Monat», sagte Amber zickig.

Sergeant Callahan lachte und brach endlich den Blickkontakt mit Kitty. Der beängstigende Ausdruck in seinen Augen verschwand. «Mehr Schaden angerichtet, meinst du wohl.»

Ambers Gesicht verzerrte sich vor Wut. Sie sprang auf und schrie Sergeant Callahan entgegen: «Es ist Ihre Schuld, dass Rex tot ist!»

Sergeant Callahan richtete sich in seinem Stuhl auf. «Wie bitte?»

«Durchsuchung der Schließfächer», höhnte Amber. «Versammlungen. Blödsinnige, sinnlose Befragungen. Das kann doch nicht Ihr Ernst sein. Im Fernsehen hätten sie längst einen Profiler hinzugezogen, ein Spurensicherungsteam, irgendjemanden, der professionell arbeitet. Sie haben hier nur rumgesessen und zugelassen, dass dieser Typ erneut zuschlägt und jemanden tötet.» Ihre Stimme begann zu zittern. «Sie haben zugelassen, dass er Rex tötet.»

Eine Träne rollte Ambers Wange hinunter, und zum ersten Mal in ihrem Leben tat sie Kitty tatsächlich leid.

Niemand sagte ein Wort, während Amber den erstaunten Sergeant Callahan mit zitterndem Kinn und Tränen in den Augen wütend anfunkelte. Kitty sah, wie Olivia den Arm ausstreckte und nach Ambers Hand griff.

Die ganze Zeit war Amber die Feindin gewesen, die Verkörperung all dessen, was DGM auf der Bishop DuMaine bekämpfte. Letzten Endes jedoch war sie kein

287

Monster. Sie war genauso verängstigt und verletzlich wie alle anderen.

Die Stille wurde von energischen Schritten auf dem Flur unterbrochen, gleichzeitig wurden Stimmen lauter. Dann hörte Kitty einen Beamten der Wache polizeiliche Befehle absondern.

Sergeant Callahan schüttelte seine Benommenheit ab und ging mit langen Schritten zum Fenster, aus dem man vom Vernehmungsraum in den Flur sehen konnte. «Was zum Teufel ist da los?»

Bevor er es erreichte, flog die Tür auf. Im Rahmen erschien ein riesiger Kerl, Kittys Einschätzung nach ein professioneller Ringer, mit fliegenden blonden Locken und beeindruckender Brustmuskulatur. Er stand stramm, während eine schlanke Frau mit sonnengebleichten Strähnen, gekleidet in einen teuren Maßanzug, gemessenen Schrittes den Vernehmungsraum betrat.

«Brendan», richtete sie das Wort lächelnd an Sergeant Callahan, «gibt es einen Grund dafür, dass du diese Kinder ohne elterliche Zustimmung zur Befragung festhältst?»

Sergeant Callahan passte augenblicklich seine Haltung an – nahm die Schultern zurück, hob den Kopf –, als wäre sein Vorgesetzter zu einer Überprüfung erschienen. «Mrs. Deringer!»

Kitty machte große Augen. Mrs. Deringer? *Das* war Brees Mom?

Aus dem Augenwinkel sah sie, wie John sich auf seinem Stuhl wand.

«Sie werden doch nicht verhört, Diana», verteidigte sich Sergeant Callahan. «Dieses Mal gibt es ja keine Anklage.»

Mrs. Deringer lachte. Ihr gesamtes Gesicht erhellte sich, und mit ihrer vollkommenen, glatten Haut und den tanzenden braunen Augen sah sie aus wie ein junges Mädchen. Es fiel Kitty schwer, diese beeindruckend attraktive Frau mit ihrer frechen, sarkastischen, Secondhand-Kleider tragenden Tochter unter einen Hut zu bringen.

Mrs. Deringer legte ihre Hand auf Sergeant Callahans Arm. Bei ihrer Berührung reagierte er sichtlich überfordert. «Willst du mir wirklich erzählen, dass du nicht versucht hast, diesen armen Kindern einen Schrecken einzujagen, Brendan?»

«Diana», sagte er nervös. «Was machst du hier?»

«Ich bin in meiner offiziellen Funktion als Kinderrechtsbeauftragte der Schülerschaft von Bishop DuMaine gekommen.» Sie lächelte immer noch einnehmend.

Kitty presste die Lippen zusammen, um nicht zu grinsen. Eine offizielle Kinderrechtsbeauftragte? Gab es so etwas überhaupt?

«Aber ich dacht...»

«Falls du diese Kinder hier also nicht öffentlich beschuldigen willst, die Justiz behindert oder eine polizeiliche Ermittlung gestört zu haben, schlage ich vor, dass du sie alle meiner Obhut übergibst.»

«Nein, Mrs. Deringer.» Sergeant Callahan schüttelte verwirrt den Kopf. «Ich meine, ja. Ich meine, sofort.»

Mrs. Deringer lächelte und hielt ihre lebhaften Augen auf Sergeant Callahans Gesicht gerichtet. «Ich wusste, du würdest es verstehen.» Dann drehte sie auf dem Absatz um, zwinkerte Kitty kurz zu und schnippte mit den Fingern.

«Kinder», sagte sie zur Tür gewandt, «kommt mit.»

Ed blieb vor dem Vernehmungsraum stehen und ließ die anderen an sich vorbeigehen. Seine Spiderman-Antennen zitterten. *Irgendetwas stimmt hier nicht.*

Zuerst war es ein Geräusch wie ein Bienenschwarm, weit entfernt und verschwommen, als hätte jemand in einem der hinteren Zimmer den Fernseher angelassen. Doch als sie sich der Doppeltür nach draußen näherten, begann das Geräusch anzuschwellen, und Ed konnte deutlich die Rufe einer wütenden Menge hören.

«Wir lassen uns nicht aufhalten», sagte Mrs. Deringer aus dem Mundwinkel.

«Was ist da draußen los?», fragte Ed und trabte hinter ihr her.

«Klingt nach einem Mob …» Olivia sah besorgt aus.

Mrs. Deringer blieb vor der großen Doppeltür stehen und wandte sich zu ihnen um. «Wie es scheint, haben sich einige Eltern vor der Wache versammelt, um ihrer, äh, Unzufriedenheit mit den Ermittlungen Luft zu machen. Haltet euch einfach in Olafs Nähe, dann sollte alles gutgehen.»

Ed schlüpfte hinter Olafs breites Kreuz. «Gesagt, getan.»

Als sich die Tür öffnete, schlug ihnen rhythmischer Lärm entgegen. Ungefähr vierzig Menschen hatten sich vor der Wache versammelt, skandierten und machten mit Trommeln und Trompeten Krach. Sie wurden notdürftig in Schach gehalten von billigen Metallschranken und zwei Uniformierten, die aussahen, als seien sie sich nicht ganz sicher, wie sie mit der Situation umgehen sollten.

«Wenn Sie bitte alle nach Hause gehen würden …» Der eine Beamte war bereits sichtlich überfordert.

«Die Polizei besteht aus lauter Idioten!», ertönte eine Frauenstimme, was heftigen Beifall hervorrief.

«Ma'am», rief der andere Beamte geduldig über den Lärm. «Es ist eine komplexe Situation, und wir sind …»

«Mein Sohn wird vermisst!», schrie eine weitere Frau. Sie schob sich durch die Menge nach vorne, und obwohl sie keinen Bademantel trug, erkannte Ed Xavier Hathaways Mutter sofort. «Und Sie haben *nichts* getan, um ihn zu finden!»

«Wir tun alles, was in unserer Macht steht.»

«Ach, wirklich?», fragte ein Mann sarkastisch.

«Ja, wirklich», versetzte der erste Beamte, der sich eindeutig angegriffen fühlte. «Tatsächlich verhört Sergeant Callahan in diesem Moment tatverdächtige Personen.»

«Schuld ist doch diese DGM-Gruppe!», ertönte irgendwo in der Mitte eine Stimme.

Eine andere pflichtete bei. «Ja, die stecken dahinter!»

«Sind die das?» Ed sah einen Finger, der in ihre Richtung zeigte. «Sind das die Tatverdächtigen?»

Oh-oh.

«Das sind sie! Das sind die Mörder!»

Ein neuer wütender Schub schien die Menge in Bewegung zu setzen. Sie konnte von den beiden Beamten kaum in Schach gehalten werden und bewegte sich mit beunruhigender Geschwindigkeit auf sie zu. Ed fragte sich schon, ob sie nicht vielleicht endlich die Flucht ergreifen sollten, da trat Mrs. Deringer vor.

«Sehr geehrte Damen und Herren», sagte sie mit gebieterischer und vollkommen gelassener Stimme, die den Krach mühelos übertönte. «Diese Kinder sind keine Mörder. Sie sind Zeugen der jüngsten Verbrechen geworden, und ihre Anwesenheit hier heute Abend dient lediglich den Ermittlungen.»

Die Menge wurde merkwürdigerweise etwas leiser. «Wer zum Teufel sind Sie denn?», fragte jemand. «Ihre Anwältin?»

«Ich vertrete die Schülerschaft der Bishop DuMaine Preparatory School», antwortete Mrs. Deringer und blieb damit bei ihrem Bluff. Gute Entscheidung, wie Ed fand. Wenn diese Leute herausfanden, dass sie Bree Deringers Mutter war, würden sie sie vermutlich in Stücke reißen. «Und natürlich möchten die Schüler und ich genauso dringend wissen, wer hinter diesen schlimmen Morden und Entführungen steckt, wie Sie.»

Die Menge zögerte, als dächte sie über ihre Worte nach. Mrs. Deringer drehte sich mit einem schuldbewussten Lächeln zu Ed und den anderen um. «Schnell», sagte sie leise. «Zu den Autos.»

Sie bewegten sich, so schnell sie konnten, ohne jedoch zu rennen, und Ed blickte alle paar Sekunden über die Schulter, um sicherzugehen, dass der Mob es sich nicht doch anders überlegt hatte. Als sie ausreichend Abstand zwischen sich und die Demonstranten gebracht hatten, ließ Ed sich zusammen mit Kitty, Olivia, John und Logan gerade so weit zurückfallen, dass Mrs. Deringer und ihr riesiger Bodyguard sie nicht hören konnten.

«Woher wusste sie, wo wir sind?», flüsterte Kitty.

«Ich habe Bree mit Logans Handy eine Nachricht geschickt», antwortete John. «Damit sie weiß, was passiert ist, falls man uns verhaftet.»

«Ich hatte ja keine Ahnung, dass Bree so eine Mutter hat.» In Olivias Stimme lag ehrliche Bewunderung. «Sie hat es echt drauf. Und diese Schärfe. Habt ihr die Burberry-Jacke gesehen, die sie anhat? Unglaublich.»

«Ich frage mich, ob sie erlaubt, dass wir Bree sehen», überlegte John sehnsüchtig.

«Und *ich* frage mich», sagte Ed scharf, «ob wir vielleicht darüber sprechen sollten, was verdammt noch mal heute Abend passiert ist!»

«Wir sollten vom Parkplatz fahren, bevor wir unser Meeting starten», entgegnete Kitty trocken. «Falls es euch entgangen ist, da drüben tobt ein Mob, der nach unserem Blut schreit.»

Ed verdrehte die Augen. «Na gut.» Er wollte das alles ohnehin nicht vor Logan besprechen. Wie hatte dieser Typ es überhaupt geschafft, sich in den Einsatz in Ambers Haus einzuschleichen?

Sie bogen um eine Ecke und befanden sich jetzt auf der Rückseite des Gebäudes, wo zwei Fahrzeuge auf sie warteten: ein panzerartiger SUV, schwarz mit getönten Scheiben, und ein Lincoln Town Car mit einem beschrifteten Schild an der Stoßstange. Daneben stand ein Chauffeur bereit und riss die Türen auf, als sie näher kamen.

«Super!» Ed lief in Richtung des Town Car. «Ich wollte schon immer meinen eigenen Chauffeur haben.»

Mrs. Deringer trat ihm unauffällig in den Weg, streckte den Arm aus und lenkte ihn stattdessen zu dem großen SUV. «Du nicht», sagte sie leise und sah ihn vielsagend an. Dann wandte sie sich an Kyle und Tyler und funkelte wieder vor Charme. «Jungs, glaubt ihr, ihr könntet mit Amber nach Hause fahren? Nach allem, was sie durchstehen musste, kann sie sicher zwei starke, fürsorgliche Männer wie euch gebrauchen.»

293

Tyler warf sich in die Brust. «Was immer Sie wünschen, Mrs. Deringer.»

«Und im Namen der Schüler von Bishop DuMaine möchte ich anfügen», sagte Kyle in dem offensichtlichen Versuch, ihr noch tiefer in ihren Hintern zu kriechen als sein Freund, «dass wir ein Riesenglück haben, eine Fürsprecherin wie Sie zu haben.»

«Ja, nicht wahr?» Mrs. Deringer zwinkerte ihm lächelnd zu.

Amber hingegen sah wenig erfreut aus. Sie blickte sehnsüchtig zu John. «Ich will aber lieber, dass er mitkommt», quengelte sie.

Doch Mrs. Deringer legte ihr einen eleganten Arm um die Schultern und führte sie in Richtung des Town Car. «Ich weiß, Liebes. Aber jetzt ist einfach nicht die richtige Zeit dafür. Ich habe gehört, dass Beziehungen, die auf extremen Erfahrungen beruhen, nicht von Dauer sind.»

«Ist das nicht aus *Speed*?», fragte Ed leise. Jetzt war auch er beeindruckt.

«Du musst John heute Abend ein wenig Raum geben», fuhr Mrs. Deringer fort. Als sie die Wagentür erreichten, drückte sie aufmunternd Ambers Schulter. «Glaub mir. Ich habe schließlich einen Senator in die Tasche gesteckt.» Damit schob sie Amber sanft auf die Rückbank und schlug die Tür zu.

Als sie sich wieder zu ihnen umwandte, wirkte sie ganz geschäftsmäßig. «So. Ihr anderen kommt mit mir.»

«Moment», sagte Ed und beäugte Logan. «Findet ihr nicht, dass Mister Meine-Freundin-liegt-im-Koma im Auto für die Clowns mitfahren sollte?»

«Hä?» Logan sah verwirrt aus.

294

«Ed!», rief Olivia empört. «Das ist widerlich von dir!»

Ed schüttelte in übertriebener Zerknirschung den Kopf. «Ich weiß, ich weiß, das Leben ist hart.»

John starrte ihn ungläubig an. «Du bist ein richtiges Arschloch manchmal, weißt du das?»

Ed lächelte. «Manchmal?»

«Keine Ahnung, wovon ihr redet», ging Logan dazwischen, «aber ich kann gerne mit Amber zurück zu ihrem Haus fahren. Mach dir keinen Kopf, Mann.»

«Ich halte das für das Beste», sagte Ed.

Aber Kitty und Olivia hatten scheinbar andere Pläne. Nachdem sie einen schnellen Blick gewechselt hatten, trat Kitty vor. «Eigentlich», sagte sie bestimmt, «finde ich, du solltest mit uns kommen.»

«Warum?», fragte Ed. «Wofür sollte der gut sein?»

«Für ihn steht hier genauso viel auf dem Spiel wie für dich, Ed», fuhr Olivia ihn an.

Das stimmt nicht.

Der Town Car fuhr davon und besiegelte den Entschluss. Ed musste sich damit abfinden, dass Logan jetzt mit von der Partie war. «Okay.» Er ergriff Logans Handgelenk und zerrte ihn in ihre Mitte. «Aber er muss denselben Schwur leisten wie John und ich. Das ist nur fair.»

«Schwur?», fragte Logan erschrocken.

Ed krempelte sich die Ärmel hoch wie ein Proktologe vor einer Untersuchung, dann streckte er den Arm aus. «Entspann dich und lass es geschehen, du bist doch ein großer Junge. Es tut nur ganz kurz weh.»

SECHSUNDDREISSIG

Bree stand an der Haustür und lehnte sich mit dem Oberkörper so weit sie konnte nach draußen, achtete aber darauf, dass ihre Fußfessel im Haus blieb. Ihre Mom und Olaf sollten längst wieder hier sein. Was, wenn sich Sergeant Callahan geweigert hatte, ihre Freunde gehen zu lassen? Was, wenn der Killer sie doch noch in die Finger bekommen hatte?

Sie stellte sich Johns leblosen Körper vor, blutbefleckt und mit zertrümmertem Schädel, wie Ronny auf den Tatortfotos. *Ich werde alles zerstören, was du liebst …*

Bree kniff die Augen zusammen und versuchte krampfhaft, den Gedanken zu verbannen. Es ging ihnen sicher gut. Sie musste nur Geduld haben.

Das Knallen von Autotüren ließ sie aufschrecken. Sie riss die Augen auf und sah John über die Auffahrt auf sie zulaufen.

«Bree!» Er schlang die Arme um sie und küsste sie leidenschaftlich auf den Mund.

Bree spürte, wie ihr Gesicht zu glühen begann. Aus dem Augenwinkel sah sie ihre Mutter aus dem SUV steigen. John schien die Situation im selben Moment bewusst zu werden. Er wich zurück, wurde vom Kinn bis zum Scheitel puterrot und wandte sich stotternd an Brees Mom. «Mrs. Deringer, es … es tut mir leid. Bree und ich …»

«Habt es im Zimmer meiner Tochter wie die Karnickel getrieben? Ja, ich weiß.»

Bree rutschte der Magen bis in die Kniekehlen. «Was?»

Ihre Mom sah sie mitleidig an. «Schätzchen, eher friert die Hölle zu, als dass ich *Old Spice Men* in einer seiner vielfältigen Duftvariationen nicht erkenne. Und falls du dich nicht selbst neuerdings mit Aftershave einsprühst, gibt es nur eine Erklärung dafür, dass es bei dir neulich roch wie in einer Parfümerie: Du hattest Jungsbesuch.»

«Oh.»

«Also», sagte ihre Mom an alle gewandt und deutete auf die offene Tür. «Könnten wir vielleicht reingehen? Wie es scheint, habt ihr eine Menge zu besprechen.»

Im Gänsemarsch betrat einer nach dem anderen die Eingangshalle. Ed the Head stieß einen Pfiff aus. «Nett hier. Senator Deringer hat Geschmack.»

«Danke!», flötete Brees Mom, die voran in die Küche schwebte.

Als sich alle in dem großen Raum versammelt hatten, setzten sich Bree und John ans Kopfende des Bauerntisches, Logan ließ sich am gegenüberliegenden Ende nieder. «Äh ...» Bree blickte von Kitty zu Olivia.

«Ist okay», sagte Kitty. «Logan weiß Bescheid.»

«Kann ich euch was zu trinken anbieten?», fragte Brees Mom. Sie öffnete beliebige Schubladen und Küchenschränke, als suchte sie nach einer mütterlichen Aufgabe für sich. «Wasser? Limo? Cocktails?»

«Mom ...»

«Wissen Sie, Mrs. Deringer», begann Ed mit schwärmerischer Stimme, «Bree hat uns nie erzählt, dass sie eine ältere Schwester hat.»

«Echt jetzt?», fragte Bree.

Ihre Mom kicherte. «Du bist ja ein Charmeur.»

Bree verdrehte die Augen. Ihre Mutter flirtete wirklich mit allem, was einen Puls hatte. «Okay, Mom, danke. Wir haben Wichtiges zu besprechen.»

«Na schön.» Ihre Mom seufzte theatralisch. «Ich bin in meinem Zimmer, falls ihr mich braucht.»

Bree war ihrer Mutter mehr als dankbar, dass sie John und die anderen aus dem Kittchen geholt hatte, ohne viele Fragen zu stellen. Trotzdem hielt sie es nicht aus, wenn sie sich so aufspielte und wie eine Fee um ihre Freunde herumtänzelte.

Diese Freunde jedoch schienen immer noch schwer beeindruckt von der Retterin Mrs. Deringer zu sein.

«Es war echt cool von ihr, uns rauszuhauen», sagte John, sobald Brees Mom außer Hörweite war. «Wie hast du das hingekriegt?»

«Ich habe zuerst versucht euch anzurufen, nachdem ich deine Nachricht bekommen hatte», erzählte Bree. «Als niemand ans Telefon ging, habe ich beschlossen, dass es ein Ernstfall ist und ich Verstärkung holen muss.»

Kitty nickte. «Wir hatten alle unsere Handys ausgestellt.»

«Ja, nur er nicht.» Bree wies mit dem Kinn auf Ed. «Aber er ist nicht rangegangen.»

Ed verschränkte die Arme vor der Brust. «Bitte vielmals um Verzeihung, ich hatte es lautlos gestellt, weil ich ja mit allen Mitteln versucht habe, deinen Schlamassel mit Tammi Barnes zu regeln.»

«Was ja auch großartig geklappt hat», sagte Olivia mit ironischem Unterton.

Bree wurde ganz kalt. «Was ist mit Tammi?»

«Ich bin zur Mall gefahren, um sie im Auge zu behalten, wie du gesagt hattest. Aber sie ist nicht zur Arbeit erschienen», berichtete Ed. «Dann bin ich zu ihrer Wohnung gefahren, wo sie nach der Therapie aber gar nicht wieder angekommen war. Der Betreuer der Wohngruppe muss die Polizei gerufen haben, kurz nach mir kamen nämlich ein paar Streifenwagen angerollt. Weil sie durch ihr Wegbleiben ihre Bewährungsauflagen verletzt hat, schätze ich.»

Bree sah ihn böse an. «Du solltest doch ein Auge auf sie haben.»

«Ich habe getan, was ich konnte!» Ed hob hilflos die Arme. «Vielleicht wäre das alles nicht passiert, wenn du es in der Therapiestunde nicht vermasselt hättest!»

Logan wandte sich an Kitty: «Wer ist Tammi Barnes?»

Kitty ignorierte ihn. «Wir haben zwei mögliche Szenarien», sagte sie stattdessen. «Entweder ist Tammi die Mörderin, oder der Killer hat sie sich geschnappt wie Xavier und die anderen.»

«Wer sind Xavier und die anderen?», fragte Logan Olivia.

Sie antwortete nicht und ließ sich in ihren Stuhl zurücksinken. «Und jetzt?»

«Was jetzt kommt, wird euch nicht gefallen.» Bree ging zum Küchentresen und zog vier braune Briefumschläge aus einer Schublade. «Die hier habe ich vor unserer Tür gefunden, als ich von der Therapie nach Hause gekommen bin.»

«Scheiße», flüsterten Kitty und Olivia wie aus einem Mund.

Ed schüttelte fassungslos den Kopf. «Du willst uns ver-arschen.»

Bree teilte die Umschläge aus, auf denen fein säuberlich «Olivia», «Kitty», «John» und «Ed» stand.

«Was war bei dir drin?», fragte Kitty tonlos.

Bree nahm ein Foto aus der Schublade und zeigte es ihnen. Es war ein heimlich aufgenommenes Schwarz-Weiß-Bild, leicht körnig und wahrscheinlich aus der Entfernung geschossen, auf dem John zu sehen war, wie er die Strickleiter zu ihrem Zimmer hinaufkletterte.

Sie betrachtete Johns Gesicht, als er das Foto in Augenschein nahm. Er hatte keine Angst, studierte nur ruhig die Einzelheiten. «Das war gestern.»

«Ja.»

Ohne zu zögern, riss er seinen Umschlag auf und zog ein ähnliches Schwarz-Weiß-Bild heraus. Bree schluckte. Es war ein Bild von ihr, wie sie vor Dr. Walters' Praxis aus dem Auto stieg.

«Es war noch ein Zettel dabei.» Bree hoffte, dass ihre Stimme beim Vorlesen der Nachricht des Mörders nicht zitterte.

```
Ihr alle werdet etwas verlieren, das
ihr mehr liebt als das Leben selbst.
Es hat alles mit euch angefangen,
und es wird mit euch enden. Macht
euch bereit für das große Finale am
Sonntag.
PS: Ich rege mich nicht auf. Ich
zahle es euch heim.
```

«Sonntag?», sagte Olivia. «Wieso Sonntag?»

«O Gott», keuchte Kitty.

«Was?», fragte John.

Kitty sah Bree an. «Am Sonntag findet das Volleyball-turnier in der Schule statt. Das, zu dem alle College Scouts kommen.»

John sank auf seinem Stuhl zurück. «Ein großes Finale», murmelte er.

Olivias Gesicht sah aus wie kalter Stein, als sie ihren Umschlag anblickte. «Ich will das nicht öffnen.» Bree wusste genau, wie sie sich fühlte. Die Vorstellung, dass der Killer John ins Visier nahm, trieb ihr kalten Angst-schweiß auf die Stirn.

«Wir machen es zusammen», sagte Kitty. «Auf drei.»

«Na gut», sagte Olivia und schüttelte ihre kurzen Lo-cken. «Du auch, Ed.»

Ed schnaubte. «Wenn er nicht mein Bankkonto leer geräumt hat, gibt es nichts, womit dieser Typ mir Angst einjagen könnte.»

Kitty atmete entschlossen aus. «Eins. Zwei. Drei.»

Sie und Olivia öffneten ihren Umschlag gleichzeitig, wohingegen Ed seinen in seine Tasche stopfte. Kittys Hand begann zu zittern, als sie auf ihr Foto blickte.

«Was ist drauf?», fragte Bree. Unter dem Tisch nahm sie Johns Hand.

«Meine Schwestern.» Kittys Stimme war belegt. «Auf dem Heimweg von der Schule.»

Wie die anderen Fotos sah auch ihres aus, als sei es mit einem Teleobjektiv geschossen worden. Es zeigte süße eineiige Zwillingsmädchen mit Rucksäcken, die Hand in Hand die Straße entlanggingen. Das Foto fing einen unbeschwerten Augenblick ein: Beide lachten aus vollem Hals, als hätte eine von ihnen gerade einen Witz gemacht. Sie sahen so jung aus – elf, vielleicht zwölf Jahre alt.

«*Ich werde alles zerstören, was ihr liebt*», sagte Ed leise.

«Er scheint gut informiert zu sein.» John senkte den Blick. «Immerhin weiß er bei jedem recht genau, was das ist.»

Bree drückte Johns Hand. Sie durfte ihn auf keinen Fall verlieren. «Wir müssen den Mörder finden, bevor er noch jemanden verletzt.»

«Ich glaube …», setzte Olivia an. Das Zittern in ihrer Stimme ließ Bree augenblicklich aufsehen. Olivias Gesicht war leichenblass. «Ich glaube, das hat er bereits getan.»

Sie starrte auf das Stück Papier, das in ihrem Umschlag gewesen war. Es war der Ausdruck einer E-Mail an June Hayes, Olivias Mom.

Liebe Mrs. Hayes,

mit großem Bedauern muss ich Ihnen mitteilen, dass Sie wegen unbefriedigender Leistungen in der Produktion Der Fluch der Lady ersetzt worden sind.

Mit freundlichen Grüßen,
Charles Beard

SIEBENUNDDREISSIG

Olivia lehnte sich auf dem Beifahrersitz des SUVs nach vorn. Am liebsten hätte sie den riesigen skandinavischen Fahrer, dessen Name scheinbar Olaf war, beschworen, noch schneller zu fahren. Was er nicht gekonnt hätte. Die Reifen quietschten in den Kurven, gelbe Ampeln nahm er als Signal, den Wagen noch zu beschleunigen, und sie musste sich bei jeder Straßenbiegung am Türgriff festklammern, um nicht schmerzhaft in ihrem Gurt hin und her geschleudert zu werden. Trotzdem schien es Olivia, als würde sich jeder Kilometer ewig ziehen.

Sie blickte auf ihr Telefon hinunter und drückte zum dreißigsten Mal auf Wahlwiederholung. Nach viermaligem Klingeln landete sie auf der Mailbox.

«Leider kann ich im Augenblick nicht ans Telefon kommen», sagte ihre Mutter mit ihrer vollen, wohlklingenden Stimme. «Ich bin mitten in den Proben meines neuen …»

Olivia legte auf und drückte gleich wieder auf Wahlwiederholung.

«Bestimmt ist alles gut», versuchte Kitty sie zu beruhigen. «Vielleicht schläft sie, oder sie ist bei der Arbeit.»

«Sie hat ihren Job gekündigt», sagte Olivia. Die Mailbox erklang, und sie legte erneut auf. «Für dieses Stück.»

Falls Kitty dem etwas hinzuzufügen hatte, behielt sie es für sich. Sie saß mit Logan, John und Ed the Head zu-

303

sammengedrängt auf dem Rücksitz, und keiner von ihnen sprach ein Wort.

Olivia verfluchte sich selbst. Wie hatte sie nur so dumm sein können? Eine Show für den Broadway in San José zu testen war einfach lächerlich, und noch absurder war es, dass man dafür ausgerechnet ihre Mom angeheuert hatte. «‹Was ihr wollt› 1998 im Public. Habe ich recht?» Ja, klar. Das ohnehin verletzliche Ego ihrer Mutter war nach Fitzgerald Conroys Besuch so verwundet gewesen, dass sie auf so eine Zeile hereinfallen *musste*. Sie wollte so gerne glauben, dass der Name «June Hayes» wieder aufleuchten, dass sie in den Theaterrezensionen der *Playbill* oder der *New York Times* auftauchen würde. Olivia schüttelte den Kopf. Vermutlich hatte ihre Mom die Dankesrede zur Tony-Verleihung bereits einstudiert.

Sie hätte viel früher begreifen müssen, dass es sich bei diesem tollen Zufall nur um die Tat eines Killers handeln konnte, der vor nichts zurückschreckt, um sich zu rächen.

Olaf trat auf die Bremse, und Olivia wurde nach vorn in den Anschnallgurt gedrückt, dann flog ihr Kopf zurück nach hinten und prallte gegen die Kopfstütze.

«Da», sagte Olaf schlicht.

Zwei Stufen auf einmal nehmend, rannte Olivia die Treppe zu ihrer Wohnung hinauf, die Schlüssel fest umklammert. Die polternden Schritte hinter sich nahm sie kaum wahr.

«Mom!», schrie sie, als sie die Tür aufschloss. «Mom?»

Sie stolperte in die Wohnung. Überall standen Rotweinflaschen. Eine auf dem Küchentisch – offen, aber nur halbleer –, eine auf dem Küchentresen – ebenfalls nicht ausgetrunken –, dann noch zwei auf dem Wohnzimmertisch, beide umgefallen. In einer Weinpfütze lag das gerahmte Foto von June Hayes bei der Premiere von *Was ihr wollt* am Public Theatre in New York. Die Glasscheibe war eingeschlagen.

Ihre Mom lag seitlich auf dem Sofa, das Gesicht zum Fernseher gedreht. Olivia atmete erleichtert auf. Sie hatte ihre Trauer scheinbar in Alkohol ertränkt und im Rausch einen Wutanfall gehabt, aber es sah nicht schlimmer aus, als sie es schon viele Male erlebt hatte. Es würden ein paar Tage tränenreichen Selbstmitleids folgen, und irgendwann nächste Woche dann würde ihre Mom aus dem Tal der Trauer auftauchen, im Shangri-La darum bitten, dass man ihr ihren alten Job zurückgab, und das Leben würde sich wieder normalisieren.

«Alles okay mit ihr?», fragte Kitty, die hinter Olivia getreten war.

Olivia wandte sich zu ihr um. Erst jetzt wurde ihr bewusst, dass ihre Freunde in diesem Moment mit dem Chaos einer bipolaren Störung konfrontiert wurden, das ihr Leben zu Hause bestimmte.

«Jaja, bald geht es ihr wieder gut», sagte sie und versuchte dabei heiter zu klingen. Sie marschierte zum Couchtisch, stellte die Weinflaschen wieder auf und sammelte Glasscherben ein. «Sie wird sich ihre Wunden lecken und dann nach vorne blicken. Stimmt's, Mom?»

Sie blickte zu ihrer Mom, und die gesamte Wärme verließ augenblicklich ihren Körper. Ihre Mutter hatte beinahe ein Dutzend Pillenfläschchen neben sich liegen. Ihr Mund stand offen, und Erbrochenes hing in ihrem Mundwinkel.

Mit einem Satz war Kitty neben ihr. «Ruf 911 an», rief sie Ed zu. «Sofort!»

«Was ist los?», fragte John, der in der Nähe der Tür stehen geblieben war. «Ist alles in Ordnung mit ihr?»

Bevor ihm jemand antworten konnte, kam Olaf ins Zimmer gerannt. Er hob Olivias Mom hoch und war schon fast mit ihr aus der Tür, bevor Olivia in der Lage war zu reagieren. «Was machst du?»

«Olaf ist schneller im Krankenhaus», sagte er und verschwand ins Treppenhaus. «Nehmt Tablettenfläschchen mit.»

Kitty saß neben John im Wartezimmer des Krankenhauses und starrte die Wanduhr an. In Filmen waren solche Wartebereiche immer aufregende Orte, an denen bildschöne, gut gekleidete Schauspieler auf Neuigkeiten über ihre Liebsten warteten.

Dieses Wartezimmer hingegen sah eher aus wie ein Besuchsraum im Knast: unbequeme, mit fleckigem grauem Stoff bezogene Stühle, blassgelbe Wände mit einem Informationsplakat zum Thema Herzkrankheiten, eine Auswahl vier Monate alter Zeitschriften und ein erbärmlicher Essensautomat, dessen ungesunder Inhalt aussah, als stammte er aus einer Zeit, in der Kitty noch Windeln trug. None-Riegel? Wurden die überhaupt noch hergestellt?

Ed und Logan hatten sich kurz nach ihrer Ankunft im Krankenhaus aus dem Staub gemacht, doch John blieb seit Stunden vollkommen still neben ihr sitzen. Er hatte den Kopf an die Wand gelehnt, die Arme vor der Brust verschränkt, die Augen geschlossen. Wie konnte er jetzt schlafen? Kitty hielt es kaum auf ihrem Platz, die Ungewissheit, ob Olivias Mom alles gut überstehen würde, machte sie wahnsinnig. Sie hatte den letzten Rest Akku in ihrem Handy dafür genutzt, zu Hause anzurufen und sich nach Lydia und Sophia zu erkundigen, die es urkomisch fanden, dass ihre ältere Schwester sich Sorgen um sie machte. Kitty hatte ihnen das Versprechen abgenommen, zu Hause zu bleiben und Fenster und Türen geschlossen zu halten.

Da ihr Akku nun leer war, konnte sie sich nicht mit sinnlosen Spielen oder Facebook ablenken. Sie wäre froh gewesen, ein gutes Buch zu haben oder notfalls auch ein schlechtes, musste sich aber mit dem kleinen Fernseher in der Ecke zufriedengeben, auf dem ohne Ton die örtlichen Nachrichten liefen. Ein paar sprechende Köpfe quasselten stumm, und Kittys Augenlider wurden schwerer und schwerer ...

«Schau mal!» Kitty spürte den leichten Stoß eines Ellenbogens und schreckte hoch. John zeigte auf den Fernseher. Auf dem Bildschirm erschien just in diesem Moment ein Foto von Tammi Barnes.

Kitty stürzte quer durch den Raum und drückte auf den Lautstärkeknopf. Sie wollte unbedingt hören, was die Journalisten zu sagen hatten.

«... wurde zuletzt auf Höhe der Achthunderter-Hausnummern in der Willow Road gesehen», drang es leise aus dem Fernseher. «Wenn Sie Informationen über Tamara Barnes' Aufenthaltsort besitzen, bitten wir Sie, sich unverzüglich unter der eingeblendeten Nummer beim Menlo Park Police Department zu melden.» Tammis Foto verschwand, stattdessen waren die sprechenden Köpfe wieder zu sehen. «Und jetzt kommen wir zum Sport und schalten hinüber zu Chip Peterson. Chip? Was ist mit den Giants los?»

«Was Neues?», fragte John, als Kitty wieder auf ihren Stuhl sank.

«Nur was wir schon wussten. Sie wurde zuletzt gesehen, als sie die Praxis der Ärztin verlassen hat.»

«Fuck.»

Kitty blickte zu der schimmelfleckigen Decke hinauf. «Wenigstens sucht die Polizei nach ihr.»

John schnaubte. «Genau. Super vielversprechend, weil sie ja so erfolgreich darin waren, die anderen Vermissten zu finden.»

Kitty nickte. Der Sarkasmus war mehr als berechtigt.

Ed the Head spazierte ins Wartezimmer und setzte sich Kitty und John gegenüber. «Was geht ab?»

«Wo bist du gewesen?», fragte Kitty.

Ed verschränkte die Finger und knackte mit jedem einzelnen. «Habe mir einen Exklusivbericht über Olivias Mom abgeholt.»

John legte den Kopf schräg. «Ich dachte, wir dürften nicht nach oben, weil wir nicht zur Familie gehören.»

«Ich bitte dich.» Ed schnaubte spöttisch. «Hat mich so was jemals abgehalten?»

Kitty warf John einen Blick zu. «Nein», antworteten sie wie aus einem Mund.

«Die Prognose ist so weit gut», sagte Ed mit einem Lächeln. «Sieht aus, als wären wir gerade noch rechtzeitig gekommen. Eine Stunde später wäre sie ins Koma gefallen.»

«Okay.» Kitty nickte. «Wie geht's Olivia?»

«So lala. Aber sie ist eine Kämpfernatur. Weicht ihrer Mom nicht von der Seite.»

John zog sein Handy heraus. «Ich sage schnell Bree Bescheid.» Er hatte ihr sein altes Telefon dagelassen, damit er sie weiterhin erreichen konnte.

«Gibt es etwas, was wir tun können?», fragte Kitty.

«Ich bezweifle es.» Ed machte ein bedauerndes Gesicht. «Olivia wird die ganze Nacht über hier sein, wie es aussieht.»

«Können wir sie sehen?»

Er schüttelte den Kopf. «Das läuft da wie am Checkpoint Charlie. Zu den Krankenzimmern zu kommen ist leichter gesagt als getan.»

«Okay …» Kitty beäugte den Anmeldetresen. Würde es sich lohnen, einen Sprint zum Zimmer von Olivias Mom zu versuchen? Vermutlich nicht. Das Letzte, was sie wollte, war, ihrer Freundin noch mehr Stress einzuhandeln. «Ich kann ja morgen früh wieder herkommen und ihr Frühstück mitbringen oder so.»

Es war wohl das Beste, einfach nach Hause zu gehen. Schlimm genug, dass sie Coach Miles wegen des verpassten Trainings im Nacken sitzen hatte, da brauchte sie nicht auch noch Ärger mit ihren Eltern, wenn sie so spät kam. Was sollte sie ihnen sagen? Dass sie sich mit Donté getroffen hatte? Allein der Gedanke an ihn ließ ihr die Tränen in die Augen steigen. Wahrscheinlich war er längst dabei, ihre Beziehung abzuhaken. Durch die chaotischen Ereignisse des Tages hatte sie den Streit mit ihm gut verdrängen können, aber nun stürzte alles wieder auf sie ein. Was sollte sie tun? Selbst wenn er ihnen noch eine Chance gab: Wie sollte sie je darüber hinwegkommen, dass er ihr nicht vertrauen konnte, nachdem er sie gebeten hatte, ihm zu vertrauen?

Sie war sich nicht sicher.

«Olaf kann uns nach Hause fahren», las John von seinem Handy vor. «Bree sagt, er steht noch immer draußen auf dem Parkplatz.»

«Ich finde es ganz nett, Thor in der Nähe zu haben», sagte Ed. «Es fühlt sich an, als wären wir die Avengers oder so.»

John stand auf und streckte grinsend seine Glieder. «Ja, und du kannst Ant Man sein.»

«Ich bin natürlich Hawkeye.»

Kitty legte den Kopf schräg. «War Hawkeye nicht den halben Film lang der Böse?»

Ed zielte mit der Fingerpistole auf sie. «Richtig! Er ist ein komplizierter Typ. So ähnlich wie …»

Doch Ed beendete den Satz nicht mehr. Logan platzte ins Wartezimmer, sein Gesicht strahlte wie ein Feuerwerk.

«Was ist?», fragte Kitty alarmiert.

«Margot», keuchte Logan. «Sie ist aufgewacht.»

ACHTUNDDREISSIG

Überwältigt von hundert Gefühlen hielt Kitty vor der Tür zu Margots Zimmer kurz inne. Sie atmete tief durch, klopfte leise und trat dann ein.

Margot saß aufrecht in ihrem Krankenbett. Ihre Haut war aschfahl, ihr Gesicht sah puppenhaft zerbrechlich aus. Neben dem Bett stand ihr Vater und umfasste ihre Schulter so fest, dass Kitty die Knöchel seiner Hand weiß hervortreten sah. Ihre Mutter hatte das Gesicht in Margots Schoß vergraben und schluchzte.

Logan drängte sich an Kitty vorbei durch die Tür, und Margots Gesicht erhellte sich augenblicklich. «Logan!»

Mrs. Mejia hob den Kopf und sah Kitty und die anderen wütend an. «Hier sind nur Familienangehörige zugelassen. Wie seid ihr hier reingekommen?»

Logan schluckte. «Die Krankenschwester hat uns reingelassen.»

Es war eher so, dass sie sich der Flutwelle von Freunden nicht hatte entgegenstemmen können, die in Margots Krankenzimmer rollte, aber Kitty berichtigte ihn nicht.

«Wer seid ihr überhaupt?», fragte Mr. Mejia mit stählerner Stimme.

«Ich bin Logan, Margots Freund.» Es war eine einfache Feststellung ohne jeden Sarkasmus, aber sie schien Mrs. Mejias Wut endgültig zu entfachen.

«Was?», schrie sie und sprang auf die Beine.

«Mom», sagte Margot und streckte die Hand nach ihr aus. «Es ist schon in Ordnung.»

Ihre Mom sah sie nicht einmal an. «Raus hier, alle! Am besten, ihr vergesst, dass ihr meine Tochter jemals kennengelernt habt.»

«Ich glaube, Margot will, dass wir bleiben», widersprach Logan mit größtem Selbstvertrauen.

«Margot ist minderjährig.» Mr. Mejia war ruhiger als seine Frau. «Und als Erziehungsberechtigte entscheiden allein wir, wen unsere Tochter sehen darf und wen nicht.»

«Und wir wollen euch hier nicht haben», fügte Mrs. Mejia hinzu. «Ich rufe jetzt den Sicherheitsdienst.»

«Hört auf!», brüllte Margot. Ihr Körper erzitterte unter der Wucht ihrer Stimme, als wäre sie an die körperliche Verausgabung eines Schreis nicht mehr gewöhnt.

«Mija», sagte ihre Mom sanft. «Es geht dir nicht gut, du kannst nicht all diese Leute empfangen.»

Margot schloss die Augen, holte tief Luft und sah dann mit einem harten, strengen Blick zu ihrer Mutter hoch. «Mom, mir geht's gut. Mehr als gut. Und ich möchte sie empfangen. Das sind meine Freunde.» Sie blickte zur Tür, wo Logan, Ed, John und Kitty unsicher im Rahmen standen. «Ich brauche sie hier bei mir.»

«Ich verbiete es!» Mrs. Mejia war entweder so sehr daran gewöhnt, ihren Willen durchzusetzen, oder so paranoid im Hinblick auf die Sicherheit ihrer Tochter, dass sie in Kauf nahm, ihre Zuneigung aufs Spiel zu setzen.

«Ich bin kein Kind mehr, okay?» Margot streckte die Arme aus und entblößte mehrere lange dunkle Linien, die sich vom Handgelenk bis zum Ellenbogen hinaufzogen.

«Wisst ihr, warum ich das gemacht habe? Habt ihr euch je die Mühe gemacht, mich danach zu fragen?»

Kitty bekam eine Gänsehaut beim Anblick von Margots Narben und der Erinnerung an das, was sie verursacht hatte.

«Und, wisst ihr's?», hakte Margot nach. «Glaubt ihr, das ist passiert, weil ihr zu nachsichtig wart? Weil ich zu viele Freiheiten hatte? Zu viele Freunde?»

«Diese Freunde von dir», sagte ihre Mom und griff nach der Hand ihrer Tochter, «werden dich nur ausnutzen. Sie werden dich verletzen.»

Margots Blick glitt zu Kitty. «Nein», sagte sie leise. «Nein, das werden sie nicht.»

«Aber ...»

«Ich will jetzt mit meinen Freunden sprechen», wiederholte Margot fest. «Allein.»

Mrs. Mejia öffnete den Mund, um zu widersprechen, aber ihr Mann legte ihr eine Hand auf den Arm. «Ich glaube, wir könnten einen Kaffee gebrauchen.» Er führte sie in Richtung Tür. «Lass uns doch mal nachsehen, ob die Cafeteria noch geöffnet hat.»

Sobald ihre Eltern auf den Flur verschwunden waren, stürzte Kitty zum Bett, warf Margot die Arme um den Hals und drückte sie fest an sich. «Ich bin so froh ...», begann sie, aber die Stimme versagte ihr.

«Mir geht's gut», flüsterte Margot ihr ins Ohr.

Kitty ließ sie los und wischte sich schnell eine Träne von der Wange. «Gut.»

«Aber wie ...», fragte Margot und sah sie der Reihe nach an. «Ich meine, wieso seid ihr alle hier?»

«Wir waren gerade auf einer Exkursion in die Notaufnahme», witzelte Ed. «Eine typische Freitagabend-Gaudi, du weißt schon.»

Margot sah besorgt zu Kitty hoch. «Ist alles in Ordnung? Wo ist Olivia? Und Bree?»

«Langsam», sagte Logan und strich ihr übers Haar. «Wir erklären dir alles.» Margot lächelte ihn dankbar an, und er beugte sich hinunter und küsste sie auf die Lippen, sanft und vorsichtig, als hätte er Angst, sie könnte zerbrechen.

Kittys Körper verkrampfte sich. Es erinnerte sie an die Art, wie Donté sie immer geküsst hatte.

«Ich habe mir solche Sorgen um dich gemacht», sagte Logan, als er sich wieder aufrichtete.

Kitty wollte die süße Wiedersehensfreude nicht zerstören, aber sie konnte die Frage, die ihr auf der Seele brannte, nicht länger zurückhalten. «Hast du etwas gesehen?», platzte sie heraus. «Bevor du angegriffen wurdest? Weißt du, wer es war?»

Endlich gab es die Chance auf einen echten Hinweis, darauf, dass der Killer ein Gesicht bekam.

«Ich …» Margots Stirn bewölkte sich. Ihr Blick wanderte suchend auf ihrem Bett herum, als läge die Antwort auf Kittys Frage irgendwo zwischen den Laken vergraben.

Das konnte er sein, der Moment, in dem sie erfuhren, wer hinter den Morden an der Bishop DuMaine steckte. Wenn Margot etwas gesehen hatte, bevor sie angegriffen worden war, irgendetwas, konnte das der Durchbruch sein, auf den sie so lange gewartet hatten.

Logan schien ebenfalls zu spüren, wie bedeutend dieser Augenblick war. Er beugte sich vor, mit einer Hand hielt er Margots Hand fest, die andere legte er ihr sanft auf die Schulter. Selbst John und Ed the Head kamen ein Stück weiter ins Zimmer und umringten in stummer Erwartung Margots Bett.

«Ich erinnere mich an nichts», murmelte sie schließlich.

«Gar nichts?», fragte Logan.

Ihre Augen sahen fragend zu ihm auf. «Ich erinnere mich an das Finale. Du hast getanzt. Du hast mich angelächelt.»

«Sonst noch was?» Er sah sie bittend an. «Danach?»

Sie schüttelte den Kopf. «Nein, nichts.» Ihr Blick glitt zu Kitty, dann zu Ed, dann ruhte er auf John. Kitty konnte förmlich sehen, welche Frage sie sich stellte. *Was macht er denn hier?* «Du bist John Baggott», sagte sie. «Stimmt's?»

Kitty lachte. Obwohl sie eine Woche im Koma gelegen hatte, war Margots Sicherheitsinstinkt noch so ausgeprägt wie zuvor. «Es ist okay.» Kitty lächelte sie an. «Er weiß Bescheid.»

Margots Augenbrauen schossen nach oben. «Was?»

«Sie wissen alle Bescheid», fügte Kitty hinzu.

«Es ist einiges passiert, während du dein Schläfchen gehalten hast», sagte Ed. Seine Wortwahl war typisch witzelnd, aber er klang todernst. «Wir sind alle eingeschworen worden.»

«Ihr alle?» Margots Augen blieben wieder an John hängen, und Kitty dachte mit schlechtem Gewissen daran, dass sie ihn zwischendurch einmal ganz oben auf der Liste der Verdächtigen stehen gehabt hatten.

Auch John bemerkte Margots Unbehagen. Er wich in Richtung Tür zurück. «Ihr habt bestimmt noch viel zu besprechen.»

«Du musst nicht gehen», sagte Kitty schnell. Sie hatte kein gutes Gefühl dabei, John aus dem inneren Kreis zu verbannen, nach allem, was er getan hatte, um ihnen zu helfen.

Er hielt die Hand hoch. «Ist schon in Ordnung. Ich sehe mal nach Olivia.» Dann schlüpfte er in den Flur hinaus und schloss die Tür zu Margots Krankenzimmer hinter sich.

Margot bekam große Augen. «Olivia?»

«Es geht ihr gut.» Kitty zog sich einen Stuhl an Margots Bett. «Aber John hat recht. Wir haben viel zu besprechen.»

Olivia saß auf der Stuhlkante, die Hand ihrer bewusstlosen Mom fest in ihrer, und legte ihren Kopf vorsichtig auf die Bettdecke, die sich mit dem Atem ihrer Mom langsam hob und senkte. Beinahe konnte sie sich vorstellen, sie sei wieder ein Kind und hatte sich nach einem Albtraum oder einem blöden Tag in der Schule auf den Schoß ihrer Mutter gekuschelt. Sie waren immer nur zu zweit gewesen, seit Olivia denken konnte. Sie hatten nie über ihren Dad gesprochen, aber Olivia hatte früh verstanden, dass er kein Teil ihres Lebens sein würde, und so war es vermutlich besser für sie.

So schwierig ihre Mutter manchmal auch sein konnte, sie war immer für Olivia da gewesen. Sie hatte ihre eigene Karriere geopfert, um ihrer Tochter ein Leben als normales Mädchen zu bieten. Und obwohl es nicht die Aufgabe eines Kindes sein sollte, seine Mutter täglich daran zu erinnern, dass sie ihre Antidepressiva nahm, hatte Olivia sich immer geliebt und behütet gefühlt. Und auch sie liebte ihre Mom von Herzen. Sie beide hatten niemand anderen. Und der tiefe Schmerz, den ihre Mutter nach der Absage des angeblichen Regisseurs verspürt haben musste, nachdem Olivia ihr zuvor so in den Rücken gefallen war … Olivia schüttelte den Kopf. Sie konnte nur spekulieren.

Sie hatte mit ihrer Mom düstere Zeiten erlebt, in denen sie tagelang nicht geduscht und zwanzig Stunden am Stück geschlafen hatte, dazu die Trinkerei. Aber es war immer vorübergegangen, und glücklichere, hoffnungsvollere Phasen hatten die dunklen Wolken verdrängt. Nur dieses Mal …

«Wie geht es ihr?» John lächelte sie von der Tür aus an.

«Sie ist noch nicht wieder aufgewacht.» Olivia war überrascht, wie rau ihre Stimme klang. «Aber sie haben mir gesagt, dass sie wohl keinen Schaden davontragen wird.»

«Das ist doch toll», sagte John. «Die zweite gute Nachricht heute Abend.»

«Die zweite?»

John nickte. «Margot ist aufgewacht.»

«Was?» Olivia sprang auf. «Wie geht es ihr? Ist alles in Ordnung? Oh mein Gott, weiß sie, wer …»

«Sie erinnert sich an nichts», sagte John kopfschüttelnd.

«Shit.»

«Tut mir leid.»

Olivia blickte auf ihre Mom hinunter, die durch Sonden und Schläuche im Arm und in der Nase mit verschiedenen Monitoren verbunden war. Ihr Hände ballten sich zu Fäusten, und sie musste gegen den Impuls ankämpfen, auf irgendetwas einzuschlagen.

«Er hat ihr das angetan», flüsterte Olivia.

«Olivia», sagte John leise. «Ist deine Mom nicht …»

«Verrückt?», ergänzte Olivia mit hochgezogenen Augenbrauen. «Wolltest du das sagen?»

317

«Nein …»

«Das Wort dafür ist ‹bipolar›. Und ja, das ist sie. Natürlich hat sie die Tabletten selbst genommen, aber er hat sie an diesen Punkt getrieben. Die vielen Fläschchen – das war nicht das, was ihr normalerweise verschrieben wird. Sie hat mir gesagt, die Apotheke hätte sie angerufen und ihr mitgeteilt, es sei eine Lieferung für sie da. Das muss der Mörder gewesen sein.»

«Verdammt.»

«Sie hat für dieses neue Theaterstück alles riskiert, und eine E-Mail reichte, um sie durchdrehen zu lassen.» Sie sah ihn verzweifelt an. «Charles Beard», wiederholte sie den Namen unter der E-Mail. «Christopher Beeman. Bestimmt kein Zufall.»

Ein Arzt fegte in den Raum, sein weißer Kittel wehte hinter ihm wie ein Cape. «Miss Hayes?»

«Ja?», antwortete Olivia. Oh nein, was war nun schon wieder?

Er hielt etwas in der Hand, machte Anstalten, es ihr zu geben, und hielt dann mit einem Seitenblick auf John inne. «Es tut mir leid, Besuche sind hier nicht erlaubt.»

«Das ist mein Bruder», log Olivia ohne Zögern. «John.»

«Oh.» Der Arzt blickte zwischen Olivia und John hin und her und versuchte offenbar, zwischen dem rotblonden, blauäugigen Mädchen und Johns dunklen Haaren und Augen irgendeine Ähnlichkeit auszumachen. Schließlich gab er es auf. «Das hier haben wir in der Tasche ihrer Mutter gefunden.» Er reichte Olivia ein Stück Papier. «Es ist an Sie adressiert.»

Olivia nahm die Nachricht mit zitternder Hand entgegen. «Danke.»

Der Arzt nickte ihnen zu und verließ den Raum.

Der Brief war auf normalem Druckerpapier geschrieben und viermal gefaltet.

Für Olivia Hayes
Vertraulich

war in der Handschrift ihrer Mutter auf das Päckchen gekritzelt.

«Soll ich kurz rausgehen?», fragte John.

«Nein.» Olivia drehte die Nachricht in den Händen, ohne sie aufzufalten. Sie wollte nicht allein sein, wenn sie sie las. Was würde es sein? Ein Abschiedsbrief? Eine Erklärung, weshalb ihre Mutter ihr Leben für so wenig lebenswert hielt, dass sie ihre Tochter einer Pflegeunterbringung überließ? Denn das hätte sie erwartet.

Olivia hatte niemanden – keine Geschwister, keine Großeltern und keine Idee, wer ihr Vater überhaupt war, geschweige denn, wo er steckte. Und heute hätte sie beinahe ihre Mutter verloren. Wollte sie überhaupt erfahren, was sie gedacht hatte, kurz bevor sie sie im Stich ließ?

Im Grunde nicht. Aber sie musste diesen Brief trotzdem lesen.

Livvie,
du hattest recht. Ich war eine Idiotin. Eine alte, gescheiterte Idiotin, die irgendwie daran glaubte, dass dieses Mal alles anders sein würde. Aber das ist es nicht. Ich bin am Ende. Ich bin eine Versagerin und eine schlechte Mutter. Und du bist ohne mich besser dran.

Aber ich lasse dich nicht allein zurück. Du hast einen Vater, und er wird sich um dich kümmern. Er wird es dir vielleicht nicht glauben, aber ich habe einen DNS-Test machen lassen, der die Vaterschaft beweist. Er ist in meiner Kommodenschublade.

Er wird auf dich aufpassen, Livvie. Ich weiß, das wird er. Ich habe jedes Mal, wenn ich dich angesehen habe, an ihn gedacht.

Ich liebe dich so sehr. Das weißt du, nicht wahr? Aber ich bin nicht gut für dich, Livvie. Du wirst glücklicher sein, wenn ich weg bin.

Wenn sie versuchen, dich in eine Einrichtung zu stecken, zeig ihnen das hier.

Ich, June Hayes, übertrage das Sorgerecht für meine Tochter Olivia Hayes an ihren biologischen Vater, Fitzgerald O'Henry Conroy.

NEUNUNDDREISSIG

Ed ließ Margots Gesicht nicht aus den Augen, während Kitty erzählte, was in der letzten Woche passiert war: das neue Trittbrettfahrer-DGM, Rex' Tod, eine ganze Reihe von Vermissten und die ernüchternde Neuigkeit, dass Christopher Beeman tot war.

Margots Pokerface war beeindruckend. Sie nahm alles ruhig auf und verzog keine Miene, nur als Kitty von dem Selbstmordversuch von Olivias Mom berichtete, flackerten kurz Emotionen in ihren Augen.

Als Kitty fertig war, starrte Margot wie betäubt an die weiße Wand gegenüber. Ed wusste, dass ihr Hirn auf Hochtouren arbeitete und all die Informationen analysierte und katalogisierte, die es eben aufgenommen hatte.

«Das Video von Rex' Geburtstagsparty», sagte sie schließlich, den Blick noch immer auf die Wand gerichtet. «In welcher Klasse war er da?»

Kitty sah hilfesuchend zu Ed. «Sechste?»

Auf Kleinigkeiten zu achten war nicht gerade ihre Stärke. «Es war Rex' dreizehnter Geburtstag», sagte Ed. «Das heißt, er war in der achten.»

Margot nickte kaum merklich. «Und die Fotos von Amber sind echt aus einem Camp für Fette?» Wieder lag nichts als kühle Emotionslosigkeit in ihrer Stimme, aber Ed konnte nicht umhin, sich zu fragen, was Margot empfand. Amber hatte sie auf der Junior High erbarmungslos wegen ihres Gewichts gepiesackt, und die Entdeckung, dass Amber ein oder zwei Jahre zuvor selbst ein dickes Kind gewesen war, musste eine Mischung aus Wut und Schadenfreude bei Margot hervorrufen. Zumindest ging es Ed selbst so.

«Jo», sagte er.

Margot wandte sich an Kitty. «War Donté sehr angekotzt, als du dich den Maine Men angeschlossen hast?»

Kitty zuckte zurück. Einmal mehr hatte Margots Wissenschaftlerinnenhirn seine Schlussfolgerungen etwas zu direkt formuliert. «Ja», antwortete Kitty, «und Mika auch.»

«Aha.» Margot drückte sich Zeige- und Mittelfinger an die Schläfe und schloss die Augen. Logan sprang auf und beugte sich besorgt über sie.

«Ist alles in Ordnung?», fragte er atemlos. «Vielleicht solltest du dich besser ausruhen. Wir können einfach später wiederkommen.»

Margot lehnte sich an seinen Arm, und Eds Magen verknotete sich. Warum konnte er es nicht sein, an den Margot sich anlehnte?

«Mir geht's gut», murmelte sie und öffnete die Augen wieder. «Ich kann es nur nicht fassen, dass Donté, Mika, Theo und Peanut das neue DGM sind.»

«Was?», rief Kitty.

«Wie kannst du das wissen?», fragte Logan.

«Mika ist mit Rex auf St. Alban's gewesen», begann Margot zu erklären. «Es sollte nicht allzu schwer sein, das Video zu ihr zurückzuverfolgen. Du hast selbst gesagt, Kitty, dass sie und Donté ausgerastet sind, als du den

322

Maine Men beigetreten bist. Außerdem schätze ich, dass Theo im Camp Shred war. Nicht gleichzeitig mit Amber, aber kurz danach. Und wir wussten bereits, dass Mika und Theo die beiden größten DGM-Fans waren.»

«Ich habe Theo dabei erwischt, wie er sich in Coach Miles' Büro in den E-Mail-Server der Schule eingeloggt hat», erinnerte sich Kitty nickend. Plötzlich passten die Einzelteile ins Bild. «Er wirkte schrecklich nervös, als ich reingeplatzt bin.»

«Wahrscheinlich hat er gerade einen falschen E-Mail-Account eingerichtet», sagte Margot.

«Und was ist mit Peanut?»

«Soweit ich beobachtet habe, hasst sie Amber Stevens genauso sehr wie ich.» Margot blinzelte, und ihre Augen wurden weicher. «So, wie ich sie gehasst *habe*. Und als Mitglied des Theaterclubs war Peanut vermutlich in der Lage, das Premierenvideo aus Mr. Cunninghams Büro zu stehlen und mit Ambers Filmchen zu überspielen.»

Ed applaudierte begeistert. «Phantastisch kombiniert, Sherlock Holmes!»

«Donté …» Kitty stand langsam auf und begann, im Zimmer hin und her zu gehen. «Er und Mika waren so sauer auf mich. Und sie waren beide in letzter Zeit so distanziert.» Sie begann unkontrolliert zu lachen. «Oh mein Gott, Margot! Du hast recht! Das war, weil sie dieses Geheimnis vor mir hatten. Ausgerechnet vor mir! Ist das nicht todeskomisch?»

«Weniger todeskomisch wird es», sagte Ed trocken, «wenn die Polizei herausfindet, dass die beiden die Finger im Spiel hatten.»

Margot blickte zu Logan auf und öffnete den Mund,

um etwas zu sagen, aber Logan kam ihr zuvor. «Du musst dich nicht entschuldigen.»

Margot errötete. «Ich wollte nur nicht, dass dir etwas passiert. Je weniger du über das Bescheid wusstest, was da vor sich ging, desto sicherer warst du.»

Er nickte verständnisvoll. «Und jetzt bin ich an der Reihe, für *deine* Sicherheit zu sorgen.»

Ed hätte ihn am liebsten erwürgt. «Und wie willst du das machen?», fragte er und konnte eine Spur Sarkasmus in seiner Stimme nicht vermeiden.

«Zunächst mal», sagte Logan und drückte Margots Hand, «werde ich dich nie wieder aus den Augen lassen.»

«Ich vermute, dazu werden Mr. Und Mrs. Mejia ihre eigene Meinung haben», entgegnete Ed trocken.

«Was ist eigentlich los mit dir, Mann?», fragte Logan. «Du sitzt mir schon den ganzen beschissenen Tag im Pelz.»

«Ihr wollt mich wohl auf den Arm nehmen!»

Kittys Kopf fuhr zum Türrahmen herum, der von der finster dreinblickenden Gestalt von Sergeant Callahan ausgefüllt wurde. Er trug keine Uniform, sondern eine eigenartige und völlig unpassende Bundfaltenhose, ein gestreiftes Hemd und eine Sportjacke.

«Ihr schon wieder?», fragte er.

«Sergeant Callahan.» Ed hob die Hand zum Abklatschen. «Lange nicht gesehen, lange nicht verhaftet worden!»

Sergeant Callahan funkelte ihn an. «Provozier mich besser nicht.»

Ed grinste. «Das ist ja ein ziemlich lässiger Freizeitlook, für den Sie sich da entschieden haben. Gefällt mir!»

324

«Ich wäre eigentlich mit Mrs. Callahan ausgegangen», erklärte der Sergeant. «Die mich wahrscheinlich umbringen wird», fügte er beinahe lautlos hinzu. Dann wandte er sich an Kitty. «Möchtest du mir vielleicht erklären, was ihr hier macht?»

«Wir waren wegen einer Freundin hier im Krankenhaus», kam Logan ihr zuvor. «Dann haben wir gehört, dass Margot aufgewacht ist.»

«Aha. Jetzt muss ich euch jedenfalls alle bitten, den Raum zu verlassen.» Sergeant Callahans Stimme war streng. «Ich habe ein paar wichtige Fragen an Margot.»

«Alles klar, Sir», sagte Ed. Er packte Kitty und zerrte sie eilig zur Tür.

«Sergeant Callahan …» Kitty schüttelte Ed ab. Sie sah Margot an, die schnell und entschieden nickte. Sie schien genau zu wissen, was Kitty dachte: Weihen wir Sergeant Callahan endlich ein, bevor noch jemand stirbt.

Sergeant Callahan seufzte ungeduldig. «Ja?»

«Wir müssen über die Morde sprechen.»

«Verflucht noch mal!» Er stemmte die Hände in die Hüften. «Was habe ich euch über Einmischung in polizeiliche Ermittlungen gesagt? Ich habe drei unaufgeklärte Mordfälle, vier Entführungen, und während wir hier reden, übernimmt das FBI mein Büro auf der Wache. Das Letzte, was ich jetzt noch brauche, sind eure verrückten Theorien.»

«Aber wir wissen, wer der Mörder ist!», rief Kitty.

«Kitty», zischte Ed und lachte gezwungen auf. «Ich bin mir nicht sicher, ob wir den netten Polizisten damit behelligen sollten.»

Sergeant Callahan zog eine Augenbraue hoch. «Wirklich? Wie heißt er? Könnt ihr ihn beschreiben? Adresse? Vielleicht wisst ihr auch, welchen Wagen er fährt? Habt ihr eine dieser Informationen? Ansonsten helft ihr mir nämlich kein Stück weiter.»

«Äh, nein», antwortete Kitty. «Aber wir wissen …» Sie hielt inne. Etwas Glitzerndes an seinem Handgelenk zog ihren Blick auf sich. Es schien eine sehr teure Uhr zu sein. Eine, wie Amber Stevens sie vermutlich Ronny DeStefano gegeben hatte.

Wenn ich der Mörder wäre, dann wärst du mein nächstes Opfer.

«Aber?», sagte Sergeant Callahan spöttisch. «Ich warte. Was wisst ihr?»

«Gar nichts.» Kitty lächelte gezwungen. «Wissen Sie, eigentlich haben Sie recht. Das hier ist eine Nummer zu groß für uns.» Sie packte Eds Arm und schob ihn zur Tür. «Entschuldigen Sie, dass wir Sie aufgehalten haben.»

«Ist schon in Ordnung», sagte der Sergeant, eindeutig verblüfft über die Wendung, die das Gespräch genommen hatte. «Ich rate euch, jetzt nach Hause zu gehen, auszuschlafen und euch aus der Sache herauszuhalten, bevor ihr am Ende doch noch in Untersuchungshaft landet. Verstanden?»

«Kann Logan wenigstens hierbleiben?», fragte Margot. «Er war an dem Abend auch da, wissen Sie. Im Theater.»

«Mr. Blaine hat meine Fragen bereits beantwortet», sagte Sergeant Callahan mit weicherer Stimme als bisher. «Und ich glaube, es ist besser, wenn wir unter uns sind.»

«Ist schon gut.» Logan stand auf. Er beugte sich hinunter und küsste sie sanft auf die Wange. «Ich bin nicht weit weg.»

Kitty spürte, wie sich Eds Arm verkrampfte.

«Versprochen?», fragte Margot.

Logan lächelte. «Versprochen. Von jetzt an bin ich immer bei dir.» Damit ging er zur Tür, wo Kitty und Ed warteten, und sie verließen den Raum.

«Wieso hast du es ihm nicht gesagt?», fragte Logan Kitty, als sie zu dritt den Flur hinunter zum Fahrstuhl eilten.

Kitty ließ Eds Arm los und drückte auf den Rufknopf. «Er wird nicht auf uns hören.»

«Woher willst du das wissen?», fragte Logan. «Vielleicht hätte er doch auf uns gehört, wenn du ihm das Foto und die Nachricht gezeigt hättest. Die Polizei muss unbedingt Bescheid wissen, was Sonntag angeht.»

Kitty schüttelte den Kopf. «Sergeant Callahan wird wegen Sonntag nichts unternehmen.»

«Wieso nicht?» Eds Stimme verriet, dass er auf der Hut war.

«Weil er die Rolex von Ambers Dad am Arm hat.»

«Du meinst, dass der Sergeant der Killer ist?», fragte Logan verwirrt.

«Ach, komm schon.» Ed lachte nervös auf. «Du glaubst doch nicht wirklich, dass Sergeant Callahan hinter alldem steckt. Das ist doch lächerlich.»

«Ach ja?» Kittys Gedanken überschlugen sich. «Amber hatte recht heute auf dem Präsidium. Ein paar Jugendliche haben bisher mehr produktive Ermittlungsarbeit geleistet als die gesamte Polizeiwache. Und warum? Weil jemand Internes die Ermittlungen behindert.» Automatisch begann sie vor dem Fahrstuhl auf und ab zu gehen. «Wenn Callahan auch nicht der Killer ist, dann schützt er zumindest jemanden. So oder so hat er die Finger im Spiel.»

«Und wem sollen wir das sagen?», fragte Logan. «Sollen wir uns an seinen Chef wenden?»

«Nein!», rief Ed.

Kitty zog überrascht eine Augenbraue hoch. «Wieso nicht?»

«Ich … ich glaube einfach nur, dass sein Chef nicht auf uns hören wird», sagte Ed hastig. Er räusperte sich. «Außerdem: Wenn Sergeant Callahan herausfindet, dass wir ihm auf die Schliche gekommen sind, wäre das eine Katastrophe.»

Kitty nickte. «Guter Punkt.» Ab und zu war es doch sehr hilfreich, Ed dabeizuhaben.

«Aber wir können doch nicht einfach nichts tun!», rief Logan.

Kitty blieb abrupt stehen und blickte den Flur hinunter zu Margots Zimmer. Gegen Sergeant Callahan vorzugehen war gefährlich, aber ausnahmsweise hatten sie einen Vorteil. Wenn sie es klug anstellten, konnten sie ihn vielleicht in flagranti erwischen. Sie brauchten nur Verstärkung.

«Was ist?», fragte Logan, als er sah, wie aufgeregt sie wurde. «Was hast du vor?»

Kitty wandte sich langsam zu den beiden um. «Es ist so weit, Jungs. Wir rufen die Kavallerie.»

VIERZIG

Kitty saß vor Dontés Haus in ihrem Auto und las zum hundertsten Mal die Nachricht, die sie längst getippt, aber noch nicht abgeschickt hatte:

> Bin vor deinem Haus. Muss mit dir reden. Wirklich wichtig.

Sie war sachlich, auf den Punkt und verriet nichts von den Gefühlen, die in ihr tobten. Sie würde ihm endlich sagen können, dass sie doch auf derselben Seite standen.

Aber selbst mit dieser Bombe in der Tasche, die sie im Begriff war, vor Donté platzen zu lassen, war sie sich nicht sicher, ob es nicht einfach zu spät für sie beide war. Seine Textnachrichten am Nachmittag hatten zuerst besorgt, dann ängstlich, dann panisch geklungen, und ihre einzige Antwort darauf hatte gelautet «Mir geht's gut», gefolgt von absoluter Funkstille. Wie hatte er das wohl interpretiert? Als Zurückweisung? Dachte er, sie wäre ihm gegenüber völlig kalt geworden?

Vermutlich. Kitty jedenfalls würde das denken, wenn sie an seiner Stelle wäre. Trotzdem hoffte sie, dass er wenigstens so fair war, sie anzuhören.

Sie drückte auf «Senden», und ein kalter Schauder lief ihr über den Rücken. Straßenlaternen erhellten die Dunkelheit, und dicker Nebel hatte sich auf dem Boden um ihr

Auto herum ausgebreitet. Das ganze Viertel fühlte sich feucht und kalt an.

Sie war sich nicht sicher, wie lange sie würde warten müssen. Donté blieb nie bis spätnachts auf, aber Freitagabend um zwölf sollte er noch wach sein.

Sie schien richtigzuliegen. Auf ihrem Handy blinkten die drei Pünktchen und verrieten, dass Donté gerade eine Antwort tippte. Sie hielt den Atem an, als das Telefon vibrierte.

Bin gleich unten.

Dreißig Sekunden später wurde die Eingangsterrasse von warmem, gelbem Licht geflutet, und Donté trat heraus. Er trug eine blau-grau karierte Pyjamahose aus Flanell, ein schwarzes T-Shirt und Hausschuhe. Offenbar hatte er sich gerade bettfertig gemacht. In einer beiläufigen Bewegung hob er den Saum seines Shirts an, um sich damit über das Gesicht zu wischen, und entblößte einen steinharten Eightpack, der in seiner Pyjamahose verschwand.

Kittys Herz raste in ihrer Brust. Sofort wusste sie wieder, wie sich dieser Bauch an ihrem Bauch anfühlte. *Konzentrier dich. Du bist geschäftlich hier.* Sie holte tief Luft und ließ sie in drei langsamen Stößen wieder heraus, dann öffnete sie die Tür und stieg aus dem Auto.

Sobald Donté sie sah, sprang er von der Terrasse und joggte die Auffahrt herunter. Ehe sie ein Wort sagen konnte, hatte er fest die Arme um sie geschlungen.

«Kitty», sagte er, und sein Atem kitzelte sie am Ohr. «Es tut mir so leid. Ich war ein Riesenarschloch, und ich weiß nicht, ob du mir verzeihen kannst, aber …»

Kitty kicherte. Sie konnte nicht anders. Das Glücksgefühl in ihr blubberte über, und ihr ganzer Körper bebte vor Lachen.

«Was ist denn so lustig?», fragte Donté. Er klang verletzt.

Sie löste sich von ihm und blickte lächelnd zu ihm auf. «Ich verzeihe dir, wenn du mir verzeihst.»

Donté zuckte mit den Schultern. «Da gibt es nichts zu verzeihen. Du hast nichts falsch gemacht.»

«Und du auch nicht.»

Er streckte die Hand aus und fuhr ihr durchs Haar, sein Blick tastete liebevoll ihr Gesicht ab. «Das stimmt nicht. Es war etwas im Gange, etwas Großes, und ich habe zugelassen, dass es zwischen uns steht. Ich wollte es dir sagen, aber es könnte dich in Gefahr bringen, und deswegen musste ich es vor dir geheim halten.»

Kitty nickte. «Ich weiß.»

«Nein, du weißt es nicht.»

Ein kleines Lächeln umspielte Kittys Mundwinkel. «Ich weiß, dass du zum neuen DGM gehörst, Donté», sagte sie leise.

Seine Augen wurden so groß, dass Kitty glaubte, sie könnten ihm aus dem Kopf fallen. «Woher …?»

«Weil ich dasselbe Geheimnis vor dir hatte.» Sie wartete und ließ die Bedeutung ihrer Worte wirken. Sie konnte den Moment, in dem Donté begriff, was sie da sagte, in seinem Gesicht ablesen. Sein Mund öffnete sich stumm, seine Schultern sanken herab.

«Du?»

«Ja.»

«DGM?»

Kitty lachte erneut. «Ja.»

Donté fuhr sich mit der Hand über seinen kurzrasierten Kopf. «Aber ... du bist stellvertretende Schülersprecherin. Du bist den verfluchten Maine Men beigetreten!»

«Das musste ich doch. Wir wollten herausfinden, wer da in unserem Namen weitermachte. Die Maine Men waren ein Mittel zum Zweck.»

«Wir?»

Oh, das würde ihn umhauen. «Bree Deringer», fing sie an aufzuzählen.

«Das haben wir uns gedacht.»

«Margot Mejia.»

«Haben wir uns auch gedacht.»

«Und Olivia Hayes.»

Donté legte den Kopf zur Seite. «Du nimmst mich auf den Arm.»

«Nö.»

Er trat einen Schritt zurück und ging langsam im Kreis, während er verarbeitete, was er da gerade gehört hatte.

«Und jetzt bist du dabei», fügte Kitty hinzu. «Und Mika. Und Peanut Dumbrowski und ... Theo?»

Donté hielt mitten im Schritt inne und sah sie an. «Kannst du Gedanken lesen oder so was? Wie zum Teufel kannst du das wissen?»

Wo sollte sie da anfangen? Es war eine unfassbare lange Geschichte, die auch sie selbst und die Mädchen nicht komplett verstanden. Und da gab es noch etwas, das sie vorher wissen musste.

«Wann habt ihr entschieden, DGM die Sache aus der Hand zu nehmen?», fragte Kitty. «Wie habt ihr vier euch gefunden?»

Donté hob die linke Augenbraue. «Das weißt du nicht?» Woher sollte sie es wissen? «Nein.»

«Bist du nicht diejenige, du uns rekrutiert hat?»

Kitty schüttelte langsam den Kopf.

«Oh.» Er presste die Lippen aufeinander und fuhr sich wieder durch die kurzen Haare. «Es war an dem Morgen nach der Schülervollversammlung, bei der Bree sich gestellt hat. Wir hatten alle Briefe vor der Haustür liegen.»

Kittys Magen zog sich zusammen. «In einfachen braunen Briefumschlägen?»

«Ja!», rief Donté aufgeregt, dann hielt er inne und legte den Kopf schräg. «Warte mal, woher weißt du das?»

«Erkläre ich dir später.» Ihre Gedanken überschlugen sich, als sie den Plan des Killers Stück für Stück begriff. «Was stand drin?»

«Dass es an der Zeit sei, dass ein neues Team übernimmt und da weitermacht, wo das alte DGM aufgehört hat. Wenn ich interessiert sei, solle ich am selben Abend um elf Uhr auf den Tennisplatz kommen. Unterschrieben war der Brief mit ‹DGM›. Als ich dorthin kam, waren Mika, Theo und Peanut schon da. Na ja, und dann sind wir einfach ins kalte Wasser gesprungen.»

Kitty starrte auf Dontés Haus. In ihrem Kopf ratterte es. Der Killer selbst hatte ein neues DGM rekrutiert.

Ich werde alles zerstören, was du liebst.

Das Foto, die Nachrichten, die Einladungen, als DGM weiterzumachen. Es gab nur einen einzigen Grund dafür, dass der Killer ihre Freunde mit hineingezogen hatte. «Ich glaube, ihr seid in großer Gefahr.»

Donté umfasste ihre Schultern, seine besorgten Augen blickten in ihre. «Kitty, sag mir, was vor sich geht. Bitte.»

«Wir müssen sofort alle zusammentrommeln», sagte Kitty. Sie durften keine Zeit verlieren. «Gleich als Erstes morgen früh. Deine Truppe und meine.»

«Okay. Warum?»

Sie nahm seine Hände und drückte sie fest. Sie würde ganz sicher nicht zulassen, dass ihm etwas zustieß. «Weil ich glaube, dass jemand versucht, euch einen Mord in die Schuhe zu schieben.»

EINUNDVIERZIG

Kitty rückte ihren Laptop so zurecht, dass man die gesamte Terrasse neben dem Pool der Dumbrowskis sehen konnte, dann trat sie ins Sichtfeld der Webcam. «Ist es so gut?»

Bree nickte. Ihr Gesicht verpixelte kurz und wurde dann wieder klar. «Ja, ich glaube schon.» Sie zeigte in den Bildschirm und beschrieb mit ihrem Finger einen Halbkreis. «Verdammt, das sind ganz schön viele Stühle für ein geheimes DGM-Treffen.»

«Ich weiß.» Kitty warf einen Blick über die Schulter. Bree hatte recht. Olivia, Ed the Head, John, Peanut, Theo, Mika, Donté und sie selbst, außerdem Bree über das Internet – das waren eine Menge Eingeweihte. Ihr sorgsam gehütetes Geheimnis war nicht mehr ganz so geheim.

«Ich habe Kale Chips, Tofu-Käseflips und pikante Quinoaküchlein», flötete Peanut und stellte ein Tablett mit Snacks auf den Metalltisch neben dem großen Sonnenschirm.

Ed lehnte sich zu Kitty herüber. «Ist das Essen oder ein naturwissenschaftliches Experiment?»

Theo stürzte sich auf die Quinoaküchlein und schmauste zufrieden. «Die sind echt lecker. Hast du die selber gemacht?»

Peanut wurde rot. «Ich habe mitgeholfen.»

«Wo ist denn Margot?», fragte Bree.

«Noch im Krankenhaus», antwortete Kitty. «Aber Logan ist bei ihr.»

«Er weigert sich, von ihrer Seite zu weichen, bis dieser Psychopath hinter Gittern sitzt», ergänzte John.

Ed schnaubte. «Ist das nicht süß von ihm?»

Bree achtete nicht auf ihn. «Das ist gut», sagte sie. «Wenn der Killer herausfindet, dass sie wach ist, könnte es sein, dass er versucht sie auszuschalten.»

Theo erstarrte mitten im Kauvorgang und wechselte einen unbehaglichen Blick mit Peanut, Mika rutschte tiefer in ihren Stuhl. Kitty sah Bree tadelnd an. Sie mussten etwas Rücksicht nehmen. Olivia, Bree, Margot und sie lebten seit über einem Monat mit der Bedrohung durch den Verfolger, aber die Neulinge erfuhren heute zum ersten Mal, dass möglicherweise ihr Leben in Gefahr war. Kitty wollte nicht, dass sie durchdrehten.

«Es wird alles gut werden für euch», sagte sie entschlossen. «Hier wird niemand ausgeschaltet.»

Ed the Head stieß John seinen Ellenbogen in den Arm. «Da habe ich anderes gehört.»

«Hä?», machten Olivia und Peanut wie aus einem Mund, dann lachten sie einander an.

Immerhin war die Laune noch gut. «Ich weiß, für euch kommt das alles ein bisschen aus heiterem Himmel», begann Kitty und sah den neuen DGM-Mitgliedern nacheinander ins Gesicht. «Das ist ganz schön viel zu verarbeiten.»

Peanut starrte ausdruckslos zurück. «Ich verstehe das alles immer noch nicht.»

Ed lehnte sich über Olivia hinweg und tätschelte ihre Hand. «Das wissen wir.»

Peanut ignorierte ihn. «Ich meine ... wenn ihr uns nicht gebeten habt, DGM zu übernehmen», sagte sie ratlos, «wer war es dann?»

Kitty tippte sich mit dem Finger an die Nase. «Diese Frage ist genau der Grund, warum wir heute Morgen hier sind.»

Mika lächelte sie breit an. «Ich hätte wissen müssen, dass du deine Finger im Spiel hast. Ich kann nicht glauben, dass ich es nicht gemerkt habe!»

«Ich bin eben ziemlich gut darin, Dinge geheim zu halten», brüstete sich Kitty scherzhaft.

Ed verdrehte die Augen. «Da bist du nicht die Einzige. Der Mörder scheint auch ziemlich gut darin zu sein. Nur um mal zur Sache zu kommen.»

Na toll. Normalerweise reichte Brees Besserwisserei für die Gruppe völlig aus, nun hatten sie zwei von der Sorte.

Aber Ed hatte recht. Und trotz der aktuell ganz guten Stimmung durften sie es auf keinen Fall versäumen, den Neuen den Ernst der Lage zu verdeutlichen. Donté, Mika, Theo und Peanut mussten sich über die Gefahr im Klaren sein, die sie längst umgab.

«Der Typ, mit dem wir es hier zu tun haben», begann Olivia und rutschte an die Kante ihres Gartenstuhls, «ist eine tödliche Bedrohung.»

«Drei Morde hat er bereits verübt», ergänzte Kitty. «Und fünf ehemalige DGM-Zielpersonen sind verschwunden.»

«Er ist uns immer einen Schritt voraus gewesen», fügte Bree hinzu.

Kitty hob den braunen Umschlag hoch, der Donté vor die Tür gelegt worden war. «Selbst darin, euch als neues DGM zu rekrutieren.»

«Aber wieso wollte er, dass wir mitmischen?», fragte Mika.

Olivia schüttelte traurig den Kopf. «Wahrscheinlich reicht es ihm nicht, einfach nur unsere Leben zu zerstören. Er will alles um uns herum vernichten, alles, was wir lieben.»

«Deshalb wurden wir als neues DGM aktiviert», sagte Donté, an sein Team gewandt. «Kitty glaubt, der Mörder will uns etwas in die Schuhe schieben.»

«Was denn?», fragte Theo mit großen Augen. «Den Mord an Rex?»

Oh nein. Kitty hatte den Mord an Rex noch nicht ins Spiel bringen wollen, um niemanden zu verängstigen, ebenso wenig wie die Tatsache, dass Sergeant Callahan vermutlich seine Finger im Spiel hatte. Sie wollte keine Panik auslösen. «Nicht unbedingt. Vielleicht …»

«Oh mein Gott!» Peanut schlug sich die Hände vors Gesicht. «Wir wandern in den Jugendknast. Ich kann nicht in den Jugendknast! Wisst ihr, was mit Mädchen wie mir da passiert?»

«Meine Güte.» Bree schüttelte den Kopf. «Teilst du dir mit Olivia ein Hirn, oder was?»

«Nur ein halbes», murmelte Ed.

Olivia streckte ihm die Zunge heraus.

«Niemand geht in den Knast», versuchte Kitty Peanut zu beruhigen.

«Das habe ich irgendwie schon mal gehört», knurrte Bree.

Kitty seufzte. Ihr eigenes Team auf Kurs zu bringen war schon schwer genug. Das hier war wie Flöhe hüten.

«Leute», ergriff Donté das Wort. Er drückte sich aus

seinem Stuhl hoch und trat neben Kitty. «Wir müssen Ruhe bewahren. Wir haben überhaupt keine gesicherten Informationen, außer dass der Killer irgendwas für morgen plant.»

«Dass er was plant?» Theo war weiß wie ein Laken.

Kitty holte tief Luft. «Wir wissen nicht genau, was es ist, aber wir glauben, es hat etwas mit dem Volleyballturnier zu tun.»

Donté biss die Zähne zusammen. «Und was immer er vorhat, wir müssen ihn davon abhalten.»

«Wir sollten zur Polizei gehen», sagte Peanut.

Kitty krümmte sich innerlich. Was jetzt kam, würde sie endgültig durchdrehen lassen. «Da gibt es ein Problem.»

«Welches?», fragte Mika.

«Wir glauben, dass Sergeant Callahan in die Sache verwickelt ist.» Kitty holte tief Luft. «Er könnte der Killer sein.»

Mika öffnete den Mund, um etwas zu sagen, und klappte ihn wieder zu. Niemand sprach ein Wort. Zu hören waren nur das sanfte Plätschern des Wassers gegen den Poolrand und das Rascheln der Blätter über ihren Köpfen.

Sekunden vergingen, dann erwachte Peanut zum Leben. «Was sollen wir tun?», kreischte sie und fuchtelte in einer ausgewachsenen Panikattacke mit den Händen in der Luft herum. «Ich komme damit nicht klar. Wir wollten doch nur Amber und Rex in ihre Schranken weisen, wisst ihr? Wir wollten doch nicht, dass irgendjemand Schaden nimmt.»

«Irgendjemand nimmt immer Schaden», sagte Bree düster. «Und manche haben es verdient. Manche nicht.

Aber du brauchst dir nicht auch nur eine Minute lang vorzumachen, jemand von uns wäre unschuldig.»

Kitty wusste, dass Bree von Tammi Barnes sprach. Sie hatten damals nicht gewusst, was bei Tammi zu Hause los war und wie das ihr Verhalten in der Schule beeinflusste. Sie hatten lediglich das kaltherzige Miststück gesehen, das einige jüngere Schülerinnen in eine schreckliche Lage brachte. Hatte sie verdient, was DGM ihr angetan hatte? Vermutlich. Aber das, was danach kam?

«Hört zu», sagte Kitty. «Wir sind hier auf uns allein gestellt. Trotzdem haben wir eine Chance.»

«Was schwebt dir vor?», fragte Donté.

«Wir tauchen Sonntag alle beim Turnier auf», erklärte Kitty. «Wir werden in der Überzahl sein und ihn hoffentlich bei dem stoppen können, was er vorhat.»

«Dir ist schon klar, dass er Polizist ist», wandte Ed ein. «Mit einer Waffe.»

Kitty funkelte ihn an. «Der Gedanke ist mir gekommen, ja.»

«Und du weißt auch, dass das nicht wirklich ein Plan ist», fuhr Ed fort. «Es ist eher ein halber Plan. Vielleicht auch nur ein Drittel Plan.»

«Ich glaube, ich möchte nicht ...», setzte Peanut an.

Kitty hob die Hand. «Du kannst zu Hause bleiben, wenn du möchtest. Du kannst versuchen, dich vor alledem zu verkriechen. Aber ich garantiere dir, dass er dich finden wird.»

Peanut biss sich auf dem Nagel ihres kleinen Fingers herum. «Aber ...»

«Denk an Ronny DeStefano», unterbrach Kitty sie.

«Und an Coach Creed», sagte Bree.

«Und an Rex Cavanaugh», fügte Olivia hinzu.

«Jemand muss für diese Morde bezahlen!» Donté blickte in die Runde. «Wir sitzen jetzt alle in einem Boot.»

Dontés Unterstützung gab Kitty Kraft. Sie mussten das hier durchziehen, egal, wie es ausging. Als sie das letzte Mal versucht hatten, gegen den Killer Stellung zu beziehen, hatte Kitty sich von ihrer Furcht und Wut überwältigen lassen. Aber dieses Mal würde ihr das nicht passieren. Jetzt mussten sie ein Team sein. Ihre Anzahl war eine Stärke, besonders wenn Donté an Kittys Seite kämpfte.

«Es wird Zeit, dass wir Entscheidungen treffen», sagte sie und sah jedem Einzelnen ins Gesicht. «Wer ist dabei?»

«Wir sind dabei.» John hob die Hand, bevor Bree die Gelegenheit hatte zu antworten. «Fang gar nicht erst an», sagte er zu ihr. «Du kannst eh nicht aus dem Haus, Knastschwester. Also nehme ich hier deinen Platz ein.»

Bree sprang von ihrem Stuhl auf. «John, das geht nicht.»

«Zu spät.»

«Aber …»

John lehnte sich herüber und stellte Kittys Laptop stumm, während Bree wild gestikulierend weiter auf ihn einredete. «Wer noch?»

«Wir müssen da durch, Peanut.» Theo legte seine Hand auf ihre.

Peanut seufzte. «Also gut.»

«Ich bin auch dabei», verkündete Olivia. «Für das, was er meiner Mom angetan hat, wird er zahlen.»

Kitty blickte sich mit einem Lächeln im Gesicht um, das erlosch, als ihr Blick auf Ed the Head fiel.

«Ed, du hast zwar einen Schwur geleistet», sagte sie. Sie war bereit, ihm einen Ausweg zu eröffnen. «Aber das

341

hier geht weit darüber hinaus. Wenn du aussteigen willst, macht dir niemand hier einen Vorwurf.»

Ed lachte. «Du glaubst, ich will aussteigen? Ganz bestimmt nicht! Ich bin dabei, Kitty Wei. Denk bloß nicht, dass du mich auf den letzten Metern noch loswirst.»

Kitty war verblüfft. «Ich wollte dich nicht loswerden. Ich dachte nur ...»

«Dann hast du falsch gedacht.» Er richtete seine Fingerpistolen auf sie.

«Also sind wir alle einverstanden?», fragte Kitty abschließend. «Wir stehen das zusammen durch?»

Es entstand eine kurze Stille, und Kitty hielt den Atem an. Endlich begannen die Köpfe um sie herum zu nicken, und ein kurzer, aber kraftvoller Satz klang über die Terrasse.

«Wir machen es zusammen.»

ZWEIUNDVIERZIG

Kitty saß auf einer Bank in der Mädchenumkleide und hatte die Ellenbogen auf die Knie gestützt. Mit dem rechten Fuß trat sie immer wieder wütend auf den Boden und verursachte jedes Mal ein unangenehmes Quietschen der Gummisohle ihrer Turnschuhe. Es war ein Ventil für das brodelnde Adrenalin und die rasende Furcht, die in ihr wütete.

Das Adrenalin war normal. Es ließ ihren ganzen Körper aufgeregt kribbeln, wenn sie vor einem Spiel auf den Platz joggte und sich aufzuwärmen begann. Es war ein Gefühl, das sie liebte, das sie wie eine alte Freundin begrüßte. Es bedeutete, das sie gleich das tun würde, was sie lieber tat als alles andere auf der Welt, das, worin sie wirklich, wirklich gut war.

Dass dieses Turnier heute auch noch ein Schauturnier vor einer ganzen Riege von College Scouts war, machte es zu einer riesigen Chance, die Kittys Leben entscheidend verändern konnte. Aber die Abgesandten aller Colleges mit bedeutenden Volleyball-Programmen, die in der Halle auf sie warteten, waren nicht der Grund dafür, dass ihr Puls mit jeder Minute weiter in die Höhe schoss und es sich anfühlte, als habe sie einen Knoten im Bauch. Heute stand etwas viel Wichtigeres auf dem Spiel.

Die Bank bewegte sich leicht, und Kittys Kopf schoss hoch. Mika hatte sich neben sie gesetzt. Ihre dunkle Haut wirkte fahl, ihre großen dunklen Augen geschwollen. Spuren einer durchwachten Nacht.

«Hey», sagte Mika und kratzte wie manisch an der Nagelhaut ihres Daumens herum.

«Alles in Ordnung mit dir?», fragte Kitty.

«Nein.» Mika lachte kurz und tonlos auf. «Ich habe Angst.»

Angst war eine maßlose Untertreibung. Kitty dachte an das Foto ihrer Schwestern auf dem Heimweg von der Schule. Sie war froh, dass sie zusammen mit ihrer Mutter beim Klavierunterricht in Sicherheit waren. «Ich auch.»

Mika drehte sich zu Kitty. «Ich kann nicht aufhören, ständig über alles nachzudenken. Was ist, wenn …»

Kitty hob die Hand. «Hör auf. Du darfst dich von so was jetzt nicht fertigmachen lassen. Wir müssen einfach darauf vertrauen, dass die anderen ihren Job machen.»

Denn es gab einen Plan. Den besten, der ihnen eingefallen war. Kitty, Mika und Theo würden sich in ihre Sportklamotten werfen und sich verhalten, als wäre alles in bester Ordnung. Es schien die leichteste Aufgabe zu sein, denn sie mussten nicht die gesamte Turnhalle von den Deckenbalken bis zum letzten Kellerraum nach Hinweisen auf Fremdeinwirkung durchsuchen. Das war John, Ed und Donté überlassen. Peanut und Olivia nahmen die Beobachtungsposten auf der Tribüne ein. Während also alle anderen eine Aufgabe hatten, war Kitty nur ein Lockvogel, der nicht wirklich teilnahm an der Jagd, die gleich beginnen würde. Sie verabscheute diese Rolle.

«Ich weiß nicht, wie ihr das so lange ausgehalten habt», sagte Mika nach kurzem Schweigen.

«Was ausgehalten?»

344

«Diesen Stress. Ich meine, es gab dieses berauschende Gefühl, nachdem wir Rex und Amber geoutet hatten, aber seitdem bin ich so paranoid, ich habe so Schiss, erwischt zu werden. Das macht echt keinen Spaß.»

Kitty nickte. Sie verstand genau, was Mika empfand. Jedes Mal, wenn sie einen Streich erfolgreich über die Bühne gebracht hatten, schwor sie sich, dass es ihr letzter gewesen sein würde. Tagelang war sie überzeugt, Pater Uberti sei ihr auf der Spur, würde sie und die anderen Mädchen enttarnen. Aber dann verklang die Paranoia allmählich. Bald fanden sie wieder heraus, dass jemand aus ihrer Stufe etwas Furchtbares getan, einen Unschuldigen zum Opfer gemacht hatte, und es fing alles von vorne an.

Kitty rief sich das Video von Mika und Ronny vor Augen, den DGM-Einsatz, mit dem alles begonnen hatte.

«Ich wollte dir noch sagen, dass es mir leidtut.» Mika starrte in ihren Schoß.

«Was denn?»

«Dass ich Donté erzählt habe, dass du dich den Maine Men angeschlossen hast.»

Kitty legte ihr die Hand auf die Schulter. «Ist okay.» Sie lächelte. «Ich habe eure Heimlichtuerei ja auch nicht gerade souverän genommen.»

Mika sah sie mit großen Augen an. «Du dachtest, ich hätte was mit Donté?»

«Nicht wirklich», sagte Kitty und kam sich selbst bescheuert vor, an ihrer besten Freundin und ihrem Freund gezweifelt zu haben. «Aber ich wusste, dass ihr mir etwas verheimlicht. Und das konnte ich nicht gut haben.»

Schritte näherten sich, dann kam Coach Miles hinter einer Reihe von Schließfächern hervor. «Da steckt ihr beide!», Ihre dröhnende Stimme wurde von den Fliesen zurückgeworfen. «Alle sind längst auf dem Platz und wärmen sich auf. Wollt ihr eure Hintern auch da rausschwingen, oder wie?»

«Jawohl!» Kitty sprang auf die Füße.

«Wei», sagte Coach Miles und kniff die Augen zusammen. «Konzentrierst du dich heute aufs Spiel? Ich brauche meine motivierte Mannschaftskapitänin der letzten beiden Jahre auf dem Feld, nicht die Eigenbrötlerin der letzten beiden Tage.»

«Sie ist konzentriert, Coach», versicherte ihr Mika. «Glauben Sie mir.»

Kitty lächelte sie dankbar an. Sie hatte die Unterstützung ihrer besten Freundin vermisst.

«Gut!», blaffte Coach Miles. «Ach, und Wei? Ich habe die Spielerliste von Gunn gesehen. Barbara Ann Vreeland spielt heute.»

Erleichterung durchflutete Kitty. Jetzt würden die Scouts trotz allem sehen, welches Talent Barbara Ann hatte. Es fühlte sich an, als sei Kittys Schuld dadurch wenigstens ein bisschen beglichen.

«Danke, Coach.»

«Kein Problem.» Ihre Trainerin steckte sich die Pfeife in den Mund und gab einen scharfen Pfiff von sich. «Und jetzt Bewegung!»

Kitty und Mika joggten aus der Umkleide und den langen Flur entlang zur Halle hinunter. «Du hast Coach Miles dazu gebracht, Barbara Ann ins Team Gunn zu holen?», fragte Mika.

«Ja.» Das war gewesen, bevor Kitty auch nur ahnen konnte, dass Barbara Anns Teilnahme am Turnier sie

346

das Leben kosten könnte. Aber dagegen konnte sie jetzt nichts mehr tun. Es war zu spät.

Sie betraten die auf Hochglanz polierte Halle. Mika blieb stehen und lächelte Kitty an. «Dann wollen wir mal.»

Den Ärzten zufolge schlief Olivias Mom seit zweiunddreißig Stunden. Bei einer Überdosierung von Barbituraten war das anscheinend normal, wie man Olivia immer wieder versicherte, obwohl sie nicht danach fragte. Ein solcher Dornröschenschlaf mochte für die meisten Menschen unvorstellbar sein, aber ironischerweise hatte Olivia ihre Mom schon öfter ganze Tage verschlafen sehen, und sie ging davon aus, dass June sogar ein gesamtes Wochenende im tiefen Schlummer verbringen könnte, wenn sie nicht zwischendurch zur Toilette musste.

Während ihre Mutter seit anderthalb Tagen schlief, hatte Olivia kaum ein Auge zugetan. Sie hatte versucht, sich im Krankenzimmer in einer Art Lehnsessel zusammenzurollen, einer kunstledernen Monstrosität aus den Siebzigern, kaum breit genug, um ihren Hüften Platz zu bieten. Es war ihr gelungen, sich daraus eine Art Liege zu bauen, indem sie den Sessel vor einen Tisch geschoben hatte, damit sie wenigstens die Beine hochlegen konnte. In dieser Position war sie die Nacht über ein paarmal in einen leichten und unruhigen Schlaf gefallen, war aber immer hochgeschreckt, sobald ihr Kopf zur Seite fiel.

Sie hatte die ganze Zeit hier verbracht, war nicht zum Duschen nach Hause gefahren, hatte sich nicht die Haare gemacht oder Make-up aufgetragen. Lediglich für das DGM-Treffen bei Peanut war sie ihrer Mutter kurz von der Seite gewichen, und das auch nur, weil die Pflegekräfte ihr versichert hatten, dass June auf keinen Fall in den nächsten sechs Stunden wieder zu Bewusstsein kommen würde.

Olivia ertrug die Vorstellung nicht, dass ihr Mom verängstigt und allein aufwachen könnte, ohne zu wissen, wo sie sich befand und was passiert war. Aber jetzt musste sie sie wieder allein zurücklassen. Das Volleyballturnier begann in einer knappen Stunde, und sie durfte ihre Freunde auf keinen Fall im Stich lassen. Nicht heute. Als sie auf die schlafende Gestalt ihrer Mutter hinabblickte, fragte sie sich, ob dies das letzte Mal war, dass sie sie sah.

«Klopf, klopf.»

Olivia erkannte den britischen Singsang, bevor sie sich zum Türrahmen umdrehte. Fitzgerald war wie immer makellos gepflegt, trug den für ihn typischen schwarzen Rollkragenpullover unter einem schwarzen Sportsakko, und seine weiße Tolle war perfekt geföhnt. Er lächelte strahlend, doch seine hellblauen Augen – die ihren eigenen glichen, wie ihr jetzt bewusst wurde – ließen ihr sonstiges Funkeln vermissen. In seinem Gesicht lag eine Anspannung, wie Olivia sie noch nie an ihm gesehen hatte.

«Hi», sagte sie. Es klang so lahm, aber wie sollte man eine Unterhaltung mit einem Vater beginnen, den man kaum kannte?

Fitzgerald schien es ebenso die Sprache verschlagen zu haben. Was ihm gar nicht ähnlich sah. Er öffnete den Mund, um etwas zu sagen, und schloss ihn dann wieder, als käme ihm seine Begrüßung plötzlich lächerlich vor. Stattdessen blickte er zu Olivias Mutter hinüber.

«Wie geht es ihr?»

«Sie schläft.» *Ernsthaft, Liv? Als könnte er das nicht selbst sehen.* «Aber sie wird wieder gesund.»

Fitzgerald nickte geistesabwesend und sah ihre Mom weiter an. Suchte er in ihrem Gesicht nach der jungen Schauspielerin, mit der er vor so langer Zeit eine Affäre gehabt hatte?

«Das Krankenhaus hat mich gestern Abend angerufen», sagte er nach langem Schweigen. «Wegen des Briefs, den deine Mutter dir hinterlassen hat.» Er sah Olivia an. «Es stimmt also?»

«Dass meine Mom versucht hat, sich umzubringen?», fragte sie.

«Äh …» Er rang um Worte. «Nein. Das andere.»

Brachte er es wirklich nicht über sich, es auszusprechen? *Dass ich dein Vater bin.*

Im Bett bewegte sich Olivias Mutter. Olivia stürzte zur Bettkante in der Hoffnung, dass June endlich zu sich kommen könnte, aber ihre Augen öffneten sich nicht, ihr Atem ging weiterhin gleichmäßig. Sie schlief.

«Vielleicht sollte ich besser später wiederkommen», sagte Fitzgerald.

Das war vermutlich eine gute Idee. Olivia wollte vermeiden, dass ihre Mom aufwachte und der Vater ihres Kindes, von dem sie sechzehn Jahre lang nichts gehört hatte, plötzlich an ihrem Bett stand. Aber sie musste mit ihm reden.

«Gehen wir in den Flur», schlug sie vor.

Im Neonlicht der Flurlampen musterte Fitzgerald Olivias Gesicht. «Jetzt kann ich es sehen», begann er. «Zuvor habe ich bloß deine Mutter gesehen, aber du hast meine Augen. Und als ich jünger war, hatte ich das gleiche rotblonde Haar.»

Olivia nickte. Da war die Erklärung, warum sie selbst so hell war und ihre Mutter eine südländische Schönheit.

«Sie hat es dir nie gesagt, oder?»

Olivia schüttelte den Kopf. «Sie hat nie über meinen Dad gesprochen. Ich meine, über dich. Ich meine, darüber, wer du bist.»

Reiß dich mal zusammen, Liv.

«Ich möchte nicht so tun, als wäre ich ein großartiger Vater gewesen, wenn ich von dir gewusst hätte», sagte Fitzgerald. «Ich glaube, ich habe nicht besonders viel Elternhaftes. Aber ich hätte helfen können. Ich hätte euch ein angenehmeres Leben ermöglicht.»

Olivia fragte sich, was für eine Art Leben das wohl geworden wäre. Vielleicht hätte ihre Mom nicht so hart arbeiten müssen. Vielleicht hätte sie mehr Zeit für die Schauspielerei gehabt. Vielleicht wäre sie glücklicher gewesen.

«Ich habe etwas für dich», fuhr Fitzgerald fort. Er fasste in die Brusttasche seines Sakkos und zog einen Umschlag heraus. «Das kann niemals all die Jahre gutmachen, die ich verpasst habe, aber es ist hoffentlich ein kleiner Anfang. Mir ist klar, dass wir uns den Sommer über viel sehen werden, es wird umfassend für dich gesorgt sein. Aber ich dachte, du könntest es vielleicht jetzt einsetzen. Die Krise damit überbrücken.» Er legte Olivia den Umschlag in die Hand, küsste sie unbeholfen auf die Stirn und eilte dann den Flur hinunter davon.

Olivia stand ein paar Sekunden lang wie betäubt da, bevor ihr Hirn seine Funktion wieder aufnahm. Dann öffnete sie den Umschlag und spähte hinein.

Darin befand sich ein Scheck über zehntausend Dollar.

DREIUNDVIERZIG

Kitty und Mika betraten die Halle. Der Rest des Teams war schon auf dem Spielfeld und mit den Aufwärmübungen beschäftigt. Als Kitty ihr Handtuch auf die Bank fallen ließ, kam Coach Miles auf sie zu.

«Hast du etwas von Theo gehört?»

Kitty verkrampfte sich. Theo hätte schon vor Stunden in der Halle sein sollen. «Nein.»

«Ich habe ihn bestimmt schon zehn Mal angerufen, aber er geht nicht ans Telefon.» Sie richtete ihren Zeigefinger auf Kitty, zielte genau zwischen ihre Augen. «Wenn du Baranski siehst, kannst du ihm sagen, er ist gefeuert.»

«Ja, Coach.» Sie hätte darauf hinweisen können, dass man streng genommen niemanden aus einem Kurs feuern konnte, schon gar nicht, wenn er nicht benotet wurde, aber Coach Miles und ihre Drohungen waren gerade ihr geringstes Problem. Wo war Theo?

Sie joggte durch die fliegenden Bälle hindurch über das Spielfeld zur Tribüne und suchte mit den Augen die Ränge ab. Vielleicht war Theo bei Donté? Ihr Freund sollte in der Menge leicht zu finden sein, da er den Großteil des Publikums deutlich überragte. Doch während sie Reihe um Reihe absuchte, breitete sich ein unheilvolles Gefühl in ihr aus. Kein Theo. Und kein Donté.

Wo konnten sie nur sein?

«Kitty!»

Kitty fuhr herum, und mit einem Schlag wich alle Wärme aus ihrem Körper. In einer der mittleren Reihen auf der anderen Tribüne saßen ihre beiden kleinen Schwestern, Sophia und Lydia, und winkten wie verrückt.

«Shit!» Plötzliche Panik traf Kitty wie ein Faustschlag. Sie rannte zu ihnen. «Was macht ihr denn hier? Ihr habt heute Klavierunterricht.»

Sophia lächelte. «Miss Radovansky musste absagen.»

«Irgendein familiärer Notfall», ergänzte Lydia.

«Und jetzt können wir bei deinem Spiel dabei sein!»

«Ist das nicht toll?»

Familiärer Notfall. Na klar. Kitty dachte an das Foto von ihren Schwestern auf dem Heimweg von der Schule, das der Killer geschickt hatte. Es war ihm offensichtlich gelungen, die Zwillinge genau in seiner Schusslinie zu platzieren.

«Wo ist Mom?», fragte Kitty hastig. Sie musste die beiden hier wegschaffen. «Mom muss euch nach Hause bringen. Sofort.»

Lydias Lachen erlosch. «Aber wir wollen dich spielen sehen.»

«Das ist unfair!», jammerte Sophia und verschränkte die Arme vor der Brust.

«Mom hat gesagt, wir könnten hierbleiben.»

«Wir sind keine kleinen Kinder mehr.»

«Und du bist nicht unsere Bestimmerin!»

«Es reicht!», fuhr Kitty ihre Schwestern an. «Wo ist Mom?»

Lydia und Sophia starrten verwirrt zu ihr hoch. Sie hatte sie noch nie angeschrien, war nie etwas anderes für sie gewesen als die gutgelaunte, geduldige ältere Schwester.

Die Mädchen sahen aus, als würden sie jeden Moment in Tränen ausbrechen.

«Sie ist ... sie ist nicht hier», schniefte Sophia.

«Sie ist bei Tante LuLu und Onkel Jer zum Mittagessen», fügte Lydia leise hinzu.

«Sie wollen über den Brand reden.»

«Und sie holt uns nicht vor zwei Uhr ab.»

«Verdammt», sagte Kitty kaum hörbar. Was sollte sie jetzt machen? Es war zu weit nach Hause, als dass die Zwillinge zu Fuß gehen konnten. Außerdem wäre es viel zu gefährlich. Sie blickte sich nach jemandem um, der die beiden fahren konnte. Doch aus welchem plausiblen Grund sollte sie ihre Schwestern nicht hierhaben wollen?

«Wei!», brüllte Coach Miles. Sie blies schrill in ihre Pfeife. «Ich brauche dich hier. Sofort.»

Irgendetwas an ihrem Tonfall ließ Kitty aufhorchen. Sie wandte sich um und erblickte ihre Trainerin neben der Tür zu den Schließfächern auf der gegenüberliegenden Seite der Halle. Sie gestikulierte ihr wild zu.

Und jetzt?

«Okay, ihr zwei.» Sie nahm je eine Hand ihrer Schwestern und zog sie in Richtung Haupteingang, wo sie sie auf eine Bank in der ersten Reihe setzte. Näher zum Ausgang bedeutete sicherer. Zumindest hoffte Kitty das. «Setzt euch hierhin.»

«Aber ich will weiter oben sitzen», quengelte Sophia.

«Ja, ich auch», stimmte Lydia ein. «Das sind doofe Plätze.»

«Aber es sind die besten Plätze in der ganzen Halle», log Kitty. Sie ging in die Hocke, um mit den beiden auf Augenhöhe zu sein. «Wenn ihr hier sitzt, kann ich euch das ganze Spiel über sehen. Und dann werde ich viel besser spielen. Okay?»

Das schien die Zwillinge aufzuheitern. Sie wechselten einen Blick und lächelten dann. «Okay.»

Kitty zog ihre Schwestern an sich und drückte sie so fest, dass sie nach Luft schnappten. «Ich hab euch lieb», flüsterte sie.

«Au!», kam es wie aus einem Mund.

Mit einem besorgten Lächeln löste sich Kitty von ihnen, drehte sich um und joggte durch die Halle hinüber zu Coach Miles. Die Miene ihrer Trainerin war angespannt, und Kitty wusste sofort, dass etwas nicht in Ordnung war.

«Coach?»

«Komm mit.» Sie packte Kitty grob am Arm und zerrte sie den Flur hinunter, an den Schließfächern vorbei hinaus in den Hof. Dort warteten bereits Donté, Theo und Mika, umringt von einem halben Dutzend Polizisten. Kitty registrierte, dass Sergeant Callahan nicht dabei war.

Donté und Theo trugen bereits Handschellen, und eine Polizistin war gerade dabei, Mika welche anzulegen, während eine zweite sie über ihre Rechte aufklärte.

«Sie haben das Recht, zu jeder Vernehmung einen Verteidiger hinzuzuziehen. Wenn Sie sich keinen Verteidiger leisten können, wird Ihnen einer gestellt. Haben Sie die Rechte verstanden, die ich Ihnen soeben vorgelesen habe?»

«Kitty!», rief Mika. Ihre Stimme zitterte.

«Haben Sie verstanden, was ich gesagt habe?», wiederholte die Beamtin.

Mikas Stimme klang angstvoll. «Ja.»

«Kann mir bitte mal jemand sagen», begann Coach Miles, «was zum Teufel hier los ist?»

«Das ist eine polizeiliche Angelegenheit, Ma'am», sagte der leitende Beamte.

«Man verhaftet uns wegen Mordes an Rex.» Donté sah zu Kitty. «Peanut auch. Sie sagen, es gäbe am Tatort DNS-Spuren von uns.»

Kittys Herz hämmerte in ihrem Brustkorb. DNS-Spuren? Sie spulte in Gedanken zurück zu dem Tag, an dem Rex getötet worden war, zu der Unterhaltung zwischen Sergeant Callahan und der Gerichtsmedizinerin, die sie mitgehört hatte. Was hatte diese Frau gesagt? Dass verschiedene Haare an der Leiche gefunden worden seien?

Sergeant Callahan musste auf Rex' Leiche DNS-Spuren deponiert haben. Spuren von Donté, Theo, Peanut und Mika. So hängte er es ihnen an. Selbst wenn er nicht der Killer war, war er definitiv ein Komplize.

«Wir benachrichtigen eure Eltern, sobald wir auf der Wache sind», sagte der Beamte. Er nickte seinen Kollegen zu. «Lasst uns gehen.»

Coach Miles trat ihnen in den Weg und versperrte den Ausgang. «Moment mal. Sie können nicht einfach meinen Teammanager und eine meiner besten Spielerinnen verhaften.»

«Doch, Ma'am», entgegnete er genervt. «Das kann ich. Würden Sie jetzt bitte zur Seite treten?»

«Wo ist Sergeant Callahan?», rief Kitty. «Ich dachte, er leitet diese Ermittlungen.»

Der Polizist seufzte ungeduldig. «Der Sergeant hat heute keinen Dienst.» Er fasste Donté am Arm und zerrte ihn an Coach Miles vorbei in Richtung Ausgang.

Kitty rannte an Dontés Seite und blieb neben ihm, als er zügig über den Rasen geführt wurde. «Ich finde heraus, wer das war», versprach sie. «Wir bringen das in Ordnung.»

Der Beamte drückte Dontés Kopf hinunter und schob ihn auf den Rücksitz des Streifenwagens. Donté sah bittend zu ihr hoch. «Kitty, lass es. Es ist zu gefährlich.»

«Nein! Ich lasse nicht zu, dass ihr den Kopf hinhalten müsst.»

Der Beamte schlug die Tür zu, ein Motor startete, und dann waren sie fort.

Coach Miles schleuderte wütend ihr Klemmbrett auf den Boden. «Was ist bloß los an dieser Schule?»

Sie haben ja keine Ahnung. Doch Kitty hatte nicht die Zeit, ihrer Trainerin irgendetwas zu erklären. Sofort sprintete sie zurück zu den Schließfächern. Sie musste unbedingt Bree anrufen.

Bree hörte schweigend, was Kitty ihr von der Verhaftung der neuen DGM-Mitglieder berichtete. «Was sollen wir jetzt tun?», fragte Kitty am Ende. Selbst über das Telefon konnte Bree ihre Hoffnungslosigkeit spüren.

«John geht sofort los», antwortete sie gefasst. «Ed müsste schon da sein, und Olivia ist wahrscheinlich unterwegs. Halte einfach die Augen auf, und mach dich bemerkbar, falls du etwas Verdächtiges siehst. Okay?»

Ed hatte recht gehabt. Das war ein grottenschlechter Plan.

«Okay …»

«Wir kriegen das hin.» Bree hoffte, dass Kitty die Unsicherheit in ihrer Stimme nicht hörte. «Und dann waschen wir ihre Namen rein. Irgendwie.»

«Danke, Bree.»

Bree legte auf, warf das Telefon auf ihr Bett und starrte es an. «Hast du das alles mitbekommen?»

John nickte und strich ihr über den Rücken. «So viel zu unserem Plan.»

«Es war im Grunde von Anfang an kein richtiger Plan.» Bree drehte sich zu ihm um und griff nach seiner Hand. «Ich will nicht, dass du gehst.»

«Ich weiß. Aber ich muss.» Er deutete auf das Handy in seiner Tasche. «Ed hat mir schon geschrieben. Ich soll ihn im Hof hinter der Turnhalle treffen.»

«Der Sinn und Zweck unseres Zusammenschlusses war doch, den Mörder dadurch zu überwältigen, dass wir in der Überzahl sind.» Bree schüttelte den Kopf. «Wie sollen du, Ed und Olivia das alleine hinbekommen?»

John straffte selbstbewusst die Schultern. «Sie werden sehen, ich stecke voller Überraschungen!»

«Hat man Luke Skywalker nicht, zwei Minuten nachdem er diesen Satz gesagt hatte, die Hand abgeschnitten?»

Er runzelte die Stirn. «Oh. Ja, nicht mein bestes Zitat.» Langsam stand er auf und griff nach seiner Jacke, die über einer Stuhllehne hing. «Ich melde mich alle fünfzehn Minuten.» Dann grinste er schief. «Wenn du nichts von mir hörst, heißt das, dass ich tot bin.»

«John!» Bree sah ihn böse an. «Das ist *nicht* witzig!»

«Tut mir leid.» Er kam zu ihr zurück und ging vor dem Bett in die Hocke. «Aber ich hab echt Angst, und wenn ich Witze mache, komme ich besser damit klar.»

Bree nickte. Sie hatte auch Angst, obwohl sie diejenige war, die sicher zu Hause eingesperrt blieb. Doch ihr Herz schmerzte wegen John. Bei dem Gedanken, dass er an ihrer Stelle loszog und sich ihretwegen in Gefahr begab, kamen ihr fast die Tränen.

«Ich liebe dich», sagte er.

«Ich weiß.»

Ed parkte seinen Wagen vor der Bishop-DuMaine-Turnhalle auf der gegenüberliegenden Straßenseite und starrte das Gebäude grimmig an. *Hier wird also alles enden.*

Er hatte es tatsächlich geschafft, Sergeant Callahans Verbindung zu Christopher Beeman geheim zu halten. Trotzdem war er jetzt ins Visier von DGM geraten. Und zum großen Showdown kehrten sie nun alle zur Bishop-DuMaine-Schule zurück, an einen Ort, den Ed zugleich liebte und hasste. Die Ironie daran hatte etwas Herrliches.

Mit einem tiefen Seufzen beugte er sich zum Beifahrersitz hinüber und zog den Reißverschluss seines Rucksacks auf. Er nahm einen schlichten braunen Umschlag heraus, öffnete ihn vorsichtig, liebevoll. Er berührte kaum die Vorderseite des Bildes, als er es herausnahm und auf seinen Schoß legte.

Es war vor zwei Tagen aufgenommen worden. Oder vielleicht vor drei. Schwer zu sagen, denn in Margots Krankenzimmer hatte sich kaum etwas verändert in der Zeit, in der sie bewusstlos gewesen war. Sie schlief tief, war noch nicht aus dem Koma erwacht, ihre braunen Augen waren geschlossen, das Gesicht friedlich. Ed schluckte. Sie war es, die ihm am meisten bedeutete. Sie war es, die jemand versucht hatte ihm wegzunehmen.

Er betrachtete Margot, nahm jedes Detail in sich auf. Der Fotograf war bei ihr im Zimmer gewesen, hatte links von der Tür gestanden und die Kamera so gehalten, dass er die gesamte Länge des Krankenbetts und auch die meisten «Gute Besserungs»-Geschenke auf der Fensterbank im Bild hatte. Obwohl es ein Schwarz-Weiß-Foto war, konnte Ed es sich in lebhaften Farben vorstellen, er war oft genug bei Margot im Zimmer gewesen: die Rosa- und Gelbtöne der Blumensträuße, die hellbraunen und weißen Teddybären, die glatte Oberfläche eines Luftballons, die vielen Karten mit leuchtend orangen Punkten und Regenbogen.

Ed hielt inne, sein Blick wanderte zurück zu dem Ballon. Plötzlich zerknüllten seine Finger das wertvolle Foto brutal zu einer unförmigen Kugel, die er auf den Sitz neben sich fallen ließ, als wäre sie zu heiß, um sie anzufassen.

Ohne weiter nachzudenken, sprang er aus dem Auto und rannte auf die Halle zu.

VIERUNDVIERZIG

Olivia lehnte an der Wand, drückte ihren unteren Rücken an die glatte, harte Fläche. Sie starrte auf den Scheck in ihrer Hand. Zehntausend Dollar. Zum ersten Mal in dieser Woche hob sich das zentnerschwere Gewicht, das sie zu erdrücken schien, ein klein wenig von ihren Schultern.

Seit der Kündigung ihrer Mom in der Bar hatte Olivia versucht, ihre Panik in Schach zu halten. Was sollten sie mit der Miete machen? Was, wenn man sie auf die Straße setzte? Würden sie als Obdachlose enden? In einer Obdachlosenunterkunft? Immer neue Horrorszenarien waren vor ihrem inneren Auge erschienen. Und jetzt dieser Scheck. Fitzgerald hatte ihr einen Ausweg aus der Armut geschenkt, und zwar mindestens bis Olivia achtzehn wurde. Und wer wusste schon, was dann war? Vielleicht konnte sie von seinem berühmten Namen profitieren? Sie als Tochter eines weltbekannten Bühnenregisseurs? Für Rebecca Hall hatte das funktioniert.

Olivia schüttelte den Kopf. Nein, für so etwas war sie nicht der Typ. Wenn sie als Schauspielerin Erfolg haben würde, wollte sie es allein geschafft haben.

Sie hörte Schreie am Ende des Flurs und wandte sich um.

«Was soll das heißen, sie ist *verschwunden*? Hatte denn niemand Dienst?» Eine Pause, in der vermutlich jemand antwortete, dann wieder die Stimme, die von Sekunde

360

zu Sekunde hysterischer wurde. «Sechzehnjährige Mädchen verschwinden nicht mitten in der Nacht! Wo ist der Wachmann?»

Eine kleine Frau mit dunklem, welligem Haar stürmte aus einem Zimmer, gefolgt von zwei Ärzten und einer Krankenschwester. «Mrs. Mejia», versuchte einer der Ärzte sie zu beruhigen. «Sind Sie sich sicher, dass Ihr Mann Ihre Tochter nicht einfach mit nach Hause genommen hat?»

Olivia sog scharf die Luft ein. *Mrs. Mejia?*

«Natürlich nicht», schrie Margots Mom. Sie fegte an Olivia vorbei, ohne sie eines Blickes zu würdigen, dann blieb sie am Tresen vor dem Raum der Pflegekräfte stehen, wo zwei Wachleute auf einen Computerbildschirm starrten. «Ich verlange die Aufnahmen der Überwachungskameras von letzter Nacht zu sehen.»

«Sie scheinen zu fehlen, Ma'am», sagte einer der Wachmänner.

«Zu fehlen?», brüllte Margots Mom.

Sie zog ein Handy aus der Tasche und wählte hastig eine Nummer. «Zentrale Dienststelle? Hier spricht Racquel Mejia. Meine Tochter ist von einem Jungen gekidnappt worden, der behauptete, ihr Freund zu sein. Sie müssen Logan Blaine augenblicklich zur Fahndung ausschreiben.»

Olivia stand wie erstarrt im Flur. Margot und Logan wurden vermisst. Konnte Sergeant Callahan sie entführt haben? Hielt er sie irgendwo fest? Brauchte er sie für sein großes Finale? Ein unheimliches Kribbeln lief Olivias Wirbelsäule hinunter. War sie die Einzige, die noch übrig war?

Mit zitternden Händen fummelte sie ihr Handy aus der Hosentasche ihrer Jeans. Zuerst versuchte sie es mit

Margots Nummer. Es war keine Überraschung, dass sie direkt auf der Mailbox landete. Kittys Telefon klingelte zwar, aber auch bei ihr übernahm nach ein paar Sekunden die Mailbox.

Sie spielt gleich ein Turnier, sagte Olivia sich und versuchte, ihre Panik unter Kontrolle zu bringen. *Deswegen nimmt sie nicht ab.*

Sie sprach ein stilles Gebet und wählte die nächste Nummer.

«Wie geht's deiner Mom?», fragte Bree sofort, nachdem sie abgenommen hatte.

Olivia atmete erleichtert auf. Wenigstens war der Killer bei ihr noch nicht angekommen. «Hast du was von Margot gehört?»

«Nein. Wieso?»

Olivia senkte die Stimme. «Im Krankenhaus ist die Hölle los. Margot und Logan sind verschwunden.»

«Du verarschst mich.»

«Ich wünschte, das würde ich», sagte Olivia. «Ich habe es auf Margots Handy versucht, bin aber sofort auf der Mailbox gelandet …»

«Wir haben noch ein Riesenproblem», unterbrach sie Bree. «Die neuen DGM-Leute sind wegen Mordes an Rex Cavanaugh verhaftet worden.»

«Was?» Olivia spürte, wie ihre Knie weich wurden. «Alle?»

«Alle.»

«O Gott …» *Peanut flippt völlig aus.*

«Sergeant Callahan muss hinter alldem stecken», fuhr Bree fort. «Es ist die einzig logische Erklärung.»

Olivia schluckte. «Und was machen wir jetzt?»

362

«John und Ed the Head sind auf dem Weg zur Schule.»

«Ich fahre hin und treffe sie da.» Der Gedanke, ihre Mutter gerade jetzt allein zu lassen, war unerträglich, aber Olivia musste ihren Freunden zur Seite stehen. Nach Margots Verschwinden erst recht.

«Okay», sagte Bree. «Olivia?»

«Ja?»

«Pass auf.»

Olivia hatte sich das Handy gerade wieder in die Tasche geschoben, als es vibrierte. Eine SMS. Sie nahm es wieder heraus uns sah, dass die Nachricht von Margots Telefon kam. *Dem Himmel sei Dank!*

Sie öffnete die SMS, und auf der Stelle sank ihr der Magen in die Kniekehlen. Auf dem Display leuchtete ein Foto von Margot und Logan, gefesselt und geknebelt in einer Art Industriekeller. Margots Blick war flehend, Logans wütend. Unter dem Bild stand eine Textzeile.

Wo alles begonnen hat. Komm allein, oder sie werden sterben.

Olivia traten Tränen in die Augen. Donté, Mika, Theo und Peanut waren verhaftet worden, und nun hatte Sergeant Callahan Margot und Logan in seiner Gewalt und würde seine restlichen Opfer zu sich locken, um endgültig Rache zu nehmen.

Ein Teil von Olivia hätte am liebsten die Flucht ergriffen, ihre Mom und den Scheck eingepackt und sich davongemacht. Sie konnten einen neuen Namen annehmen, eine neue Wohnung finden, neu anfangen.

Sie wischte sich die Tränen von den Wangen. Nein, das

konnte sie nicht tun. Das würde sie nicht tun. Sie würde ihre Freunde nicht im Stich lassen, gerade jetzt, wo sie sie am nötigsten brauchten.

Es war endlich an der Zeit, diesem Horror ein für alle Mal ein Ende zu setzen.

Sie rannte den Flur hinunter zum Zimmer ihrer Mutter. Sie würde ihr einen Brief hinterlassen. Und wenn sie Glück hatte, wäre dieser ganze Albtraum schon vorüber, wenn ihre Mom aufwachte.

Sie bog um die Ecke ins Zimmer und sah in freundliche braune Augen. «Mom!», schrie sie.

Olivias Mutter lächelte müde. Sie saß aufrecht mit dem Handy in der Hand in ihrem Pflegebett.

«O Livvie, es tut mir so leid.»

Neue heiße Tränen strömten Olivias Wangen hinunter, und sie warf sich ihrer Mom in die Arme. Herzzerreißende Schluchzer erschütterten ihren Brustkorb. Ihr wurde klar, dass sie sich nicht gestattet hatte zu weinen, seitdem sie ihre Mutter zusammengekauert auf dem Sofa im Wohnzimmer gefunden hatte. Jetzt trafen schwerer Kummer und grenzenlose Erleichterung aufeinander, und alle Dämme brachen.

«Sch, sch», machte ihre Mom und fuhr mit der Hand durch Olivias kurze Locken. «Es ist okay, mein Baby. Es wird alles gut.»

«Wieso wolltest du mich verlassen?», brachte Olivia heraus. Sie konnte kaum atmen vor lauter Weinen. «Wieso wolltest du mich ganz allein lassen?»

Ihre Mom war erstaunlich ruhig, die lähmende Depression der vorletzten Nacht hatte sich in Luft aufgelöst. «Ich dachte, du wärst ohne mich besser dran, Livvie.»

Olivia sah sie fassungslos an. «Ich wäre niemals besser dran ohne dich.»

Ihre Mom strich ihr eine Strähne aus der Stirn, dann wischte sie ihr die Tränen von den Wangen. «Ich weiß. Aber in dem Moment ...»

In dem Moment hatte sie das geglaubt. Sie hatte die Welt nicht mehr gesehen, wie sie war – stattdessen hatte eine neue, düstere Realität von ihr Besitz ergriffen. Olivia kannte diese Realität nur zu gut. In den bipolaren Phasen ihrer Mom lag sie wie eine unüberwindbare Schlucht zwischen ihnen. Egal, was Olivia sagte, egal, wie rational oder wie emotional aufgewühlt sie versuchte zu helfen, sie wusste, dass sie es mit dieser Realität, mit dieser gestörten Wahrnehmung im Kopf ihrer Mutter nicht aufnehmen konnte. Ihr blieb nichts übrig, als zu warten, dass die Phase vorüberging, und zu hoffen, dass ihre Mom sich zwischenzeitlich keinen Schaden zufügte.

Eine Taktik, die aufgegangen war. Bis jetzt.

Olivia war sich nicht sicher, wie lange sie in Gedanken versunken geschwiegen hatte, als sie plötzlich bemerkte, dass im Zimmer Musik erklang. Sie war nur schwach zu vernehmen, aber Olivia erkannte die Klänge sofort. Es handelte sich um Bangers and Mosh beim Finale des *Zwölften Bezirks.*

Sie setzte sich auf und blickte überrascht auf das Handy ihrer Mutter. Auf dem Display war ein Video zu sehen.

«Woher hast du das?», fragte Olivia.

«Ich weiß, wir sollten nicht filmen.» Ihre Mom klang verlegen. «Aber ich dachte mir, da meine Tochter der Star der Show ist, habe ich vielleicht ein Sonderrecht.»

Olivia starrte auf das Handy. Ihre Mom hatte auf sie

und Logan gezoomt, wie sie zusammen einen Teil der Schlussnummer tanzten, sich dann trennten und in entgegengesetzte Richtungen zu den Bühnenrändern liefen. Die Kamera blieb auf Olivia gerichtet, die nun irgendeine affektierte Pantomime mit Donté zum Besten gab. Olivia schüttelte sprachlos den Kopf. Dieses kleine Filmchen war genau das, wonach sie die ganze Zeit gesucht hatte. Peanut und das neue DGM hatten die Originalaufnahmen gelöscht, was bedeutete, dass Olivia wahrscheinlich gerade auf das einzige noch existierende Videomaterial dieses Abends blickte. Möglicherweise enthielt es einen entscheidenden Hinweis darauf, was Margot zugestoßen war.

«Sei mir nicht böse, Livvie», sagte ihre Mom, die ihr Schweigen offenbar falsch deutete. «Ich habe nur ein ganz paar Szenen gefilmt.»

«Welche?», fragte Olivia bang.

«Deine Szene mit Amber am Ende des ersten Akts. Den Monolog im zweiten Akt. Das Duell mit Sir Andrew. Und das Finale und die Verbeugungen. Das war's, ich schwör's!»

Die Musik schwoll an, dann rauschte tosender Applaus aus den Lautsprechern des Handys ihrer Mutter. Auf der Bühne bildete sich das Schlussbild, bei dem sie und Logan einander umarmten und alle anderen Charaktere sich paarweise um sie herum platzierten. Das Licht ging aus, es wurde dunkel. Als es Sekunden später wieder anging, löste sich das Schlussbild auf, und alle Schauspieler formierten sich hinten auf der Bühne zu einer geraden Reihe für die Verbeugung.

Olivias Mom hatte so weit wie möglich weggezoomt

und ließ die Kamera nun von links nach rechts über die gesamte Bühne gleiten, während die Nebenrollen vortraten. Das Bild ruhte einen Augenblick auf Olivia, die genau in der Bühnenmitte zwischen Logan und Amber stand, und schwenkte dann weiter. Als die Kamera sich dem rechten Rand der Bühne näherte, hielt Olivia den Atem an. Direkt hinter dem Vorhang war Margots Souffleusenecke. War sie zu diesem Zeitpunkt schon niedergeschlagen worden? Oder saß sie noch auf ihrem Hocker, klatschte zur Musik der Band und freute sich über die gelungene Premiere? Olivia kniff ihre Augen angestrengt zusammen, als das verwackelte Bild das Ende der Darstellerreihe erreichte. Sie versuchte verzweifelt, etwas zu erkennen, etwas, das helfen würde, ihrem anonymen Verfolger ein Gesicht zu geben. Doch sie hatte kein Glück.

Das Bild verdrehte sich seitwärts und wurde dann schwarz, doch der Ton lief weiter.

«Tut mir leid, da ist kurz das Bild weg», sagte ihre Mom. «Da ist Mr. Cunningham ein paar Reihen vor mir aufgestanden, um zu euch auf die Bühne zu gehen, und ich habe versucht, die Kamera zu verstecken. Gleich geht's weiter.»

«Oh.»

Tatsächlich hatte ihre Mom die Kamera nur Sekunden später wieder von ihrem Schoß genommen und folgte damit Mr. Cunningham in seinem Nadelstreifensakko, der sich aus der Sitzreihe schlängelte und dann den Seitengang hinunter zur Bühne schritt.

In diesem Moment sah Olivia es.

Es war nur der Bruchteil einer Sekunde, eine verschwommene Gestalt kam aus der Bühnentür und hastete im Gang an Mr. Cunningham vorbei, dann schwenkte die Kamera wieder zur Bühne. Aber etwas an dem undeutlichen Profil kam Olivia bekannt vor.

Sie riss ihrer Mom das Telefon aus der Hand und hielt das Video an.

«Was machst du denn? Du kommst doch als Nächste nach vorn!»

Doch Olivia war ihre Verbeugung egal. Die Standing Ovations waren ihr egal und auch Ambers Wutanfall. Sie musste die verschwommene Gestalt im Gang noch einmal sehen. Bild für Bild spulte sie das Video zurück, dann hielt sie es wieder an.

«Was ist?», wollte ihre Mom wissen. Sie klang alarmiert. «Livvie, ist alles in Ordnung? Was ist los?»

Obwohl das Bild dunkel und unscharf war, wusste Olivia augenblicklich, wer an dem Abend im Theater gewesen war. Jemand, der nicht dort gewesen sein sollte. Nicht dort gewesen sein konnte.

Sie starrte zweifellos auf die dunkle Silhouette von Ed the Head.

FÜNFUNDVIERZIG

Eine Welle lähmender Hilflosigkeit schien Bree zu überrollen, als sie auf das Foto von Margot und Logan blickte. Dieser Hurensohn hatte die beiden in seiner Gewalt, und sie musste hier zu Hause sitzen und darauf warten, dass John sich bei ihr meldete. Der wiederum eigentlich sorglos und in Sicherheit sein sollte, statt für Bree einem Irren gegenübertreten zu müssen. Sie kam sich vor wie ein Einbeiniger bei einem Arschtritt-Wettbewerb: ganz und gar nutzlos.

«Schätzchen, wenn du so weitermachst, läufst du ein Loch in den Teppich.» Ihre Mom war in den Türrahmen getreten, eine kleine Plastikflasche mit Wasser in der Hand.

«Tut mir leid.» Bree blieb stehen. «Ich bin nur so unruhig.»

«Oh nein!» Ihre Mom hob die Brauen. «Warum hast du das nicht gleich gesagt?» Schnell tippelte sie in ihr Schlafzimmer und kehrte kurz darauf mit einem Pillenschieber aus Plastik zurück. «Schauen wir mal ... Wie wäre es mit einer Klonopin? Das ist immer ein guter Anfang. Oder vielleicht eine Xanax? Nein, die macht dich nur schläfrig.» Sie blickte zu Bree auf. «Möchtest du schläfrig werden?»

«Nein ...»

«Das dachte ich mir.» Sie ging konzentriert die verschiedenen Medikamente durch. «Ich finde, ein Cocktail aus Celexa und Cymbalta hat eine angenehme Zweiphasenwirkung. Oder wenn du einfach zum Punkt kommen willst, kann ich dir eine Haldol geben, die räumt mit allem auf.»

Sollte Bree sich Sorgen machen, weil ihre Mom anscheinend eine wandelnde Apotheke für stimmungsaufhellende Medikamente war? «Mir geht's gut, danke.»

«Bist du dir sicher, dass du nichts brauchst?»

Bree überlegte, ob sie ihre Mom um Hilfe bitten sollte. Wenn sie Olaf zur Turnhalle schickte, hätten sie dann vielleicht eine Chance? Sie öffnete den Mund, aber bevor sie ein Wort sagen konnte, klingelte das Handy in ihrer Hand. Ohne einen Blick darauf zu werfen, nahm sie den Anruf an.

«Du bist spät dran», sagte sie mit einem nervösen Lachen.

«Was?», fragte Olivia.

«Oh!», machte Bree. «Tut mir leid. Ich dachte, du wärst …»

«Es ist Ed the Head!», schrie Olivia ins Telefon.

«Was meinst du damit?»

«Ed ist der Killer. Er hat uns angelogen. Es war die ganze Zeit er!»

«Das ist unmöglich.» Bree hatte keine Ahnung, was Olivia da redete, doch sie konnte eine alarmierende Panik in der Stimme ihrer Freundin hören. «Er hat ein Alibi, Olivia.»

«Scheiß auf das Alibi!», kreischte es aus dem Handy. «Meine Mom hat ein Video vom Premierenabend auf ihrem Handy. Ich habe den Applaus und die Verbeugungen noch mal angesehen, und Ed war da, im Theater, er kam aus der Bühnentür!»

«Bist du dir sicher?», fragte Bree.

«Absolut.» Auf Olivias Seite der Verbindung war das Knallen einer Autotür zu vernehmen. «Ich fahre jetzt zur Schule. Du musst alle warnen, so schnell wie möglich.»

In Brees Kopf überschlugen sich die Gedanken. Konnte es die ganze Zeit über Ed the Head gewesen sein? Aber Sergeant Callahan hatte die Armbanduhr. Wie passte das zusammen? Sie hatte Schwierigkeiten, alles zu verarbeiten. Eds Alibi war falsch. Er war an dem Abend im Theater gewesen. Er hatte Ronny und Coach Creed und Rex ermordet. Und er hatte die anderen DGM-Opfer entführt. Jetzt auch noch Logan und Margot und …

O Gott. John wollte sich mit Ed in der Schule treffen.

«Hallo?», rief Olivia. «Hast du mich gehört?»

«Er ist bei John.» Brees Stimme zitterte. «In der Schule. Ed hat John.»

Olivia schwieg einen Augenblick. «Ich suche nach Kitty.»

Bree war sich nicht sicher, was Olivia und Kitty zu zweit ausrichten wollten, aber sie fühlte sich nicht in der Position, mit ihr zu streiten.

«Ruf du die Polizei an», sagte Olivia. «Und mach dir keine Sorgen. Ich bin mir sicher, mit John ist alles okay.»

Bree legte auf und wählte sofort Johns Nummer. Ohne ein Freizeichen wurde der Anruf sofort auf die Mailbox geleitet. Sie wählte erneut, in der Hoffnung, dass er bloß gleichzeitig bei ihr angerufen hatte, landete aber wieder auf der Mailbox. Und wieder. Und wieder.

Bree ließ das Handy auf ihr Bett fallen und kniff die Augen zusammen, versuchte mit aller Willenskraft, das Bild eines toten oder verletzten John aus ihren Gedanken zu verbannen. Nein, sie durfte sich das nicht vorstellen. John war schlau, und John war mutig. Er würde da heil wieder rauskommen.

«Bree?», fragte ihre Mom bestimmt. «Was ist los?»

«Ich …» Es würde viel zu lange dauern, ihr alles zu erklären. «Warte.» Sie musste zuerst versuchen, die Polizei davon zu überzeugen, dass sich ein Serienmörder in der Bishop-DuMaine-Turnhalle befand. Super, das würde ja kein bisschen irre klingen.

«Notruf Santa Clara County, bitte erläutern Sie Ihren Notfall.»

«Äh …» Bree schluckte. Wie erzeugte man bei der Polizei am schnellsten eine Reaktion?

«Ist das ein Telefonscherz?», fragte die Telefonistin genervt.

«Nein, nein. Ich rufe an, weil ich ein … ein verdächtiges Paket in der Turnhalle von Bishop DuMaine melden will.» Bombendrohungen funktionierten doch immer, oder? «Ich bin hier bei einem Volleyballturnier, und ich habe diesen Typen in die Halle kommen sehen. Er hatte eine große Tasche dabei, hat sie an der Tür fallen lassen und ist wieder gegangen.»

«Mhm», machte die Telefonistin. «Bishop DuMaine hast du gesagt, richtig?»

«Ja.»

«Interessant. Das ist schon der zweite Anruf heute, in dem behauptet wird, dort sei eine Bombe in der Schule. Da trifft es sich, das wir erst gestern ein Memo von Sergeant Callahan von der Wache in Menlo Park erhalten haben.»

Bree stöhnte. Das klang nicht gut.

«Er warnt uns darin», fuhr die Frau fort, «dass mit

Scherzanrufen von Schülern im Zusammenhang mit der Bishop DuMaine zu rechnen ist.»

«Ma'am», sagte Bree und versuchte angemessen ernsthaft zu klingen. «Ich schwöre, das hier ist kein Telefonstreich. Das ist ...»

«Junge Dame», unterbrach sie die Telefonistin. «Wissen Sie, wie hoch die Strafe ist, wenn man bei einem Notruf vorsätzlich falsche Angaben macht? Der Tatbestand ist ...»

Bree wartete den Rest der Lektion nicht ab und legte einfach auf.

«Bree Deringer», ihre Mutter hatte die Hände in die Hüften gestemmt. «Du sagst mir jetzt auf der Stelle, was hier los ist.»

«Ich glaube, wir haben Mist gebaut. Richtig schlimm.»

Ihre Mom seufzte. «Offensichtlich. Wie kann ich helfen?»

Da fiel Bree nicht viel ein, außer dass die charmante Diana Deringer ihren alten Kumpel Sergeant Callahan ein weiteres Mal um den Finger wickeln und ihn überzeugen könnte, die gesamte Einsatztruppe der Polizei von Menlo Park jetzt sofort zur Schule zu schicken.

Bree stockte der Atem. Es gab eine Möglichkeit, eine idiotensichere Möglichkeit, die Polizei dazu zu bringen, genau da zu sein, wo sie sie haben wollte.

«Was?», fragte ihre Mom.

Bree lächelte sie an. «Ich muss mir das Auto ausleihen.»

Ihre Mom zog eine Augenbraue hoch. «Du willst, dass Olaf die Alarmanlage ausschaltet und dich irgendwohin fährt?»

«Nein. Ich will einfach bloß das Auto.»

«Aber der Alarm wird ausgelöst, sobald du das Haus verlässt. Die Polizei wird dein GPS-Signal verfolgen und dich einfangen.»

«Genau.»

SECHSUNDVIERZIG

Als Olivia den Civic ihrer Mom mit quietschenden Reifen vor der Schule zum Stehen brachte und auf die Schule zulief, kamen ihr Hunderte von Leuten entgegen, die aus der Bishop-DuMaine-Turnhalle ins Freie strömten.

Zuschauer und Volleyballspielerinnen gleichermaßen verließen die Halle durch die beiden Ausgänge und versammelten sich ohne Eile auf der großen Rasenfläche davor. Was war passiert?

Sie rannte über das Gras auf eine Gruppe in blauen Bishop-DuMaine-Trikots zu. Es war das Mädchenvolleyballteam. Mittendrin entdeckte sie Kitty, die gerade mit zwei kleinen Mädchen sprach. Olivia zwang sich, wenige Meter entfernt stehen zu bleiben, bis sie fertig war.

«Bleibt, wo ihr seid», sagte Kitty eindringlich zu den Mädchen. «Bleibt bei Coach Miles, bis Mom da ist. Habt ihr verstanden?»

«Ja, Kitty», sagten beide wie aus einem Mund. Es waren zweifellos Kittys jüngere Zwillingsschwestern.

Als Kitty Olivia erblickte, weiteten sich ihre Augen. «Nicht weglaufen», rief sie ihren Schwestern zu. «Ich bin gleich wieder da.» Dann packte sie Olivia am Arm und zog sie außer Hörweite.

«Was ist los?», fragte Olivia. «Wieso seid ihr alle hier draußen?»

«Jemand hat den Feueralarm ausgelöst», sagte Kitty und sah sich nervös um.

Olivia entging nicht, wie sie das Wort «jemand» betonte. Ed versuchte scheinbar, die Bishop-DuMaine-Turnhalle zu evakuieren. Aber warum?

«Du wirst es nicht glauben», Olivia senkte die Stimme, «aber ich weiß, wer der Killer ist.»

Kitty musterte sie. «Ähm, ja. Ich auch. Sergeant Callahan, erinnerst du dich?»

Olivia schüttelte langsam den Kopf. Schnell und ruhig berichtete sie von ihrer Entdeckung. Sie sah zu, wie dieselben Gefühle in derselben Reihenfolge auf Kittys Gesicht erschienen, wie auch sie selbst sie empfunden hatte, als sie begriff, wie sie alle hinters Licht geführt worden waren: Verwirrung, Überraschung, Verrat, Wut und schließlich Furcht.

«Vor zehn Minuten habe ich John noch zusammen mit Ed gesehen», sagte Kitty und wurde bleich. «Sie sind in den Versorgungsflur hinter der Turnhalle verschwunden.»

«Da seid ihr ja!» Bree stürmte auf sie zu. «Hast du es schon gehört?»

Kitty nickte.

Olivia fasste nach Brees Arm. «Kommt die Polizei?»

Bree lächelte listig und zeigte auf ihre Fußfessel. «O ja, die kommen. Sie verfolgen dieses Baby hier bis ans Ende der Welt.»

Olivia seufzte erleichtert auf. «Gut.» Sie blickte zwischen Kitty und Bree hin und her und bemühte sich, viel mutiger auszusehen, als sie sich fühlte. «Wollen wir Margot retten?»

Kitty war noch nie in der Turnhalle gewesen, als niemand sonst da war. Das Heulen der Sirene erfüllte den riesigen Raum und betonte seine Leere noch. Es fühlte sich an, als sei sie allein inmitten einer Zombie-Apokalypse gelandet, und es gäbe niemanden mehr auf der ganzen Welt, der den Feueralarm ausstellen konnte.

Aber sie war nicht allein. Bree und Olivia standen neben ihr.

Keine von ihnen sagte ein Wort, doch Kitty tastete nach ihren Händen – Olivias auf der einen Seite, Brees auf der anderen – und umfasste sie fest. Sie hatten diese Reise zusammen angetreten. Sie waren sich über die Risiken im Klaren gewesen, und sie hatten jeden DGM-Einsatz gemeinsam gemeistert, jede von ihnen aus ihren eigenen Gründen. Sie hatten langgehütete Geheimnisse ans Licht gebracht und Enttäuschungen überstanden, Treuebrüche, Lügen und Eifersucht. Sie waren zerkratzt, aber nicht zerbrochen, und zusammen würden sie nun dem Feind gegenübertreten, der ihnen die ganze Zeit über so nah gewesen war und nun das Leben ihrer Vierten im Bunde bedrohte.

Und so würde es enden.

Ein Teil von Kitty war beinahe erleichtert. Ed the Head war zwar ein Mörder und Soziopath, doch er war auch ein Gleichaltriger, kein Erwachsener, kein Polizist wie Sergeant Callahan. Irgendwie ließ das den Kampf leichter, machbarer erscheinen. So als hätten sie dieses Mal eine Chance. Ed wusste nicht, was sie wussten. Dieses eine Mal hatten sie vielleicht die Oberhand.

Kitty holte tief Luft, dann machten sie gemeinsam den ersten Schritt, gingen auf die Tür zu, auf der «Zutritt nur für Befugte» stand und die zum Versorgungsflur führte.

Niemand war verblüfft, dass sie sich einfach öffnen ließ.

Als die Tür hinter ihnen zugefallen war, vernahmen sie das Heulen der Alarmsirene nur noch gedämpft, und Kitty konnte sich endlich wieder denken hören. Der Gang vor ihnen war nur ungefähr drei Meter lang, es gab zwei Wandschränke und ihnen gegenüber eine Tür.

«Habt ihr eine Ahnung, wohin die führt?», fragte Kitty.

«Keller», sagte Bree. «Bei unserem Streich gegen Melissa Barndorfer war ich mal da unten. Da sind alle möglichen Leitungen und Rohre, ein Lagerraum, Elektrik, Wasser, Gas, Klimaanlage. Und der Heizungsraum ganz hinten.»

«Wie groß?», fragte Kitty.

Bree legte das Gesicht nachdenklich in Falten. «Erstreckt sich insgesamt über den gesamten Bereich der Turnhalle, der Umkleiden und der Räume für die Schließfächer, schätze ich. Aber ich war nicht überall.»

«Wo alles begann», zitierte Olivia die Nachricht, die Ed von Margots Handy geschickt hatte. «Was, glaubt ihr, meint er damit?»

«Es hat doch alles mit Christopher Beeman begonnen», überlegte Bree.

Kitty nickte. «Und der hat sich im Heizungsraum von Archway erhängt.»

Olivia starrte auf die Kellertür. «Gibt es irgendeine Chance, dass der Heizungsraum nicht der unheimlichste Ort sein wird, an dem ich je gewesen bin?»

«Nö», sagte Bree.

«Bringen wir's hinter uns.» Kitty schluckte ihre Angst hinunter, trat einen Schritt vor und stieß die Kellertür auf.

Die Treppe, die dahinterlag, war viel dunkler als der hell erleuchtete Flur, und sie blieb einen Moment oben stehen, bis sich ihre Augen daran gewöhnt hatten. Dann stieg sie langsam hinab, Bree und Olivia dicht hinter sich. Die Tür fiel knarrend zu und hüllte sie in fast vollständige Dunkelheit.

Am Fuß der Treppe gab es eine weitere Tür, und Kitty konnte einen schwachen gelben Schein ausmachen, der durch den Bodenschlitz hervordrang. Dahinter war es offenbar heller, was ihr irgendwie Mut machte, nach dem Griff zu fassen und die Tür aufzuziehen.

Das trübe Licht, das den Raum dahinter erleuchtete, stammte von nackten Glühbirnen, die von der niedrigen Decke hingen. Und obwohl das hier eindeutig besser war als die Dunkelheit im Treppenhaus, gaben die Birnen nicht genug Helligkeit von sich, um die düsteren Nischen und die schemenhaften Gebilde im Halbdunkel zu erleuchten.

Kitty lief ein Schauer über den Rücken. Der lange, offene Kellerraum vor ihnen war vollgestellt mit Unrat. Alte Stühle und Tische aus verschiedenen historischen Epochen waren gefährlich hoch aufgestapelt, weiter hinten standen mehrere Reihen plüschiger Theatersitze. Eine uralte Bohnermaschine, die mehr Rost war als Metall. Staubige Aktenschränke und lange vergessene Bücherkisten. Eine Basketball-Zähltafel aus den 50ern, die der Punktezähler noch von Hand verstellen musste. Zementsäcke, Farbdosen, verschiedene Pinsel, Besen, Feudel und Werkzeuge. Die aussortierten Gegenstände aus sechzig Jahren Schulleben an der Bishop DuMaine in einen einzigen Raum gepfercht.

Kitty hielt inne und horchte auf irgendein Lebenszeichen. Nichts.

«Wo ist der Heizungsraum?», flüsterte Olivia. Ihre Stimme klang in dem riesigen Keller ganz klein.

«Die Tür auf der anderen Seite», sagte Bree.

Der düstere Keller, das spärliche Licht, die eigenartigen, befremdlichen Umrisse des aufgetürmten Gerümpels – all das löste in Kitty das unangenehme Gefühl aus, von jemandem beobachtet zu werden. Aus jeder Ecke glaubte sie Geräusche zu hören – die knarrenden Sprungfedern eines alten Theatersitzes, das Knacken von Rohren, leise Schritte. Ein- oder zweimal hätte sie schwören können, eine Bewegung wahrgenommen zu haben, einen Schatten hinter einem Stapel Gerümpel. Sie spürte, wie die Mädchen dicht hinter ihr blieben, als sie Schritt für Schritt auf die Tür zum Heizungsraum zuging und dabei immer langsamer wurde, weil die kalte Furcht sie zu überwältigen drohte.

Da hörte sie es.

«Ooooooh.»

Kitty erstarrte.

«Was war das, verdammt noch mal?» Olivias Stimme war nur noch ein ersticktes Krächzen.

Kitty schluckte. «Ich … ich weiß …»

«*Mein Kopf.*»

Bree schnappte nach Luft. «John?»

«Woher weißt du, dass das John ist?», zischte Olivia.

«*Bree?*»

«John!» Bree stürzte auf ein paar alte Aktenschränke zu. «John, ich bin's!»

Kitty rannte ihr nach, Olivia dicht auf den Fersen. Als sie ein paar riesige Metallschränke umrundet hatten, sahen sie Bree auf dem Boden knien, die Arme um John geschlungen, der neben einem Stapel alter Teppichrollen an die Wand gelehnt saß.

«Bist du okay?», rief Bree. Ihre Stimme bebte.

«Bin okay», sagte John.

«Was ist passiert?», fragte Kitty.

«Wir haben uns im Keller aufgeteilt. Ich habe herumgeschnüffelt und sie gefunden. Dann dachte ich, ich hätte hinter mir etwas gehört, hab mich umgedreht und dann ...» Er zuckte mit den Schultern. «Hat mir vermutlich jemand eins übergebraten.»

«Was meinst du mit ‹Ich habe sie gefunden›?», fragte Kitty alarmiert.

John rieb sich eine Stelle an seinem Kopf, wandte sich dann um und deutete mit dem Arm über die alten Teppiche hinweg. «Sie.»

Bree kletterte über den Stapel, zog eine Decke zur Seite und legte ein Gesicht frei. Selbst in dem schlechten Licht erkannte Kitty es sofort.

«Tammi Barnes!» Kitty und Olivia eilten zu den anderen Bündeln, nahmen die Decken herunter und entblößten Xavier Hathaway, Wendy Marshall und die Gertler-Zwillinge.

«Sind sie tot?», fragte Olivia ängstlich.

Kitty drückte zwei Finger an Wendys Hals. «Nein», sagte sie mit einem erleichterten Seufzen. «Unter Drogen, schätze ich, aber lebendig.»

Bree nahm ihr Telefon aus der Hosentasche. «Wir müssen die Polizei rufen.»

John schüttelte den Kopf. «Kein Signal hier unten. Hab es schon versucht.»

«Zum Glück hat Ed sie nicht umgebracht», flüsterte Olivia.

John sah sie ungläubig an. «Ed the Head soll der Killer sein? Das glaube ich nicht.»

«Gewöhn dich lieber an den Gedanken», gab Olivia zurück.

Bree richtete sich auf. «Ich erkläre es dir später. Jetzt müssen wir ihn erst mal finden.»

«Okay.» Auch John kam langsam auf die Füße. «Wohin?»

«Nee», sagte Bree. «Du verschwindest hier besser.»

«Ohne dich?» John lachte. «Ganz bestimmt nicht.»

«John.» Kitty trat auf ihn zu. «Du musst die Polizei holen. Überzeuge sie davon, dass die Vermissten alle hier unten sind.» Sie blickte zwischen Bree und Olivia hin und her. «Wir brauchen Verstärkung.»

John fasste nach Brees Hand. «Ich will dich nicht allein lassen.»

«Ich weiß», sagte sie.

Er holt tief Luft, küsste Bree kurz auf die Lippen und schwankte den Weg zurück, den sie gekommen waren. Kitty betete, dass sie Ed aufhalten konnten, bis John mit der Polizei zurückkehrte. Es war ihre einzige Chance.

Sie warteten, bis Johns Schritte verklungen waren, dann gingen sie weiter. Die Tür am anderen Ende des Kellers war geschlossen und sah gruseliger aus als die Türen in jedem Horrorfilm, den Kitty jemals gesehen hatte.

In einer Situation wie dieser eine geschlossene Tür zu öffnen war niemals gut. Aber irgendwo hinter dieser Tür saß Margot und brauchte ihre Hilfe. Und Kitty musste zu ihr gelangen, komme, was da wolle.

Sie holte tief Luft, stieß die Tür auf und trat hindurch.

Dahinter lag eine kleine Empore, von der aus man den gesamten Heizungsraum überblickte. Vier oder fünf Metallstufen führten auf den Betonboden hinunter, wo ein wirres Knäuel von Rohren aus etwas hervorkroch, das aussah wie ein gigantischer Heizkessel. Vor dem Kessel auf dem Boden lag gefesselt und geknebelt Margot.

«Margot!» Olivia rannte, gefolgt von Kitty und Bree, die Treppe hinunter und begann sich an den Stricken um Margots Handgelenke zu schaffen zu machen. «Geht's dir gut?»

«Mmumff mmummm», rief Margot durch den Knebel hindurch.

Olivia zog ihn ihr aus dem Mund.

«Ihr müsst hier raus!» Margots Stimme zitterte. «Schnell.»

Kitty machte die restlichen Fesseln los. «Ganz sicher nicht ohne dich.»

Bree griff nach Margots Hand und zog sie vom Boden hoch. «Wo ist Logan? Wir müssen verschwinden, bevor Ed zurückkommt.»

«Ed?», fragte Margot sichtlich verwirrt.

«Ja.» Kitty musterte sie. «Er ist derjenige, der dich gekidnappt hat. Es war die ganze Zeit über Ed.»

Margot drehte den Kopf von rechts nach links, und eine dicke Träne rollte ihre Wange hinab. «Nein, er war es nicht.»

«Was?»

«Ich fürchte, Margot hat recht», dröhnte eine Stimme hinter ihnen.

Kitty fuhr herum. Vor dem einzigen Ausgang oben an der Treppe stand, die Waffe lässig auf sie gerichtet, Logan.

SIEBENUNDVIERZIG

Kitty brauchte einen Moment, um zu verarbeiten, was sie da sah. Dass es Logan war, nicht Ed, der eine Waffe auf sie richtete.

«Aber ...» Olivia blickte zwischen Logan und Margot hin und her. «Das verstehe ich nicht.»

«Ich weiß», sagte Logan. «Das macht es ja so irre gut. Keiner von euch hat mich verdächtigt. Nicht mal Ed, und Ed hasst mich.»

Olivia schüttelte den Kopf. «Aber du ... ich meine, das Foto. Ed hatte dich geknebelt und gefesselt.»

«Nein. Er hat es selbst inszeniert.» Brees Stimme war kratzig.

«Was hat denn Ed damit zu tun?», fragte Margot.

«Er war an dem Abend im Theater», sagte Olivia. «Er hat dich angegriffen. Dachten wir.»

«Nein.» Margot starrte Logan an, ihr Gesicht verriet keinerlei Gefühl. «Er hat mich angegriffen.»

Logans Lächeln wurde unsicher. Kitty nahm ein leichtes Flattern seiner Augenlider wahr, und für den Bruchteil einer Sekunde sank seine Hand mit der Waffe etwas nach unten. Sie konnte es nicht glauben. Er war ein Lügner und Mörder, aber seine Gefühle für Margot waren echt.

«Wie konntest du das tun?» Kitty stürzte sich auf diese einzige ihr bekannte Schwäche. «Du liebst sie. Wie konntest du sie so verletzen?»

«Das habe ich gemacht, *weil* ich sie liebe.» Logans Blick wurde weicher, als er Margot ansah. «Ich hoffe, du verstehst das irgendwann.»

«Du hast versucht, sie umzubringen, weil du sie liebst?», rief Bree. «Ganz schön abgefuckte Art, das zu zeigen, oder?»

«Was weißt du schon von Liebe?», fragte Logan spöttisch. «Du und John und eure *Star-Wars*-Zitate und euer kindisches Gewitzel. Der oberflächlichste Scheiß, den ich je gesehen habe.»

Bree sah böse zu ihm hoch. «Du weißt überhaupt nichts über uns.»

«Ach wirklich?» Logan stieg zwei Stufen von seiner Empore herunter. «Hast du jemals irgendetwas getan, womit du Johns Liebe verdient hättest? Er hat jahrelang nach dir geschmachtet, während du dich nach diesem Idioten von dieser lächerlichen Band verzehrt hast. Und dann hast du deine Gefühle für ihn wundersamerweise genau in dem Moment entdeckt, in dem er zum Rockstar wurde? Klingt für mich ziemlich oberflächlich.»

«Kann sein, dass das für dich so klingt», versetzte Bree. «Aber immerhin habe ich nicht versucht, ihn umzubringen.»

«Er hatte Angst vor dem, was Ed mir sagen wollte», berichtete Margot. Ihr Körper war völlig bewegungslos, doch ihre Stimme wurde von Sekunde zu Sekunde fester.

Logan nickte. «Das stimmt.»

«Deshalb musste er sichergehen, dass ich niemals mehr mit Ed sprechen konnte.»

«Ich wusste, du würdest das verstehen.» Er lächelte sie liebevoll an.

386

Margot versteifte sich. «Sag mir, warum. Das bist du mir schuldig.»

«Ich werde es dir erklären.» Logan räusperte sich. «In Archway habe ich mir mein Zimmer mit Christopher geteilt», erzählte er. «Nein, es war mehr als das. Wir waren wie Brüder. Diese Schule war ein Dreckloch, und nach den ersten sechs Wochen war ich beinahe so weit, mich von dem Elend zu erlösen. Aber Christopher hat mich von der Kante runtergeholt, es mir ausgeredet, dafür gesorgt, dass ich geistig gesund bleibe.» Logan schluckte. «Er hat mir das Leben gerettet.»

«Aber das war vor Ronny», sagte Margot.

Logan nickte. «Ich habe gesehen, wie viel Zeit Christopher mit Ronny verbringt, und ich habe mir Sorgen gemacht. Ich mochte Ronny von Anfang an nicht, aber Christopher meinte immer, ich müsste ihn bloß besser kennenlernen. Zuerst hat er Christophers Vertrauen gewonnen, dann seine Liebe. Er hat ihn die ganze Coach-Creed-Geschichte hindurch manipuliert. Ronny wusste, das Creed Christopher das Leben zur Hölle machte, und hat ihn in unzähligen nächtlichen Telefonaten aufgestachelt, bis sie gemeinsam dafür gesorgt hatten, dass Coach Creed gefeuert wird. Christopher glaubte, sie wären verliebt, bis Ronny begann, ihn mit ein paar E-Mails und Fotos, die Christopher ihm geschickt hatte, zu erpressen. Romantisches Zeug. Christopher war am Boden zerstört. Und ich ...» Logan sog langsam Luft ein. «Und ich konnte ihn nicht retten.»

«Du hast die Menschen umgebracht, denen du die Schuld an seinem Tod gibst», sagte Margot.

Logan nickte. «Creed war ein Monster und hat ihn brutal schikaniert. Rex hat gedroht, ihn umzubringen, falls er je ein Wort darüber verlor, was in der Sechsten oder so zwischen ihnen beiden passiert war. Und Ronny hat ihn auf die schlimmste Weise erpresst und verraten. Sie alle hatten es verdient zu sterben.»

Kitty konnte nicht glauben, was sie da hörte. Logan hatte sie die ganze Zeit über verfolgt, manipuliert und in ihrem Namen gemordet, und er hatte dabei stets geglaubt, Gerechtigkeit zu üben. Genau wie DGM.

«Aber Sergeant Callahan hatte doch die Uhr», murmelte Olivia.

«Weil ich sie ihm geschickt habe», sagte Logan. «Habe vorgegeben, sie sei von einem dankbaren Bürger. Der gierige Idiot hat es sogar geschluckt, wodurch es super einfach war, euch glauben zu machen, er wäre der Killer.»

«Also wolltest du dich an Ronny, Coach Creed und Rex rächen?», fragte Bree und funkelte Logan an. «Okay, kapiert. Sie haben im Großen und Ganzen vielleicht verdient, was sie bekommen haben. Aber was haben wir damit zu tun?»

«Was ihr damit zu tun habt?» Kalter Hass war in Logans Gesicht zu lesen. «Ihr seid so selbstgerecht, ihr und eure DGM-Streiche. Christopher hat mir alles über deinen Verrat erzählt, Bree Deringer. Wie du dich über ihn lustig gemacht hast, weil er schwul war. Und jetzt glaubt ihr, wegen eures DGM-Kindergartens wärt ihr von alldem freigesprochen? Wohl kaum. Ich bin Ronny hierher gefolgt, und als ich herausgefunden habe, dass er ab Herbst mit dir zur Schule gehen wird, dachte ich, schlage ich doch zwei Fliegen mit einer Klappe: dich und Ronny. Ich habe mir die Haare lang wachsen und blond strähnen lassen, meinen Namen geändert und mich als dümmlicher Surfer ausgegeben – Ronny hat mich nie erkannt. Und dann habe ich von euerm DGM-Club erfahren. *Ich habe Mika auf dieser Party betrunken gemacht und sie Ronny überlassen.* Ich dachte mir, ihr könntet der Versuchung bestimmt nicht widerstehen, für Kittys beste Freundin Rache zu üben. *Ich habe dafür gesorgt, dass Margot die DVD mit dem Video fand. Ich habe an der Tür in Ronnys Zimmer die Nachricht hinterlassen, damit ihr eine sinnlose Verfolgungsjagd beginnt. Ich habe eure Liebsten für das neue DGM rekrutiert und ihnen dann den Mord an Rex in die Schuhe geschoben, so wie euch zuvor den Mord an Ronny. Ich will, dass ihr diesen Schmerz und diese Hilflosigkeit fühlt, wie ich sie empfunden habe, als Christopher gestorben ist.»

«Du willst dich also an mir rächen?», rief Bree. «Okay, ich nehme es an.» Sie trat mit erhobenen Händen vor.

«Bree, nein!», zischte Olivia. Sie griff nach ihrer Hand und zog sie zurück.

«Aber es ist der einzige Ausweg», sagte Bree. «Er hat recht, ich habe das mit meinem Verhalten gegenüber Christopher alles losgetreten. Ihr habt doch nichts falsch gemacht. Ihr habt es nicht verdient, für meine Schuld zu zahlen.»

«Ihr habt nichts falsch gemacht?» Logan lachte höhnisch. Er richtete die Waffe auf Kitty. «Du hast dafür gesorgt, dass deine Freundin von der Schule geschmissen wird, damit du ihre Position als Teamkapitänin einnehmen konntest.» Dann schwenkte er den Pistolenlauf weiter auf Olivia. «Und was du Margot angetan hast, ist unverzeihlich.»

Olivia senkte den Blick. «Ich weiß.»

«Ich räche mich für alle Opfer. An euch und auch an euren ehemaligen Zielpersonen. Sie sind genauso grausam, haben genauso Schuld daran, dass Menschen kleingemacht wurden. Es geht längst nicht mehr nur um Christopher. Ich habe es zu meiner Mission gemacht, die Unschuldigen zu schützen, indem ich die Welt von euresgleichen befreie.» Er hielt inne, und sein Blick glitt zu Margot. «Die Einzige von euch, die wirklich unschuldig ist, ist Margot.»

Margot blinzelte ein paarmal, ansonsten blieb ihr Gesicht vollkommen ausdruckslos.

Logan löste eine Hand von der Waffe und streckte sie nach ihr aus. «Komm mit mir, Margot. Ich habe die anderen Zielpersonen betäubt und hier im Keller versteckt. All diese schrecklichen Menschen.» Er deutete mit dem Kinn auf Kitty. «Und diese drei lassen wir auch hier. Wir erschießen sie alle, auch die anderen, und dann lassen wir sie hier liegen. Lassen alles aussehen wie eine große Schießerei und schieben es DGM in die Schuhe. Denjenigen, die sie alle zu Opfern gemacht haben.»

Margot starrte ihn an, sagte aber kein Wort.

«Verstehst du nicht?», fuhr Logan fort, sein Finger zuckte am Abzug. «Wir können gleichzeitig ihre Doppelmoral bloßstellen und ihre Herrschaft beenden. Die Welt wird erfahren, was für furchtbare Menschen sie tatsächlich sind, und wir können endlich zusammen sein. Ich liebe dich und …»

«Lass sie in Ruhe!»

Margot war noch dabei, Logans Worte zu verarbeiten, als sie sah, wie sich ein Arm um seinen Hals schlang, dünn und knochig, mit knubbeligem Ellenbogen. Es war unverkennbar Eds Arm, der da aus der Tür geschossen kam und Logan von hinten packte.

«Ich lasse nicht zu, dass du ihr etwas antust», schrie Ed und bekam tatsächlich den Lauf von Logans Waffe zu fassen, die dieser noch fest in der Hand hielt. «Und auch nicht irgendwem anders!»

Logan warf sich mit dem ganzen Körper nach hinten und schmetterte Ed gegen den Türrahmen. Ed ächzte, lockerte den Griff um Logans Hals, klammerte sich mit der anderen Hand aber noch an die Waffe. Logan packte seinen Arm, beugte sich vor und schleuderte Eds Körper über seine Schulter, doch Ed riss ihn mit zu Boden. Für einen Augenblick entstand ein Durcheinander von Armen und Beinen und Körpern, während beide um die Waffe rangen, dann löste sich mit ohrenbetäubendem Krachen ein Schuss.

Margot fuhr erschrocken zusammen. Sie hörte jemanden stöhnen, dann sah sie Logan Ed von sich schieben, der wie ein nasser Sack die Treppe hinunterrutschte. Kitty fing ihn auf und ließ ihn sanft zu Boden sinken. Gleichzeitig klapperte etwas vor Margots Füßen auf den Beton.

Die Welt schien sich langsamer zu drehen. Olivia fing hysterisch an zu weinen, Bree stürzte panisch zu Ed hinüber. Sie zog sich den Pullover aus und presste ihn auf die größer werdende, dunkelrot durchnässte Stelle auf seinem T-Shirt. Margot konnte nicht begreifen, was da gerade geschah, ihr Kopf fühlte sich leer an. Logan war ein Mörder, und er hatte gerade auf Ed geschossen.

«Wo ist er getroffen?»

«Bauch, glaube ich.»

«Was sollen wir tun?»

Sie hätte weinen müssen wie Olivia oder wütend sein wie Bree, doch stattdessen war es, als sei jegliches Gefühl aus ihr gewichen, als sei nur noch ihr Hirn übrig, das alles unendlich langsam verarbeitete. Das Chaos und die Stimmen drangen nur gedämpft und wie aus weiter Entfernung zu ihr hindurch, und Margot achtete nicht auf sie, als sie sich bückte und ihre Finger fest um den Griff der Pistole schloss.

Sie rechnete damit, dass sie sich warm anfühlte, schließlich war gerade damit geschossen worden, doch sie war erstaunlich kühl. Und schwer. Margot hatte noch nie zuvor eine Waffe in der Hand gehabt, und sie nahm erstaunt wahr, wie angenehm sie sich in ihre Handfläche schmiegte, wie gut geformt sie war, wie leicht es wäre, einfach zu zielen, einfach den Abzug zu drücken.

Logan stand auf der Empore und streckte die Hand in Margots Richtung aus. «Gib mir die Pistole.»

Stattdessen hob Margot die Waffe und zielte auf ihn. Er sah verwirrt aus, beinahe verletzt, dann wurde sein Gesicht weich. «Komm mit mir, Margot. Ich liebe dich.»

«Margot», drang Kittys Stimme zu ihr. «Sieh mich an.»

«Wir können zusammen abhauen.»

«Margot, bitte», schluchzte Olivia.

Margot blickte zu ihren Freundinnen, die um Eds Körper herum auf dem Boden kauerten.

«Das sind nicht deine Freundinnen», sagte Logan, als könnte er jeden ihrer Gedanken lesen. Er stand fast bewegungslos da und versperrte den Ausgang. «Aber ich bin

392

dein Freund. Ich liebe dich. Und ich weiß, dass du mich liebst.»

Das tat sie. Das tat sie wirklich. Sie hatte sich in ihrem ganzen Leben noch nie so lebendig gefühlt, wie wenn sie mit ihm zusammen war. Seine Anwesenheit beruhigte sie, seine Stärke zog sie magisch an. Er hatte ihr den Mut geschenkt, Amber die Stirn zu bieten, ihren Eltern die Stirn zu bieten. Zum ersten Mal hatte sie das Gefühl gehabt, dass sie stark genug war, ihr Leben in die Hand zu nehmen.

«Ja, ich liebe dich», sagte Margot.

«Margot», rief Bree. «Tu das nicht.»

«Er ist ein Mörder!», schrie Olivia.

Margot lächelte bloß. «Ich werde dich so glücklich machen», sagte sie.

Dann legte sie den Finger auf den Abzug und schoss.

ACHTUNDVIERZIG

Es sah nicht aus, wie man es aus Filmen kannte. Logans Körper flog nicht nach hinten, seine Hände fuhren nicht zu der Wunde. Er blinzelte nicht, wankte nicht, gab keinen Laut von sich. Er starrte bloß Margot an, und sein Lächeln verblasste langsam von seinem Gesicht. Seine Augen wurden glasig, und er brach auf der Empore zusammen. Sein Körper bewegte sich noch leicht, aber er gab keinen Laut von sich.

«Es tut mir leid», flüsterte Margot. Ihre Kehle war so eng, dass sie sich selbst kaum hören konnte.

Sie spürte Kittys kühle Hand auf ihrer Schulter. «Margot, ist alles okay?»

Margot wandte mühsam den Blick von Logans Körper und sah zu ihr hoch. «Ja», flüsterte sie. Und sie meinte es genauso. Dann legte sie Kitty die Waffe in die Hand.

«Du hast uns so einen Schrecken eingejagt», sagte Bree.

Margot lächelte ein kleines bisschen. «Entschuldigung.» Ihr Blick fiel auf Ed, dessen Kopf in Olivias Schoß lag. Sie kniete sich neben ihn und nahm seine Hand sanft in ihre. Seine Lider öffneten sich flatternd, und sein Mund verzog sich kaum merklich zu einem Lächeln, doch seine Haut war unnatürlich blass.

«Er verliert zu viel Blut.» Bree drückte ihren Pulli weiter auf Eds Wunde, doch der Stoff war bereits völlig durchnässt.

«Meine Schuld», brachte Ed hervor. «Das ist alles meine Schuld.»

«Nicht reden», sagte Margot.

«John holt Hilfe», fügte Kitty hinzu. «Es wird alles gut.»

Ed schüttelte den Kopf. «Ich muss was erklären.» Er verlagerte sein Gewicht und ächzte dabei vor Schmerz und Anstrengung. Seine rechte Hand, deren Finger blutbeschmiert waren, wanderte zu seiner Jackentasche. Er tastete blind darin herum und zog dann etwas heraus. Es war ein zerknülltes Stück Papier, das so aussah, als wäre es von einer größeren Seite abgerissen worden.

Margot nahm ihm den Zettel aus der Hand. Auf die eine Seite war ein Text gedruckt, den sie sofort erkannte. «Die letzte Szene des *Zwölften Bezirks*.» Sie blickte überrascht auf Ed hinunter. «Das ist aus meinem Souffleusen-Skript.»

Er nickte und bedeutete ihr, das Papier umzudrehen. Auf der Rückseite standen weitere Worte. Sie waren handgeschrieben.

«*Halt den Mund*», las sie laut vor, «*oder sie ist beim nächsten Mal tot.*»

Eine Erinnerung rührte sich in Margot. Sie sah Logan auf der Bühne mit Olivia tanzen. Er strahlte, bis er etwas im Publikum erblickte und sein Lächeln erlosch. Er sah verängstigt aus. «Du warst es, den Logan am Premierenabend gesehen hat», sagte sie. «Er hat gesehen, wie du ins Theater gekommen bist.»

Ed nickte. «Er hat wohl gedacht, ich hätte herausgefunden, dass er ebenfalls in Archway war. Und dann muss er kurz in die Kulissen verschwunden sein, während der finale Tanz lief. Denn als ich bei dir ankam, habe ich diesen

Zettel gefunden neben deinem …» Seine Stimme verstummte.

«Es wird alles gut», schluchzte Olivia. Tränen strömten über ihr Gesicht. «Ruh dich einfach aus, okay? Es wird alles gut.»

Ed schloss die Augen. «Ich habe versucht, Margot zu beschützen. Ich dachte, ich könnte den Killer ganz alleine finden, ohne jemandem davon zu erzählen, damit dir nichts passiert. Dann das Foto …» Seine Augen öffneten sich noch einmal leicht. «Margot?»

«Ich bin hier», sagte sie und beugte sich dichter über ihn.

Ed lächelte wieder leicht. «Er hat mir ein Foto geschickt. In einem Umschlag.»

Kitty legte Margot die Hand auf die Schulter. «Logan hat uns Bilder von geliebten Menschen geschickt und damit gedroht, alles zu zerstören, was wir lieben», erklärte sie.

«Aber er hat einen Fehler gemacht», fuhr Ed mit schwacher Stimme fort. «Ich konnte auf dem Foto sein Spiegelbild sehen. Ich habe versucht, alle in Sicherheit zu bringen. Habe 911 gewählt, aber sie wollten mir nicht glauben.»

«Das Problem hatte ich auch», murmelte Bree.

«Also habe ich den Feueralarm ausgelöst und mich auf die Suche nach Logan gemacht. «Bloß …» Ed wurde durch einen heftigen Hustenanfall unterbrochen. Aus seinem Mundwinkel lief in einem dünnen Rinnsal Blut. Im gleichen Moment trampelten donnernde Schritte über ihre Köpfe. Die Polizei war da.

«Ed?», rief Margot. «Halt durch. Hörst du? Bleib bei uns.»

«Aber du bist jetzt ... sicher. Ich bin ... dann mal ...»

Eds Kopf sank in dem Moment zur Seite, als John die Tür aufstieß und die Sanitäter hereinstürmten.

NEUNUNDVIERZIG

Es fühlte sich eigenartig an, wieder im Computerraum im ersten Stock zu sein. Kitty blickte sich in dem Klassenzimmer um. Von außen betrachtet, war alles wie früher. Margot saß vor einem Computer, ihre Finger flogen geschickt über die Tastatur. Bree hatte die Füße auf einen Tisch gelegt, ihr Stuhl war gefährlich nach hinten gekippt, und sie knibbelte an den paar letzten dunklen Flecken Nagellack auf ihren Fingernägeln herum. Und Olivia kam zu spät.

Nachdem Logan, Ed und die ehemaligen DGM-Zielpersonen von Sanitätern abtransportiert worden waren, hatten zuerst Margot, dann Bree und dann Kitty ein etwas chaotisches Verhör mit einem verwirrten und verstörten Sergeant Callahan über sich ergehen lassen müssen, der an seinem freien Tag wieder zum Dienst einberufen worden war, weil jemand in der Schule eine Schießerei gemeldet hatte. Und als er Kitty nach endlosen Gesprächen endlich sich selbst überlassen hatte, war sie schnurstracks an ihren alten Versammlungsort zurückgekehrt. Wo Margot und Bree schon auf sie warteten.

Eilige Schritte näherten sich auf dem Flur, und Kitty riss die Tür auf, bevor Olivia klopfen konnte.

«Sorry!», sagte sie atemlos. «Sergeant Callahan hat mir noch ungefähr eine Million Fragen darüber gestellt, wieso wir mit Logan im Heizungskeller waren.»

Kitty zog die Augenbrauen hoch. «Und was hast du ihm gesagt?»

«Was wir besprochen hatten. Wir haben alle einen Umschlag erhalten, in dem jemand bedroht wurde, den wir liebten, sollten wir heute nicht im Heizungskeller der Turnhalle auftauchen.»

«Glaubst du, er hat es dir abgekauft?»

Olivia verzog zweifelnd den Mund. «Nicht ganz sicher. Er will unsere Geschichte glauben, aber ich weiß nicht, ob er schon ganz durchblickt.»

«Sollte doch eigentlich ein klarer Fall sein», sagte Bree. «Wo Logan doch alles gestanden hat, bevor sie ihn ins Krankenhaus gefahren haben.»

«Denke ich auch», stimmte Kitty ihr zu. Aus unerklärlichen Gründen hatte Logan, der Margots Schuss offenbar überlebt hatte, darauf bestanden, mit der Polizei zu sprechen, bevor die Sanitäter ihn in den Krankenwagen schoben. Er hatte gestanden, die Morde verübt, Margot angegriffen und den Brand im Lagerhaus gelegt zu haben. Er gab an, er habe den Namen DGM benutzt, um die Verbrechen zu begehen, und er behauptete sogar, er habe Bree persönlich bedroht, damit sie ein falsches Geständnis ablegte, was irgendwie auch keine vollkommene Lüge war.

«Wieso hat er die ganze Verantwortung übernommen?», fragte Olivia. «Wieso hat er uns nicht verraten, sondern unsere Verbindung zu DGM geheim gehalten?»

Kitty schüttelte den Kopf. «Ich habe keine Ahnung.» Sie sah zu Margot hinüber, die wie gebannt auf den Computerbildschirm starrte. Sie hackte die Datenbank der Krankenhaus-Notaufnahme. «Irgendwelche Neuigkeiten?»

Margot schüttelte den Kopf. «Nein.»

Was empfand sie? Von ihnen allen hatte sie am meisten durchmachen müssen. Sollte Kitty sie fragen, wie es ihr ging? Ihr anbieten, dass sie reden könnten, wann immer sie das Bedürfnis dazu hatte? Oder sie einfach trauern lassen, bis sie bereit war, von sich aus über alles zu sprechen?

Margots Gesicht war ein leeres Blatt, ihre Miene verriet kein Anzeichen von Wut oder Trauer. Vielleicht konnte sie auf diese Art am besten mit ihrem Schmerz umgehen: Sie schob ihn beiseite, bis er an Schärfe verloren hatte.

Margot verließ den Krankenhausserver und wechselte zum Intranet der Polizei von Menlo Park. «Donté, Mika, Theo und Peanut sind alle aus der Haft entlassen worden», sagte sie ein paar Mausklicks später.

Olivia lachte. «Ich hätte so gerne Peanuts Gesichtsausdruck gesehen, als sie sie in den Jugendknast eingebuchtet haben.»

«Dabei ist es im Jugendknast doch so lustig!» Brees Stimme triefte vor Sarkasmus. Sie ließ ihren Fuß mit dem GPS-Sender kreisen. «Die modische Garderobe, die Gesellschaft, die kulinarischen Highlights ...»

«Danke noch mal», sagte Kitty ernst zu Bree. «Für das, was du getan hast.»

Bree zuckte gleichgültig mit den Schultern. «Das war doch nichts.»

«Doch», widersprach Olivia.

Bree senkte verlegen den Blick in ihren Schoß.

Margot drehte sich auf ihrem Stuhl zu ihnen herum. «Die Frage ist also nun», sagte sie auf ihre übliche nüchterne Art, «bleiben wir als DGM zusammen oder lösen wir uns auf?»

Kitty blinzelte, die Frage traf sie unvorbereitet. «Ich ... ich weiß nicht.»

«Wir haben eigentlich erledigt, was wir uns vorgenommen hatten», überlegte Olivia.

«Ja, vielleicht ist es an der Zeit, das hinter uns zu lassen», fügte Bree hinzu.

Margot hob eine Augenbraue. «Wollt ihr das wirklich?»

Erneut wusste Kitty keine Antwort. Die Entscheidung, was mit DGM passieren sollte, quälte sie. Alle in Bishop DuMaine würden spätestens morgen erfahren, dass Kitty, Bree, Olivia und Margot dabei gewesen waren, als auf Logan und Ed geschossen wurde. Ihre lange und sorgfältig gepflegte Tarnung von völlig getrennten Leben war nicht mehr aufrechtzuerhalten.

Andererseits konnten sie jetzt, wo Bree entlastet war, eigentlich auch behaupten, Logan hätte sie zu ihrem Geständnis gezwungen. Niemand sonst wusste, dass Margot, Olivia und Kitty an DGM beteiligt waren. Und nachdem Donté und die anderen aus der Haft entlassen und Logan als Mörder enttarnt war, der gestanden hatte, DGM seine Verbrechen in die Schuhe geschoben zu haben, lagen die gefährlichen Bedrohungen der letzten Wochen hinter ihnen.

Es bestand immerhin die Möglichkeit, weiterzumachen wie zuvor.

«Nein, eigentlich nicht», sagte Kitty schließlich. Sie lächelte breit. «Solange es eine Highschool gibt, wird es immer auch fiese Mädchen geben und Typen, die andere schikanieren. Und die brauchen einen Schuss vor den Bug.»

401

«Ich habe schon eine Liste», verkündete Bree mit einem schiefen Grinsen.

«Aber …» Olivia fuhr sich durch ihr kurzes Haar. «Wenn wir weitermachen, bedeutet das dann, dass wir immer so tun müssen, als seien wir keine Freundinnen?» Sie blickte in die Runde. «Das würde mir nämlich nicht gefallen.»

«Mir auch nicht», sagte Kitty.

«Und mir auch nicht», stimmte Bree zu.

Zum ersten Mal an diesem Tag lächelte Margot. «Mir auch nicht hoch drei.»

«Ich bin echt schlecht in Mathe», sagte Kitty. «Aber ich glaube, wir haben einen einstimmigen Beschluss. Also Mädels: Freundinnen?»

Alle nickten. «Freundinnen», kam es wie aus einem Mund.

«Wie wäre es damit.» Kitty hatte einen Vorschlag. «Wir verschieben unsere Entscheidung hinsichtlich eines Fortbestands von DGM, bis wir festgestellt haben, ob unsere Dienste noch gebraucht werden oder nicht.»

«Ein Hiatus», verkündete Margot.

Bree grinste Olivia an. «Da heißt, wir machen eine Pause», erklärte sie, als würde sie mit einer Fünfjährigen sprechen.

«Jaja.» Olivia verdrehte die Augen, dann grinste sie zurück.

Kitty war sich ziemlich sicher, dass es das erste Mal war, dass es nach einem solchen Kommentar von Bree nicht zu einer Streiterei kam.

«Und wenn DGM wieder gebraucht wird», fuhr Kitty fort, «haben wir ja jetzt Verstärkung.»

Die anderen nickten zustimmend.

«Dann machen wir das jetzt wohl zum letzten Mal. Jedenfalls für den Moment.» Kitty kam auf die Füße und streckte die Hand aus.

«Ich, Kitty Wei, schwöre hiermit feierlich, dass kein Geheimnis jemals diesen Kreis verlassen soll.»

«Ich, Margot Mejia, schwöre hiermit feierlich, dass kein Geheimnis jemals diesen Kreis verlassen soll.»

«Ich, Olivia Hayes, schwöre hiermit feierlich, dass kein Geheimnis jemals diesen Kreis verlassen soll.»

«Ich, Bree Deringer, schwöre hiermit feierlich, dass kein Geheimnis jemals diesen Kreis verlassen soll.»

Kitty betrachtete ihre Arme, die fest miteinander verbunden waren, sah in die drei Gesichter, die sie anstrahlten. Sie hatte keine Ahnung, was die Zukunft für DGM bereithielt, aber eines wusste sie genau: Ihre Freundschaft würde weiterbestehen, komme, was da wolle.

«Don't get mad», sagte Kitty und kämpfte mit den Tränen. «Wir regen uns nicht auf!»

«Get even! Wir zahlen es ihnen heim!»

EPILOG

Eine Woche später

Elegant fuhr Olaf den riesigen SUV auf den Lehrerparkplatz der Bishop DuMaine, schaltete die Automatik in Parkposition und den Motor aus.

«Gut, ihr Lieben», sagte Mrs. Deringer mit ihrer glockenklaren Stimme, «ich glaube, das ist eure Haltestelle.»

Bree beugte sich auf dem Rücksitz vor. «Und du fährst wirklich nur nach Sacramento, richtig? Keine Reiseplanänderung nach Marseille in letzter Minute?»

«Villefrache-sur-Mer heißt der Ort», korrigierte ihre Mutter mit einem Zwinkern. «Wenn ich nach Frankreich zurückwollte, glaubst du nicht, dass ich dann etwas mehr Gepäck dabeihätte?»

Bree wandte sich zum Kofferraum des SUVs um, in dem sich ein knappes Dutzend Koffer so hoch türmten, dass Olaf keine Chance hatte, durch die Heckscheibe etwas zu sehen.

«Das ist kein Mond», murmelte John kaum hörbar, «das ist eine Raumstation.»

«Olaf und ich sind in drei Tagen wieder da», fuhr Brees Mom fort. Dann richtete sie in einer seltenen Anwandlung elterlicher Strenge einen perfekt manikürten Finger auf John. «Und keine Übernachtungen, solange wir weg sind.»

John salutierte. «Ja, Ma'am.»

Ihr Blick glitt wieder zu Bree. «Ich meine das ernst. Sonst lasse ich Brendan Callahan das Ding wieder an deinem Fuß festmachen.»

Bree ignorierte die Warnung. «Mom», begann sie zögerlich. «Was passiert denn danach? Nachdem du und Dad geredet habt?» Sie musste das wissen. Die gesamte letzte Woche hatte sie mit sich gekämpft, und doch war eine leise Hoffnung in ihr gewachsen, dass ihre Mom vielleicht doch in Kalifornien bleiben würde. Und sie hatte das Gefühl gehabt, dass sie nicht die Einzige war, die das merkwürdige Familienleben auch ein bisschen genossen hatte, das sie beide in der letzten Woche geführt hatten. Aber falls die Miniversöhnung zwischen ihren Eltern schiefging, würde ihre Mutter sie dann wieder im Stich lassen und auf direktem Wege nach Europa fliehen?

«Bree», sagte ihre Mom sanft. «Rom ist nicht an einem Tag erbaut worden. Aber ich verspreche dir, dass ich am Dienstag zurückkomme und dann ...» Sie holte tief Luft. «Und dann sehen wir mal, okay?»

«Okay», antwortete Bree. Sie spürte, wie Johns Hand über ihren Rücken nach oben strich und ihre Schulter drückte. «Aber kannst du mir einen Gefallen tun?»

Ihre Mom seufzte theatralisch. «Noch einen? Ich habe schon deine Freunde aus dem Knast geholt, deinen Dad überredet, den Hausarrest zu beenden, und ein niedliches kleines mietfreies Gästehaus für deine Freundin Tina gefunden.»

«Tammi», korrigierte Bree sie.

Ihre Mom winkte ab. «Ist doch dasselbe. Was willst du denn noch von mir?»

Bree lächelte. «Sag Dad, dass ich ihn vermisse.»

«Ah», sagte ihre Mom langsam. «Ja. Und jetzt beeilt euch. Sonst verpasst ihr das Spiel eurer Freundin.»

Olivias Mom war noch immer höchst verwirrt. «Und du hast wirklich eine Freundin im Volleyballteam?», fragte sie zum tausendsten Mal.

«Ja», antwortete Olivia schlicht. Es lohnte sich nicht, das alles weiter zu erklären. Sie hakte sich bei ihrer Mom unter, und zusammen stiegen sie die Tribüne hinauf. «Es ist genau genommen sogar eine meiner besten Freundinnen.»

«Oh.»

«Mrs. Hayes!» Ein paar Reihen über ihnen stand Peanut und winkte wild. «Ich habe Plätze für euch!»

Olivia erklomm die letzten Stufen, dann glitt sie in Peanuts Reihe und setzte sich neben ihre Freundin, ihre Mom ließ sich auf dem zweiten freien Platz nieder. Als Olivia Peanut umarmte, blickte sie in das lächelnde Gesicht von Theo, der auf ihrer anderen Seite saß. Seine Hand lag neben Peanuts Hand auf der Bank, und ihre kleinen Finger berührten sich.

Wahnsinn. Das habe ich wirklich nicht kommen sehen.

«Hi, Olivia!», sagte Theo. Sie hatte ihn noch nie so glücklich gesehen. «Ist das deine Mom?»

«June Hayes.» Ihre Mutter streckte Theo die Hand entgegen. «Ich bin Barkeeperin.»

«Und eine großartige Schauspielerin» ergänzte Olivia.

«Cool», sagte Theo. «Beides.»

Eine Pfeife schrillte, und die Spielerinnen joggten auf das Feld. Theo sprang auf. «Das ist mein Einsatz», rief er. «Sehen wir uns nach dem Spiel?»

«Ja, ich warte hier.» Peanut lächelte ihn an. Olivia sah, wie ihre Augen Theo den ganzen Weg nach unten aufs Spielfeld folgten. Sie bemerkte nicht einmal, dass Kyle mit Tyler und ein paar anderen Ex-Rekruten der nicht mehr existenten Maine Men auf der anderen Seite der Halle saß.

Olivia überlegte, ob sie Peanut nach Theo fragen sollte, doch angesichts der völlig selbstverständlichen Unbeschwertheit, die ihre Freundin gerade ausstrahlte, entschied sie, dass sie diese Unterhaltung wohl besser ein anderes Mal führte. Stattdessen suchte sie mit den Augen die Tribüne ab. «Es ist echt voll heute.»

«Bishop DuMaine gegen Gunn», sagte Peanut. «Verspricht ein offensives Spiel zu werden.»

Olivia sah sie überrascht von der Seite an. «Seit wann interessierst du dich für Mädchenvolleyball?»

Peanut wurde rot. «Seit ungefähr, äh, letzter Woche.»

«Das dachte ich mir.» Olivia grinste.

Sie hielt Ausschau nach Margot oder Bree, aber keine der beiden schien da zu sein. In einer der oberen Reihen fiel ihr Blick auf ein anderes bekanntes Gesicht.

Amber Stevens, die dort ganz alleine saß.

«Bin gleich wieder da.» Olivia schlängelte sich aus der Reihe, bevor ihre Mom oder Peanut sie nach dem Grund fragen konnten, und rannte die Treppe hinauf.

«Hey», sagte sie und setzte sich auf den Platz neben Amber.

«Hey.»

Es war so viel zwischen ihnen passiert. Zu viel. Olivia hatte keine Ahnung, wie sie anfangen sollten, ihre Freundschaft zu kitten; sie war sich nicht einmal sicher, ob sie jemanden wie Amber zu ihren Freundinnen zählen wollte. Und doch hatte Logan auch Ambers Leben auf schreckliche Weise verändert. Rex war vielleicht ein grenzenloser Idiot gewesen, aber Amber hatte ihn geliebt. Und Olivia konnte nicht ignorieren, dass sie litt.

«Ganz alleine hier?», fragte Olivia.

Amber zuckte mit den Schultern. «Ja. Hatte nichts Besseres vor. Und ich wollte nicht zu Hause sein.»

Es war möglicherweise einer der ehrlichsten Momente in ihrer gesamten Freundschaft.

«Komm doch mit runter», sagte Olivia und lächelte Amber aufmunternd an. «Setz dich zu uns.»

Halb erwartete sie, dass Amber abwinken, ein arrogantes Gesicht aufsetzen und ihr mit einer abfälligen Geste zeigen würde, wie wenig sie auf Olivias Almosen angewiesen war, doch sie biss sich bloß auf die Lippe. «Ich bin nicht sicher, ob ich da willkommen bin.»

«Amber», sagte Olivia und zog sie vom Sitz hoch. «Du bist immer willkommen.»

Kitty stand mit ihren Teamkolleginnen im engen Kreis, Mika neben sich, und sah nacheinander jede von ihnen an. Sie stampfte einmal mit dem Fuß auf, klatschte, stampfte zweimal auf und klatschte erneut.

«Wie fühlt ihr euch?», schrie sie, so laut sie konnte.

Das Team fiel in ihren Rhythmus ein und antwortete wie aus einem Mund. «Wir brennen!»

«Ich frage, wie fühlt ihr euch?»

«Wir brennen!», antworteten sie noch lauter.

«Aber wie fühlt ihr euch?»

«WIR BRENNEN!»

«Ich bin ready!»

«Set!»

«Du bist ready!»

«Set!»

«Sie ist ready!»

«Set!»

«Wir sind ready!»

«Set!»

Kitty stieß die Faust in die Luft. «Ready! Ready! Ready! Ready!»

Das ganze Team beugte sich zur Mitte des Kreises vor und klatschte gemeinsam in schnellem Rhythmus, dabei bewegten sie sich hin und her, die Schultern fest aneinandergepresst. «Set! Set! Set! Set! And gooooooooo!» Gemeinsam stießen sie ihre Fäuste in die Luft.

Der Kreis löste sich auf. Alle klatschten einander ab, aufgepeitscht für das Spiel, und liefen zum Spielfeldrand, um die letzten Anweisungen von Coach Miles entgegenzunehmen. Als Kitty gerade den Platz verlassen wollte, sah sie Barbara Ann aus der Umkleide joggen.

Sie trug ihr Trikot und war spielbereit. Das lange blonde Haar war zu seinem Pferdeschwanz zusammengebunden, ein weißes Stirnband hielt letzte Strähnen zurück. Ihre Knieschützer baumelten in ihrer Hand.

Als sie Kitty erblickte, schien sie kurz innezuhalten, ihr Gesichtsausdruck verriet eine Mischung aus Wut und Verwirrung. Sie schüttelte den Kopf, als wollte sie ihre Gefühle beiseiteschieben, und grüßte Kitty mit einem knappen Nicken.

Kitty lächelte und nickte zurück. Es war kein Dankeschön, es war kein Verzeihen, aber es war eine kleine

Geste. Und Kitty fühlte sich besser, denn sie wusste, dass Barbara Ann heute die Chance auf eine akademische Zukunft bekam.

Wie Kitty da so stand und vor sich hin lächelte, erblickte sie Donté, der ihr vom Spielfeldrand aus zuwinkte.

Sie lief zu ihm hinüber. «Hey!»

Er legte die Arme um ihre Taille und küsste sie leicht auf die Lippen. «Ich kann nie genug davon bekommen, dir dabei zuzusehen.»

«Wobei?», fragte Kitty.

Donté lächelte, und in seinen Augen glitzerte der Schalk. «Bei diesem süßen Hinternwackeln, wenn ihr euch in Stimmung bringt.» Er beugte sich vor und vollführte eine übertriebene Imitation von Kittys Bewegungen beim Einschwören ihres Teams.

Sie schnaubte. «Wenn ich dabei wirklich so bescheuert aussehen würde, hättest du mich sicher nie gefragt, ob ich mit dir ausgehen will.»

Donté lachte, zog sie wieder zu sich und blickte ihr liebevoll ins Gesicht. «Kitty Wei, ich hätte dich in jedem Fall gefragt.»

Margot kletterte hinauf bis zur letzten Reihe der Tribüne, die Arme fest um ihren Oberkörper geschlungen. War wirklich erst eine Woche vergangen, seitdem sie zuletzt in dieser Turnhalle gewesen war?

Eine Woche. Vor einer Woche hatte sich die ganze Welt verändert. Ein einziger Tag hatte alles auf den Kopf gestellt, und sie hatte nur eine Woche gebraucht, um sich daran zu gewöhnen.

Vom Spielfeldrand ertönte ein Pfiff, das Spiel ging los,

und Margot setzte sich. Es war ihr nicht wirklich wichtig, wer dieses Match gewann, auch wenn ihre Loyalität natürlich immer Kitty gelten würde. Aber am Ende würden alle Teams die Aufmerksamkeit der anwesenden College Scouts auf sich gezogen haben, was bedeutete, dass sie ohnehin alle gewonnen hatten.

Margots Blick glitt zur gegenüberliegenden Seite der Halle, wo Olivia zischen ihrer Mom und Amber Stevens auf der Tribüne saß. Sie spürte keinen Groll mehr. Selbst Amber hatte wahrscheinlich eine zweite Chance verdient. Margot konnte ihr verzeihen, was sie getan hatte. Aber auf keinen Fall würde sie es jemals vergessen.

Zehn Reihen vor Olivia und Amber saßen Bree und John buchstäblich ineinander verschlungen. Bree hatte ihre Beine über seinen Schoß gelegt, ihr Kopf schmiegte sich in seine Halsbeuge, ihr Gesicht lehnte selig an seiner Brust. John streichelte ihr langsam den Rücken.

Margot seufzte. Sie wusste noch genau, wie es sich angefühlt hatte, wenn Logan sie berührte. Die Geborgenheit. Die Sicherheit. Sie hatte für immer und ewig in seiner Umarmung versinken wollen.

Der Schmerz von Logans Verrat war etwas milder geworden, die Trauer zu einem dumpfen Gefühl verklungen. Was Margot nun vor allem empfand, war überwältigende Einsamkeit. In den letzten Jahren hatte sie ihre Isolation stoisch ertragen, doch mit Logan hatte sie von einer verbotenen Frucht gekostet, und das würde sie so schnell nicht vergessen. Natürlich, er war ein Soziopath und ein Serienmörder, aber er liebte sie, und, was noch wichtiger war, er hatte ihr zum ersten Mal das Gefühl gegeben, dass sie es wert war, geliebt zu werden.

Margot holte tief Luft und atmete durch die Nase aus. Sie durfte sich jetzt nicht hängenlassen. Sie musste sich einfach in Erinnerung rufen, dass sie alleine immer prima klargekommen war. Sie hatte Freunde, sie hatte Unterstützung, sie hatte sich sogar den Respekt ihrer Eltern erkämpft, was sie nie für möglich gehalten hätte. Sie war in der Lage, ohne Liebe zu leben.

Denn jetzt hatte sie ein Ziel. Margots Hand berührte ihren nackten Arm. Die Narben ihres Selbstmordversuches waren nicht mehr von einem übergroßen Sweatshirt verdeckt, sondern für alle Welt zu sehen. Niemals wieder würde sie ihre Vergangenheit verbergen. Niemals wieder würde sie diesen hilflosen Schmerz, diese Hoffnungslosigkeit zulassen, die sie an jenem Tag empfunden hatte. Sie würde nach vorne sehen und ihre Narben mit Stolz tragen. Denn sie hatte diesen Tag überwunden, hatte ihn überlebt, um zu einer stärkeren Persönlichkeit zu werden. Und wenn die Geschichte ihres Kampfes auch nur einen jungen Menschen davon abhalten konnte, denselben drastischen Schritt zu tun, war es das alles wert gewesen.

«Was geht ab?» Ed the Head ließ sich ungewohnt vorsichtig neben sie auf die Bank sinken. Margot war so in Gedanken versunken gewesen, dass sie nicht einmal bemerkt hatte, wie er die Stufen herauf auf sie zugekommen war.

«Edward», grüßte sie mit einem Nicken.

Ed verzog gequält das Gesicht, als er ein kleines Notizbuch aus seiner Gesäßtasche zog. Eine beinahe tödliche Bauchschusswunde hatte ihn nicht davon abhalten können, beim wichtigsten Sportereignis der Saison anwesend zu sein. «Die Wetten stehen sechs zu eins für Kitty und Bishop DuMaine.» Er neigte den Kopf. «Bist du dabei?»

«Das passt nicht», sagte Margot. «Die Quote sollte bei fünfzehn zu eins liegen.»

Ed stieß einen Pfiff aus. «Meinst du?»

«Unsere Spielerinnen haben einen neuen schulischen Kampfgeist auf ihrer Seite», erläuterte Margot die Hintergründe ihrer Statistik. «Der Mörder ist geschnappt, die Polizeipräsenz vom Schulgelände verschwunden, Pater Uberti hat die Maine Men offiziell aufgelöst, und für alle Schüler hat der normale Highschool-Alltag wieder begonnen. Ist dir die Hochstimmung diese Woche nicht aufgefallen?»

«Die Dame mag recht haben.» Er ließ sein Notizbuch sinken, beugte sich ein Stück zu ihr herüber und war für einen Moment ganz ernst. «Und wie geht's dir?»

Margot warf ihm einen Seitenblick zu. Es war eine Fangfrage, und das wusste er auch. «Logan hat ein Leben im Gefängnis vor sich», sagte sie schlicht, «und die Polizei hat entschieden, mein Handeln im Heizungskeller als Selbstverteidigung zu werten. Ich schätze, das ist eine Win-win-Situation.»

«Verstehe.» Ed setzte sich wieder aufrecht hin und stützte sich mit den Ellenbogen auf der Rückenlehne ab. «Also, mir ist schon klar, dass dein Freund versucht hat, mich umzubringen und so weiter», begann er mit seinem typischen schiefen Grinsen. «Aber meinst du, du könntest dich dazu überwinden, meine Geschäftspartnerin zu werden? Die schwere Operation scheint meinen klaren Verstand etwas getrübt zu haben.»

Margot schmunzelte. Eines musste sie Ed lassen – nach allem, was er durchgemacht hatte, war ihm sein Sinn für Humor nicht abhandengekommen.

«Zuerst musst du mir eine Frage beantworten», sagte sie.

«Nur eine?»

Margot nickte.

«Schieß los.»

Sie räusperte sich. «So wie ich es verstanden habe, hast du rausgefunden, dass Sergeant Callahan Christophers Cousin ist.»

«Willst du wissen, wie?», fragte Ed eifrig. «Ich habe am Haus der Beemans einen ziemlich genialen …»

«Wie ich es verstanden habe», unterbrach Margot ihn, «hast du DGM diese Information vorenthalten, weil du dachtest, du würdest mich damit beschützen.»

Eds Blick flackerte, aber er sagte kein Wort.

«Und ich habe es sogar so verstanden, dass du den Durchschlag deines Strafzettels vom ersten Oktober auf den siebten geändert hast, um ein Alibi für den Angriff auf mich zu haben.»

«Wenn du nicht im Koma gelegen hättest», sagte er mit einem schmalen Lächeln, «hättest du die Finte sofort durchschaut.»

«Was ich aber nicht verstehe», fuhr Margot fort, «ist Folgendes: Wieso hast du in monatelangen Recherchen nie herausgefunden, dass Amber Stevens im Camp Shred war?»

Ed stöhnte und hielt sich den Bauch. «Au. Das hat mehr weh getan als der Schuss.»

Margot lächelte. «Angesichts deiner fragwürdigen Kompetenz möchte ich im Falle einer Zusammenarbeit also sechzig Prozent der Einnahmen.»

Entsetzen spiegelte sich auf Eds Gesicht. «Vierzig.»

Margot hob eine Augenbraue. «Du hast bestimmt noch ein besseres Angebot für mich.»

Ed rieb sich die Stirn, als tobte in ihm ein heftiger Kampf. «Na gut», sagte er schließlich. «Fifty-fifty. Aber das bedeutet, dass wir wirklich viele Stunden für die gemeinsame Arbeit aufwenden müssen. Glaubst du, damit kommst du klar?»

Margot wandte sich Ed zu. Auf seinem Gesicht lag ein Lächeln, aber in seinen Augen konnte sie eine Schwermut lesen, die wohl nur er selbst verstand.

«Ja», sagte sie und hielt ihm die Hand zum Geschäftsabschluss hin. «Damit komme ich ziemlich gut klar.»